"十三五"高职院校财经精品系列教材

经济应用文写作

(第七版)

主　编◎周小其
副主编◎周媛媛　玉佳灵

西南财经大学出版社
Southwestern University of Finance & Economics Press
中国·成都

图书在版编目(CIP)数据

经济应用文写作/周小其主编. — 7版. —成都:西南财经大学出版社,2020.3
ISBN 978-7-5504-4274-0

Ⅰ.①经… Ⅱ.①周… Ⅲ.①经济—应用文—写作 Ⅳ.①F

中国版本图书馆CIP数据核字(2019)第292007号

经济应用文写作(第七版)
主　编:周小其
副主编:周媛媛　玉佳灵

责任编辑:李晓嵩
责任校对:杜显钰
封面设计:何东琳设计工作室　张姗姗
责任印制:朱曼丽

出版发行	西南财经大学出版社(四川省成都市光华村街55号)
网　　址	http://www.bookcj.com
电子邮件	bookcj@foxmail.com
邮政编码	610074
电　　话	028-87353785
照　　排	四川胜翔数码印务设计有限公司
印　　刷	郫县犀浦印刷厂
成品尺寸	185mm×260mm
印　　张	18.5
字　　数	407千字
版　　次	2020年3月第7版
印　　次	2020年3月第1次印刷
印　　数	1— 2000册
书　　号	ISBN 978-7-5504-4274-0
定　　价	45.00元

第七版前言

QIANYAN

我们编写的《经济应用文写作》一书，经西南财经大学出版社2006年8月出版后，多年来一直受到各方的肯定和好评。在第六版的基础上，我们特别推出了文本更全、体系更新、内容更优、特色更多的第七版。

《经济应用文写作》（第七版）以类定章，有绪论、公务类文体（分为两章）、事务类文体、日常应用类文体、信息类文体、经济传播类文体、商务类文体、常用经济类文体、经济法规类文体、经济管理类文体共11章，应用文种超过70个。本书内容新颖，阐述有序，富有特色。本书相关范文、思考与练习简洁清晰，更强调联系实际，以增强应用技能与实用效果。本书涵盖面广，实用性强，内容丰富，特点突出，广受好评。教师可以立足本书，抓住纲目，把握重点，实现教师易教、学生易学的教学要求；学生由此了解格式，熟知方法，取得轻松学习、乐于学习的效果。同时，使用本书的教师可根据自身教学的实际需求，要求学生对一些章节进行选学、自学或阅读。

《经济应用文写作》（第七版）重视理论的深入浅出，密切联系实际，可供各类院校列为相关专业教材。同时，本书也面向社会，可作为各机关公务人员，企事业单位行政、营销、管理等相关人员，广大自学者以及获取多学历学习者的重要读物。

《经济应用文写作》（第七版）由周小其全面负责，在调整了部分编撰人员的基础上，对本书内容进行了较大调整，同时对全书体例进一步加以规范和统一。

《经济应用文写作》（第七版）由周小其任主编，周媛媛、玉佳灵任副主编。周小其拟定全书大纲，编制框架，制定编写条目，最后进行整体性修订和统稿。本书具体写作分工如下：绪论、第一章由谢佳岐、陈鹏宇编写，第二章由舒锐、焦慧敏编写，第三章由刘泽渝、周小曼编写，第四章由周佳其、陈思佳编写，第五章、第六章由周小其编写，第七章由玉佳灵、周媛媛编写，第八章由周媛媛、梁庆东编写，第九章由玉佳灵、徐袤抒编写，第十章由程谦、倪玥编写。在本书编写过程中，我们参阅了大量文献及其他参考资料，在此我们谨向相关参考文献和其他相关参考资料的作者表示敬意和衷心的感谢，向支持本书再版的西南财经大学出版社全体同仁以及所有关心、支持本书编写的人士表示衷心的感谢！

本书编写时间紧迫，尚有不足之处，恳请有关专家和读者提出宝贵意见，以使本书更完善。

周小其

2020 年 2 月 1 日

目录

MULU

绪论…………………………………………………………………………(1)

第一节　经济应用文概述…………………………………………………(1)

第二节　经济应用文写作…………………………………………………(9)

第一章　公务类文体（一）………………………………………………(20)

第一节　公务类文体概述…………………………………………………(20)

第二节　命令、决定………………………………………………………(28)

第三节　公告、通告………………………………………………………(33)

第四节　通知、通报………………………………………………………(39)

第二章　公务类文体（二）………………………………………………(48)

第一节　议案、报告………………………………………………………(48)

第二节　请示、批复………………………………………………………(54)

第三节　意见、函…………………………………………………………(60)

第四节　会议纪要…………………………………………………………(66)

第三章　事务类文体………………………………………………………(72)

第一节　会议记录、简报…………………………………………………(72)

第二节　调查报告…………………………………………………………(79)

第三节 计划 ……………………………………………………………………（85）
第四节 总结 ……………………………………………………………………（88）
第五节 述职报告 ………………………………………………………………（93）
第六节 规章制度 ………………………………………………………………（97）

第四章 日常应用类文体…………………………………………………………（103）
第一节 欢迎词、欢送词、答谢词………………………………………………（103）
第二节 祝词、贺词、贺信、贺电………………………………………………（106）
第三节 开幕词、闭幕词…………………………………………………………（110）
第四节 表扬信、感谢信、慰问信………………………………………………（113）
第五节 证明信、推荐信…………………………………………………………（116）
第六节 倡议书、建议书、申请书………………………………………………（121）
第七节 讲话稿……………………………………………………………………（127）
第八节 求职信……………………………………………………………………（130）

第五章 信息类文体………………………………………………………………（136）
第一节 经济考察报告……………………………………………………………（136）
第二节 经济预测报告……………………………………………………………（142）
第三节 可行性研究报告…………………………………………………………（148）
第四节 经济决策方案报告………………………………………………………（153）

第五节　经济活动分析报告……………………………………………………………………（157）

第六章　经济传播类文体……………………………………………………………………（167）
第一节　经济新闻……………………………………………………………………………（167）
第二节　经济通讯……………………………………………………………………………（177）
第三节　经济评论……………………………………………………………………………（183）

第七章　商务类文体…………………………………………………………………………（188）
第一节　产品说明书…………………………………………………………………………（188）
第二节　商业广告……………………………………………………………………………（192）
第三节　商务信函、电函……………………………………………………………………（199）

第八章　常用经济类文体……………………………………………………………………（206）
第一节　招标书、投标书……………………………………………………………………（206）
第二节　意向书、协议书……………………………………………………………………（213）
第三节　经济合同……………………………………………………………………………（219）
第四节　涉外经济合同………………………………………………………………………（226）
第五节　对外业务函电………………………………………………………………………（231）
第六节　股份制文书…………………………………………………………………………（234）

第九章　经济法规类文体……………………………………………………（244）
第一节　经济诉讼文书………………………………………………………（244）
第二节　经济纠纷授权委托书………………………………………………（254）
第三节　经济仲裁书…………………………………………………………（256）
第四节　审计报告……………………………………………………………（263）
第五节　财经纪律检查报告…………………………………………………（266）
第六节　纳税检查报告　……………………………………………………（270）

第十章　经济管理类文体……………………………………………………（274）
第一节　企业经济管理报告…………………………………………………（274）
第二节　经济文书管理方案…………………………………………………（278）
第三节　企业物流管理报告…………………………………………………（281）
第四节　财产保险管理报告…………………………………………………（284）

参考文献……………………………………………………………………（290）

绪论

应用文是组织和个人用来处理公务与个人事务、沟通信息、社交所经常使用的具有实用价值和特定格式的文体。

经济应用文是应用文的一个分支，是经济部门、企事业单位等组织和个人传播经济信息、规范经济行为、协调经济活动以及处理经济事务时采用的格式相对固定的专用文书的总称。

第一节　经济应用文概述

我国经济应用文发展和应用历史悠久，发展、延续、演变、应用等过程脉络清晰，影响深远。

一、经济应用文的产生和发展

经济应用文的发展经历了原始社会的初育、奴隶社会的新生、封建社会的成熟、近代至现代社会的变革四个阶段。

（一）原始社会的初育阶段

原始社会没有文字和真正意义上的经济应用文。人们结绳记事，刻画符号和图像来记录各种活动和生活场景，记录和反映了最直接和最简单的运用过程。从《老子》的“使民复结绳而用之”和《庄子·胠箧》的“昔者……祝融氏、伏羲氏、神农氏，当是时也，民结绳而用之”等记录看，应用形式以“结绳”为代表，加上符号、图像等实物记事及口头传播形态的应用，已显现出经济应用文及写作原始的生命元素和最初的萌芽状态。这些原始形态化和符号化的应用手段，简单实用，鲜明突出，寓意清楚。这在《说文解字·叙》的“结绳而治，而统其事”及郑玄《周易注》的“结绳为约，事大，大结其绳；事小，小结其绳”等不少文献的记录里亦有佐证。此外，依据《尚书·序》中关于伏羲氏王天下“始画八卦，造书契，以代结绳之政，由是文籍生焉”等记载，我们可以明确“书契”是指一定的初级文本形式，可视为带原始性的公务文书。在“文以记事”基本作用下，“文籍”由此开始了原始应用文的产生及运用。“文籍”作为一种文字的载体，以一种典型的记事方式，极大地满足了人们在生活和劳作中的现实需要。

（二）奴隶社会的新生阶段

奴隶社会出现由符号、图像构建的雏形文字，并一直延续到战国末期。此时期，经济活动迅速扩大，社会性生产已初步形成，人们在借助文字沟通和传达信息的同时，经济应用文由简单的应用发展到了基本体式的初步确立。经大量考证和相关古典文献记载可以看到：其一，在距今3 500多年前的商代甲骨上，已经存有不少原始性文章。这些短则数字、长则上百字的记录已经涉及世系、气候、食货、征伐、狩猎等各方面的内容。这些主要用于商代王室进行占卜和祭祀所做的简短记录，就是最早的应用写作的原始实例，也是我国最早的经济应用文的一种应用形式。其二，在商代王室的档案材料里，有主要用来卜卦的“卜辞”。这些卜辞已有明显的祭词、训诰、箴铭、谟、契约、盟誓等文本雏形，公文特征突出，是我国有实物可考的带有系列特色的应用文类的最早文本。其三，在西周青铜器上不仅有公牍文件，还可以看到赏赐令，已有交易契约和典当抵押的文书形式，证明了经济应用文的体式已经确立。例如，契约，即双方买卖的条文内容记载于木简上后，用刀一分为二，各执一半，一旦发生纠纷，官府就可以合上双方木简进行判案。这就是最早的“经济合同”。其四，在此阶段，出现了早期应用文理论性著作。春秋战国时期的《管子》一书，提出治国富民，强调供需平衡；商鞅的《变法令》提出废井田、开阡陌、买卖土地等。前者以理论见长，后者注重实践。类似典籍的不断出现，表明经济应用文在体式、应用、理论上有了新的突破。其五，出现了我国最早的一部历史文献汇编《尚书》（又称《书经》）。它收录了虞、夏、商、周四个朝代的28篇文章，系现存最早的记录古时典章的文本，构成了我国最早的应用文文集。因此，《荀子·劝学》称其是：“《书》者，政事之纪也。”《史记·太史公自序》称：“《书》记先王之事，故长于政。”从现存的文章看，《尚书》记载了虞、夏、商、周四代史官收藏的部分文件、训令、誓词、论文以及一些历史事件，如《盘庚》《洪范》《大诰》《牧誓》等。其中的典、谟、训、诰、誓、命六种体例开了公务文书写作的先河。典，记录重大事件及上古典章制度；谟，记录重要会议和讨论过程，是议政的策论；训，记载教诲文章，是进行教诲开道的论说文；诰，录写训诫之文，是进行训诫的文告；誓，为战斗动员令和誓词，也是军队出征的誓词；命，是指令性文书，即君主的命令和诏书。其六，随着文字的进化和运用，甲骨刻辞、钟鼎铭文、彝器载录、经济契券、司法文书以及各种策书、上书、玺书、盟书、檄、祝、颂、箴、诔、吊、赋等书面语言和应用文章的大量出现，使经济应用文的实用性、实录性、规范性等功能和特点日趋明显，为之进一步走向成熟奠定了雄厚的基础。它们有的记载征战的胜利，有的记载统治者的文治武功，有的记载贵族之间的商务活动，有的记载人们交易或交换的契约，等等，应用特征明显，内容丰富。同时，据《论语·宪问》所载，当时的文书已经有了“草创”“讨论”“修饰”“润色”四个阶段，文书写作的规范性要求已逐渐成熟。

（三）封建社会的成熟阶段

经济应用文在封建社会步入成熟阶段是应用文发展的一座丰碑，按其发展，细分为秦、汉发展期，魏晋南北朝成熟期，隋、唐、宋鼎盛期和元、明、清稳定期。

1. 秦、汉发展期

秦、汉时期应用文发展取得了长足进步，经济应用文发展耳目一新。秦统一中国后，经不断改革，确定了国家机关的文书制度。其中确定了“命”改为“制”，“令”改为“诏”，天子则自称为“朕”。据《史记・秦始皇本纪》载，应用文的体式有了较明确的规定，一改以前的公文书一律直书，君臣如一，不提行，不空格，行文中凡提及尊号（如“皇帝”等）时则要另起一行，顶格书写。同时，为提高效率，还推出了现在仍在沿用的“抬头”和“用印”等规制，这标志着以公文为代表的应用技能在当时已经非常成熟。

此时期的应用文发展主要表现在：一是应用文体已有上对下的制、诏、策、戒（策）；臣对君的章、奏、表、议。东汉蔡邕在《独断》中就指出：“其命令，一曰策书，二曰制书，三曰诏书，四曰戒书”“凡群臣上书天子者有四名：一曰章，二曰奏，三曰表，四曰驳议”。与之相应，民间使用的则主要有书、启、呈、状。这样，经济应用文第一次确立了上行文和下行文的区别和各自的文体范式，进一步确立了它的不同体裁及不同的应用方式。二是经济应用文的制作、表达等已自成体系，并设有专门的机构和专职人员进行日常指导、训诫、管理和运作。三是经济应用文种类增多，应用质量明显提高。桓宽的《盐铁论》、东方朔的《上书自荐》、贾谊的《陈政事疏》、晁错的《论贵粟疏》等名作不断涌现。著名国学大师刘师培在《中国中古文学史》中指出：“文章各体，至东汉而大备。”

2. 魏晋南北朝成熟期

此时期应用文的成熟体现出四大特征：首先，这一时期古代应用文写作理论已基本形成。南朝时期刘勰的《文心雕龙》一书，以研究写作规律而著称于后世，在专门研究应用文的第二十五篇中，有一半内容是研究应用文的写作规律，对历代各种应用文体裁的功用、特点、写作规律进行了全面、深入、系统的分析研究，肯定了经济应用文成为一种专门的文章体裁，使其应用得以进一步发扬光大，并首次确立了经济应用文的实践和理论的体系，在整体上夯实了它发展的基础。其次，官方和民间的应用文运用自如，各成体系，其体裁、功用、特点自显特色。例如，南朝陈后主的《咨询诏》等，体裁上已不再局限于经济领域。再次，出现了新的书信、颂赞、诔碑、哀祭、移文等，使经济应用文的文种进一步扩大，应用更为宽泛得体，表达更为深刻细致。这在嵇康的《与山巨源绝交书》、邱迟的《与陈伯之书》等名作中有了深刻体现。经济应用文和其他文体百家争鸣、精彩纷呈，互动、包容足成定势，引发了经济应用文在结构、体式、用语、表达等方面上的极大变化，其形式取用、贴切表达、立论、主旨、阐释与运用已到了炉火纯青的地步。最后，经济应用文已经从上对下、下对上和平行互动的模式中走出来，充分与政论体、抒情体等文体结合，又自成体系，使得其应用空间不断扩大。例如，曹操的《让县自明本志令》

《述志令》《求贤令》等。同时，曹丕的专著《典论 · 论文》问世，对应用文写作有了更深刻的认识和精辟论述。

3. 隋、唐、宋鼎盛期

据《唐六典》和《宋史》等大量遗存的典籍文献记载，经济应用文使用广泛，体式繁多，受到文学等其他文类发展的影响，出现了一些更新的文体和新的称谓，内涵逐步扩大，构成了更大的应用体系。此时，官方上对下又出现了专用的册、制、敕等应用文的文体。册，即册封、册立等；制，即立制、约制等；敕则分为发敕、敕旨、论事敕、敕牒等。此时经济应用文的发展令人瞩目：第一，体式完备，体系庞大，系统清晰，应用领域不断扩大，普及率不断提高，已居于各文体之首。据文献记载，仅宋绶、宋敏求父子编纂的《宋大诏令集》中就选录了 3 700 多篇应用文。第二，应用文与其他文种的交汇、穿插、互动，如政论文、散文等更为突出。例如，魏征的《谏太宗十思疏》、骆宾王的《为徐敬业讨武曌檄》、柳宗元的《段太尉逸事状》、范仲淹的《答手诏条陈十事》、欧阳修的《朋党论》，等等。第三，受社会及经济发展影响，经济应用文自身出现了比较明显的分类和细化。一方面，随体取材，相应的格式“约定俗成”则更为固定；另一方面，受唐宋散文八大家“古文运动”等深刻影响，经济应用文的应用频率加快，领域拓宽，其分支性的经济类、公文类等分门别类的应用已独领风骚，佳作如雨后春笋。

4. 元、明、清稳定期

稳定期的特征主要表现在两个方面：一是应用文的分类更为细致，仅上行文就有奏、题、笺、启、表、文册、讲章、露布、书状、制对、揭贴、译等，使文体越分越细，日趋繁琐和呆板僵化，加上原有的制、诏、诰、敕、戒、第、册、表、章、奏、议、疏等，基本沿袭而来，经济应用文的创新力和发展空间并无重大突破。二是此时期缺少杰出的经济、文学大家，尤其封建特征非常突出的自然经济发展势态的制约，难以真正推动经济应用文有突破性发展。

（四）近代至现代社会的变革阶段

变革阶段是经济应用文更富有现代色彩和与当今社会发展联系更加密切的阶段，具有里划时代意义。这一阶段又可具体分为以下三个时期：

1. 变革的过渡期

五四运动至 20 世纪 60 年代是应用文变革的初始铺垫期。应用文表达由白话文和继后的现代文替代了文言文，体裁等有了重大变革，原有的制、诏、诰、敕、戒、表、章、奏、议等被废止，新体裁更为简明、清晰和实用。1912 年，中华民国南京临时政府颁布的第一个公文程式条例，确立了新的公文体式，要求用白话写作公文，使用新式标点符号，且文体极为简要，仅有令、咨、呈、示、状五种。1931 年瞿秋白代表中共中央起草的《文件处理办法》及 1942 年陕甘宁边区政府发布的《新公文程式》等，明确规定了公文相关种类、行文关系和有关制度。1935 年，叶圣陶初次把应用文作为一种文体归入中学语文课本，应用文写作进入了普及阶段。中华人民共和国成立后，1951 年 4 月，中共中央办公厅、政务院秘书厅在北京召开了全国秘书长会议，讨论、通过并出台了《公文处理暂行办法》。这个文件是中华人民共和国成立后第一个公文法规。1996 年和 2000 年，中共中央办公厅、国务院办公厅分别制定了《中国共产党机关公文处理条例》和《国家行政机关公文处理办法》，对党政公文的文种、格式、处理等诸方面的事项做了明确的规定。此后，公文规范先后修改了 6 次，至 2012 年 7 月 1 日出台的《党政机关公文处理工作条例》为止。该处理条例设有法定公文 13 种，已执行至今。这个时期的应用文逐渐向现代应用文转化，文本的基本式样、清晰的类别区分、稳妥的固定格式、行文的简洁要求等，已经逐步形成系统。例如，经济应用文、公务应用文等，独树一帜，应用空间明显扩大，具有了明显的现代特征。

2. 变革的铺垫期

从 20 世纪 80 年代初到 20 世纪末，经济应用文进入了创新前的铺垫期。这时期，微电子、新能源、光导纤维、新航天、信息传播、网络覆盖等新技术、新产品、新工艺、新理论等层出不穷。以世界为市场的社会化大生产，高度机械化、自动化开始出现向信息化的初步转变。此时的经济应用文步入了现代经济应用文的初创阶段。它突出表现为：经济应用理论高度发展，经济著作大量出现，新经济理论更具有指导性和前瞻性；媒体经济传播类、经济应用类、科技创新类等应运而生，经济应用文从内容到形式已焕然一新；各种人造语言符号系统进行了大量使用；经济应用文普及程度、使用范围前所未有，已深入生活的各个领域，其发展速度大大超过记叙文、议论文等，信息特征、创新要素和拓展空间已成为现代经济应用文发展的三大特征。经济应用文使用范围进一步扩大，文种逐步增加，到目前已构成行政公文、事务类文体、信息类文体、法律法规类文体、经济类文体等近 30 种类别，可作为应用文的文种多达 200 多个，并且还在不断出现新的文种。

3. 变革的创新期

进入 21 世纪后，现代经济应用文在现代经济和现代科技发展的刺激下，出现了实用到绩效、应用到创新、信息到智能、知识到经济等多方面的变革和飞跃，新功能、新思维、新概念、新文本等日趋增多，出现了信息化、知识化、系统化、绩效化、智能化等从理论到应用的全新过程。经济应用文作为现代教育的重要学科，研究、创新、应用、发展的领域日趋扩大，数量与质量并驾齐驱，文本优势更为明显：一是文本的介入和绩效功能已经直接介入了现代智能化、网络化、信息化的发展行列，潜质与能量发挥已深入社会发展的方方面面；二是非线性、非接触、非对称、多维化、大体系、多信息、践行性的表达，在诸多现代文本中一枝独秀；三是专业与普及、传承与创新、理论与实践、应用与绩效等综合性的学科势态，已充分显示了经济应用文的巨大变革与创新优势。

（五）现代经济应用文的发展趋势

现代经济应用文具有的独特性、创新性和发展趋势，已充分表达出了它在诸多文本中的独创性、引领性、先进性和科学性等特性。

1. 系统性与专业化趋势明显

依据现代写作创新原理，以现代经济应用文为代表的“现代模式化写作系统”和以文学作品为代表的“审美独创系统”已经初现端倪。在这两大现代写作文本系统中，除文学作品之外的一切文种将归于现代应用文范畴的趋势非常明显，将会打破原有的应用文、记叙文、议论文和说明文各自的界定模式。这样，现代经济应用文形成的系统和综合表达会更独立、更个性、更现代、更先进，文本综合化、一体化、简洁化和模块化的鲜明性以及丰富性和科学性将更为突出。

2. 普及性与知识化发展迅捷

现代经济应用文在知识化进程中还可以运用观念、思维、行为等诸多不同的创新方式，改变现有的政治、经济、教育、文化等固有的文本与实践形态；可以加快社会知识经济网络化、信息化和智能化进程，实现知识的生产、分配与绩效并举；可以凭借文种的丰富积累，实现组织、团队和个人写作能力的创新，培养更多应用型复合人才；可以通过知识化转型，构建门类众多、知识立体、取向多维、创意新颖、运作简洁的先进系列文本，打造出知识运作的更多新天地。

3. 创新性与理论化携手并进

现代经济应用文可以凭借多样化的“创新链”和异彩纷呈的“多线性模型”，构建出优质的多元性应用系统，改变知识开发到应用、积累到发展比较单一的因果式线性发展路径。从多元利用到多元判断，再到多元应用，现代经济应用文具有的创新链接、应用简便易行、形式兼收并蓄的优点以及数字化、模块化和信息化的举措，将会引发更多的应用型文种，形成更多的应用模式和应用类别的选择。

4. 实践性与系统化互为优化

现代经济应用文可以凭借丰富的实践性和科学的模式化来实现应用文的进一步现代化。实践性带来的应用规模化、实用化、效率化和科学化，也保证了现代经济应用文系统性应用效率。同样，现代经济应用文系统化的写作在相当程度上可以“按文取类，对号入座”，在空间上可以分成数量庞大又相对独立的内容形态，经济应用文的载体和资源的实践性与系统化，必将更加焕然一新。

5. 写作性与传播化紧密结合

现代经济应用文的学习与应用所进行的数字化传播、复制、利用、反馈、存储、查阅等已轻而易举。写作者可利用这一先进平台，建立巨大的信息库，借助电脑的人工智能进行写作并实现写作的自动化、科学化。写作可以通过先进的电子数据交换技术，实现有实质意义的链接和运用，使实用性更具质的飞跃。现代经济应用文可以通过先进的传递手段结合实际写作，在网络化和信息化等作用下，实现快速转换和高速传递，必将进一步提高其应用质量。

6. 实用性与干预化相辅相成

现代经济应用文从实践到具体的实用性表达，将成为衡量文本质量的一个标尺。与此同时，干预生活是现代经济应用文发展的又一新趋势。它的不少文种源于生活和直接干预生活的特性非常突出。它们具有的法规性、强制性和规范性，已经成为组织和个人行为的一种准则，有非常明确的权威、指挥、督促、监察等特征。因此，现代经济应用文的实用性必然会从不同角度、不同层次、不同对象对社会和人们生活进行直接干预，对相关政策、措施、计划、方案、决定等提出个性看法，将成为一种必然。

7. 参与性与语库化并驾齐驱

参与性使现代经济应用文的语言多元化形态、文本有机链、应用领域扩大等已经再现端倪。特别表现在有更多比较、评价、选择的语言要素，经归纳、认同、实践、提升，已经可以构建出更大、更多的语言库容量。这种文本的积极参与性和语言库容量的步步扩大，正是现代经济应用文与其他文类的重大区别之一。

8. 表达性与绩效化相得益彰

随着时代的发展，现代经济应用文的整体表达性必然会更动态化、更全面、更深入、更准确；表达的意义会更精准、更贴切、更集中；语意的表现会更简洁、更明快；词汇的应用会更言简意赅；表达的方式会更丰富多彩。这些表达性与绩效化的有机结合，正是经济应用文反映当今知识经济社会的内涵并为经济发展提供服务的一大主旨。

二、经济应用文的功能

受现代知识经济发展信息化、网络化和国际化的影响，经济应用文多功能化的趋势更加明显，新的功能还会不断显现出来。经济应用文的基本功能主要有：

（一）实用与文档作用

经济应用文作为实录性文体，实用性大大超过了其他文类。由此，经济应用文也必然成为有价值的档案资源，客观反映当时情况，提供相当的文献资料，成为政策法规等演变、延伸的依据，其一次文献、多次文献的作用拥有突出优势。

（二）调查与决策作用

调查是行文的必备手段，主要体现在联系实际，分析、研究和解决问题，探索规律的应用过程中。没有调查就没有行文的根据。经济应用文研究与解决问题的计划、措施和方案等，也常常表现在汇总情况、研究方法、提出方案、促进实施等各个方面，决策作用非常明显。

（三）组织与监督作用

经济应用文中有不少规章制度、政策法规等文种，体现和强调了行为的规范与统一。同时，经济应用文又通过监督来体现政策法规等制定者的严肃性、权威性，又维护了被实施者的合法权益，体现了经济应用文具有的组织与监督作用。

（四）传播与宣传作用

经济应用文以交流、传播等为手段进行沟通和传播，扩大了信息的价值空间和质量空间，构成了不断更新和扩大的信息源，具有极大的传播与宣传优势，如宣传法规、体现政策、反映经济、说明问题、传授知识、推广应用等，传播与宣传作用是其他文种无法替代的。

三、经济应用文的特点

经济应用文的基本特点主要体现在以下几个方面：

（一）实用性

经济应用文为经济服务是其根本属性。为此，经济应用文必然要在真实、高效、快捷地反映经济建设、经济事件、经济现象等运作中，强调实用性，及时解决相关经济问题，为经济的健康发展提供强大的动力。实用性特征还表现在利于学习、便于应用、学有基础、用有把握以及能在短时间内解决经济发展所提出的各种问题。

（二）政策性

经济应用文反映经济工作，必然要体现党的经济方针和执行者的意志，展示经济规划的蓝图，揭示经济完成的具体指标和质量要求，具有极强的政策性，如我们通常看见的请示与批复等各种公文的运用。这些政策性文本始终贯穿于不同的经济运作中，反映各项经济政策的制定、执行和最终结果，也是政策的明确体现。

（三）真实性

真实性是经济应用文的一大行文原则，是反映经济发展过去、现在和将来的一把标尺。经济应用文必须要真实反映经济的实际的状况，为经济的规划、运行、监控等提供可靠的保证。经济应用文离不开真实性的行文原则，否则将扭曲按经济规律办事的根本要求。

（四）时效性

知识经济社会发展极快，新生事物层出不穷。利用经济应用文处理各种经济问题和日常事务，就必须强调快捷的时效性以保证其应用价值。从经济应用文的应用要求看，相当的文种已有明确的时间性要求，既是其自身发展的要求，也是提升文本品质的重要手段。

（五）规范性

规范性是具体行文的一大原则。规范性主要体现在利于阅读、学习、写作、传播、保存和应用；利于构建体系，形成更加行之有效的应用系统，对学习者尽快入门，行文者提高撰写水平，使用者强化应用效果，都具有重要的现实意义。

（六）专业性

经济应用文公务类文体、常用经济类文体、经济传播类文体、信息类文体等门类清晰，各文种系统化运作的专业性特点非常突出。分门别类，不同的专业性特征已经形成了不同的功用形式和应用规律。例如，通知不能代替通告等。经济应用文的专业性指向特别清楚。

（七）知识性

经济应用文是一个应用型文本的巨大宝库，其表现出的知识性门类多样，系统性强，内容丰富，涉及社会学、政治学、经济学、军事学、法律学、科技学、信息学、管理学等多领域，深入上百个学科或专业。这些知识专业、新颖、绩效显著、作用巨大。

（八）经济性

在当今经济发展中，经济应用文的经济属性与内容还在逐步扩大，直接或间接的经济性功能、经济绩效，拥有更大的发展空间。经济性提高了经济应用文的价值，其经济性的专门课题研究也引起了社会学家、经济学家等的极大重视。经济性成为经济应用文一种重要的属性。

（九）绩效性

绩效，即反映事物等实际效果的方式。经济应用文的政治绩效、经济绩效、社会绩效、文化绩效、科研绩效、管理绩效、应用绩效、信息绩效等，过程清楚，环节缜密。正是这样的绩效性，使经济应用文的方法、模式、原理、规律和应用等经久不衰，发展迅速，成效显著。

（十）预见性

经济应用文的发展在现代社会发展的影响下，系统更优、专业更强、普及更广、知识更全、实用更好等文本优势，决定了行文立意与文本践行的预见性优势，特别是对经济形势、经济运行、市场预测、数据分析等形态所提供的前瞻性分析，更有积极的参考和应用价值。

（十一）科学性

经济应用文具有现代基础性学科优势，并且善于融合其他学科之长，科学性的特征一直贯穿于整个体系。经济应用文涉及的内容、功能、表达、应用等的先进性、创意性和独特性，充分体现出相关的科学原理、规律等，为其他文体所望尘莫及。

第二节　经济应用文写作

经济应用文在主旨明晰、选材广泛、表达多样、结构固定、应用规范、用语严谨等方面有独特的表现方式，同其他文体有明显区别。

一、经济应用文的主旨

（一）主旨的概念

主旨指行文或文章的主要意义、用意和目的。经济应用文的主旨重在表现行文的目的和主张。目的就是作者想要得到的结果，主张则是作者对实现结果提出的意见、要求、办法或措施。主旨的表达方式及要求决定了文体的性质。经济应用文主旨在于直陈其事，直述自己的目的或主张，重在用意见、要求、办法、措施等来实现目的或主张。经济应用文和议论文依靠论点、论据、论证，用摆事实、讲道理表现主旨不同；与记叙文以记叙为主，用人和事的形象表现主旨不同；与说明文介绍和说明事理，认识新知的主旨不同。

（二）确立主旨的原则

经济应用文的主旨强调正确、鲜明、集中、单一、严谨。正确，即目的和主张符合实际；鲜明，即主张明确，具体可感；集中，即表达意思的准确和集中；单一，即观点、目的和主张的单一，利于提炼主题；严谨，即要求作者提出的方法、措施等切实可行，且无疏漏。主旨还要符合相关法律法规的要求，反映必须客观真实，利于人们认识和把握以提高应用水平。

二、经济应用文的材料

经济应用文的材料主要有两类：一类是事实材料，包括事实、事例、情况、数据、图片等；另一类是理论材料，包括原理、观点、定律、定理、法律法规、文件和政策等。按写作与材料的关系分类，经济应用文的材料有原始材料和写作材料；按来源分类，经济应用文的材料有直接材料和间接材料等。经济应用文求实性强，多用事实材料，其中对数据、图表的使用多于其他文种。

（一）选取材料

经济应用文选取材料必须真实、典型、新颖、严谨。真实，即材料确切，不假造和生搬硬套；典型，即材料富有个性，能反映出事物本质；新颖，即材料新鲜别致，容易推陈出新；严谨，即对材料进行鉴别、筛选，能合理安排和使用。选取材料要初选与精选相结合；先用材料与后用材料相结合；间接材料与直接材料相结合；分类材料与单用材料相结合；重点材料与非重点材料相结合，即要根据实际需求确定选材，做到精选好用。

（二）运用材料

经济应用文运用材料要新，反映新数据、新定理、新概念、新技术等要及时、集中、突出效果；要准确无误，安排适当，布控有方，注意发掘材料潜在的使用价值；要实实在在，不虚、不空、无疏漏，以免运用不当失真；运用材料要表意精确、表达贴切，要注意采用最能说明问题的材料。

三、经济应用文的表达

表达，就是表示。用一定的方式表现文章的内容，就是表达方式。经济应用文的表达方式主要有叙述、议论和说明。

（一）经济应用文的叙述

叙述是介绍人物、事物发展过程的表达方式。时间、地点、人物和事件是记叙的基本要素。叙述表达的方式很多：从性质范围上分，有完整叙述和不完整叙述、主观叙述和客观叙述；从材料组织和结构安排上分，有顺叙、倒叙、插叙；从语言使用的详略上分，有概括叙述（又称概述、简叙、略叙）和具体叙述（又称详述、细叙）等。经济应用文多数文体叙述不多，使用时要求简明、集中，常用在交代背景、问题缘由之中，不必事事交代清楚。这种直陈其事的叙述不同于文学作品带有塑造形象的叙述，不带主观色彩。

（二）经济应用文的议论

什么是议论？刘勰在《文心雕龙·论说》中提出“理行于言，叙理成言”，即用语言把道理表达出来便成为议论。经济应用文的议论主要有阐述性议论和论证性议论。前者提出主张和见解，充分阐述自己的看法，不求在议论中多方求证自己的观点；后者在于证明自己的见解和观点的正确，或者反驳对方的观点，力求令人信服。经济应用文议论的方法较多，常用的有对比法、反证法等。

1. 对比法

对比法又称纵横比较法，就是用不同情况或事实的对比以明辨是非、阐述事理的方法。

2. 反证法

反证法就是用对反面论点的否定来证明自己的论点的方法。

3. 引证法

引证法又叫引用法，即引用经典、名人言论、公理、格言、谚语、俗语、科学定理等来证明自己论点的方法。

4. 演绎法

演绎法就是以概括的方式，从一般性结论演绎出个别性的论断，即先综合后分析的方法，常与归纳法一起组合使用。

5. 归纳法

归纳法是对多项事例进行分析，从中归纳出一般性结论的方法。

6. 例证法

例证法又叫举例法，即用典型事例证明自己论点正确的方法。

7. 类比法

类比法就是用此事物的特性推出彼事物也有此特性的方法。

8. 比喻法

比喻法就是借一些寓言、神话、故事、传说等同自己论述的事理相关的材料为论据进行议论的方法。

（三）经济应用文的说明

对客观事物进行介绍或解说就是说明。经济应用文说明的方法有很多，常用的有以下方法：

1. 文字说明法

文字说明法是用语言文字对事物或事理进行介绍、解说的方法。

2. 举例说明法

举例说明法是用举出事例来说明的方法。

3. 对比说明法

对比说明法又称比较说明法，即用两种以上的事物进行比较，并用比较来说明事物特征的方法。

4. 数据说明法

数据说明法，即用统计数字说明事物发展变化或质量与数量变化情况的方法。

5. 图表说明法

图表说明法就是以直观、生动的图画、列表对事物的某一情况进行说明的方法。

6. 分类说明法

分类说明法，即把被说明的事物按一定的标准分类，然后分类进行说明的方法。

7. 分解说明法

分解说明法就是将说明的事物分成若干小部分后，再加以逐一说明的方法。分解说明法与分类说明法的相同之处较多，但分法不同。

8. 比喻说明法

比喻说明法是以两个不同事物之间的相似点用比喻的方法来说明事物的特点的方法。

9. 定义说明法

定义说明法又叫界说法，即以简洁易懂的语言说明事物的内涵，借此说明其定义、界限与其他事物内涵不同的方法。

10. 换算说明法

换算说明法是把难以把握的事物或情况换算成容易把握的事物或情况来进行说明的方法。

11. 递进说明法

递进说明法，即把事物或情况按轻重缓急的要求进行排列，再按一定的层次进行递进说明的方法。递进说明法与分解说明法颇有相同之处，但分法与说明的详略不同。

12. 选择说明法

选择说明法指对被说明的事物进行其属性、外形表征等进行选择，从而对所选择的部分进行说明的方法。

13. 诠释说明法

诠释说明法是对事物进行解释的一种说明方法，常常表现在揭示相关事物或概念的一部分内涵即可。

14. 引用说明法

引用说明法，即有意引用现成相关数据、例子、结果等以表达自己对相关事物或论点的看法、见解等的方法。

15. 时间序列说明法

时间序列说明法是以时间顺序为准，把构成的时间关系排列起来，按照先后顺序进行说明的方法。

16. 回归说明法

回归说明法是一种依靠有关实际数据、资料等，对事物发展变化的相互关系进行说明的方法。

经济应用文说明的方法应注意四个基本要求：一是说明要准，特别强调说明的准确性；二是说明要真，不能扭曲说明的本质进行说明；三是说明要平，即用语简洁、质朴，不能随意使用色彩浓烈的词语；四是说明的对象要实实在在、具体可感。

四、经济应用文的结构

结构就是文章主旨和材料有机结合，经搭配和排列所构成的框架。经济应用文的结构形式相对固定，同其他文体结构有所区别。

（一）结构的具体化

结构具体化是经济应用文结构的特征之一。不同的文种有不同的结构，就是同属一类的文种，其具体和特定的结构形式也有所不同，如公文类的各文种的法定化结构表现特征。结构具体化主要表现在结构的法定化和程序化上，即由国家有关部门印发文件，明确规定一些文种的结构等，目的在于使之规范化以提高使用效率。

（二）结构的约定俗成

约定俗成是经济应用文结构的又一特征。这种结构既适应社会需要，又符合经济应用文本身发展的内在规律，可以得到社会广泛承认、运用和推广。这种结构模式比较容易孕育出经济应用文的新文种，如求职信、述职报告等。

（三）结构的规范与固定

规范与固定也是经济应用文结构的一大特征。由于结构被法定化和约定俗成化，经济应用文的不少结构因而相对稳定，格式清楚，规范可依，有利于我们写作、阅读和处理。

因此，认识和把握经济应用文的结构就要用好结构，用准结构，用活结构，用熟结构。

五、经济应用文的语言

经济应用文的语言要求表意准确、简洁朴实、规范实用。

（一）经济应用文的语言特点

经济应用文要大量使用专业术语、行业用语、长句、复句、数字等，要求语言准确、逻辑性强。因此，经济应用文写作不能误解语意，乱用词语、标点符号，力求杜绝错别字等。经济应用文写作要精心提炼语言，达到用语的言简意赅、一目了然；要用语规范。专业术语的严谨、行业用语的规范、数字用语的准确、长短句搭配的巧妙、模糊语言的运用、概念用语限定的清晰等，都要符合用语习惯和用语的标准，避免词语夸张、虚饰。

（二）常用语的使用

1. 公文专用语的运用

经济应用文的专用语使用很普遍，在行政性或公务性公文中，如“执行”“现予发布实施”“特此通告”“当否”“请批示”“收悉”等专用语的表达。运用专用语要注意了解不同文种的行文关系及行文程序。专用语用得好，可以显示行文的庄重、严肃、简洁、平实，表现作者严谨和谦逊的文风。

2. 专业术语的运用

经济应用文涉及的专业术语非常多。运用专业术语时需注意：一要领会术语含义，做到运用准确；二要使用恰当，可不用的尽量不用；三要注意术语的承上启下，更新换代的变化；四要注意对一般人难以理解的专业术语应有必要的注释，如“经济级差”“金融数列”等。

3. 数字的运用

“让数字说话”是经济应用文运用数字的形象体现。数字的运用必须要数字真实、精确、规范、实在；善于将数字变枯燥为生动，切忌数字的堆砌。“一个塑料袋会污染 0.06 平方米的土地，不可降解的塑料袋自然腐烂需要 200 年”就形象地反映出环保问题，给人的印象很深刻。倍数只能用于增加而不能用于减少；约数和定数不能在同一句中使用；“增加到”与“增加了”的倍数不同；分数既可用于增加，也可用于减少；“以上”和“以下”是否包括了本数都要分清楚。

4. 模糊语言的运用

经济应用文写作运用的模糊语言是指外延有些模糊，而又多数没有明确意思界定的语言。用好模糊语言，可以扩大用语表述的空间，如常见的“近期”“反复”“大约”“左右”“逐渐”“更进一步”等用语。在运用模糊语言表示范围、时间、条件、方式、状况等所涉及的对象时要清楚，否则达不到应有的效果。

5. 注意计算机语言的运用

计算机语言是人与计算机之间传递信息的媒介。经济应用文写作与应用等离不开计算机的帮助。因此，使用计算机语言要注意这些语言表达的方式，分清不同的表达方式与概念。经济应用文写作要注意计算机高级语言的正确应用，特别是语言智能化、源程序解释和编译的执行方式、计算机辅助设计（CAD）系统、数据库管理系统（DBMS）等在经济应用文中的具体运用。

六、经济应用文的构思和撰写

构思是作者利用客观资料，从内容和形式上孕育文章时，进行的思维活动过程。经济应用文的构思与撰写有以下基本步骤：

（一）紧扣主旨

主旨是文章的灵魂、核心和行文的根本所在。主旨一经确立，应紧抓不放，选材、构思等写作活动都要围绕主旨进行，不能随意改变，更不能在行文中丢了主旨。

（二）巧用材料

所谓巧用，就是在已有材料中进行筛选：一要材料新，二要用得精，三要有技巧，四要表现准，五要有深度，六要多积累。

（三）确立结构

经济应用文的文种较多，要求作者按主旨确立相对应的文种结构。确立结构就是“搭骨架”，实现内容与形式的统一。确立结构要与主旨对应，还要注意确立的方法；一旦确立，不能轻易更改。

（四）选用文种

在确立结构的基础上，作者要选用与之对应的文种。用好文种，尤其要注意文种之间的细微差别，如“市场预测报告”与“经济预测报告”等文种在结构和表现方式上的不同点。用好文种，可以达到主旨、结构、文种的高度统一，对个人写作极有帮助。

（五）写好提纲

精心设计提纲是经济应用文写作的重要前提。这就要求文章的框架、各部分的内容、层次、各层次的要点和事例等，都预先设计好并写出来。有提纲，写作则如行云流水。按纲行文，是完成写作的基本前提和必须坚持的原则，对养成良好的学风极为重要，必须予以重视。

（六）潜心写作

写作非常艰苦，必须用心专一，深入其中。这就要求写作者心思不怠，笔耕不辍，精力集中，认真投入，不为外物所扰，不为杂事所动。写作者要善于构思和设计，及时调整状态，力争一气呵成。

（七）细心修改

修改是成文的最后一关，即对文章进一步润色和修饰，意义重大。文章的修改要把握全局，从整体到局部进行反复推敲。一般说来，修改有标题、内容、结构、表现方法、语言等的局部修改和全文的整体修改，可以从细微处入手，逐步扩展到最后包括对错别字、标点符号的修改，不放过可能存在的任何疏漏。

七、提高经济应用文的写作能力

提高写作能力是一个综合的系统过程。提高写作能力，要从主观和客观两个方面入手，进而把握提高能力的正确方法。

（一）加强综合能力的培养

综合能力是提高写作能力的重要基础，应从以下几个基本方面入手：

1. 提高自身修养

修养包括作者的思想修养和文化修养。思想修养就是作者认识客观世界的观点、立场、方法的修养。个人修养包括认识和分析客观事物，把握方法的能力和水平；对各类经济问题、经济规律的认知、把握与探索的能力和水平；对相关路线、方针、政策的学习能力和水平；等等，都会体现出自身思想修养的实际状况。因此，加强思想修养，拥有正确的立场、观点、主张和方法，并贯穿于经济应用文写作的整个过程之中尤其重要。

文化修养就是作者文学、艺术、教育、科学等知识的积累程度及综合运用能力的表现状态，是个人能力体现的一种形式。提高文化修养，利于开阔自己的知识视野和思路，要从两个方面加强文化修养：一要精于自身专业，做到博学多才，构建复合型知识结构；二要扩大、深化在自然、社会、人文等各领域的实际活动，建立多学科、多领域的信息知识库，才能把自己培养成为有知识和能力的强者。

2. 注重观察和表达

注重观察要求做到：第一，明确观察目的和观察对象；第二，明确观察计划、方法和内容；第三，明确观察的不同角度、顺序、广度和深度；第四，详尽记录，获得准确的观察结果。经济应用文写作中的观察更多的是非语言传播的行为观察、表情观察等，并且表达也不是单一的文字表达，包括作者表达观察结果的能力、运用语言进行遣词造句的能力、谋篇布局的能力等的多样性表达，这已被大量的实践证明。表达是作者写作能力的重要体现：一是把握表达技巧、角度等要素，形成表达的优势构架；二是强化语言文字的持续训练，从一个词到一句话、一个段落到一个层次等，都要重视语言的表意准确和完美；三是对表达进行创意性和持续性调整以保证表达的质量；四是注意语言文字以外的各种表达方式的有机结合。

3. 善于借鉴和笔耕

美国著名的未来学家约翰·奈斯比特在《大趋势——改变我们生活的十个新方法》一书中指出：实现工业社会向信息社会的过渡，在五件最重要的事情中，应该记住一件更为重要的事情，就是在这个文字密集的社会里，必须具备最基本的读写技能。读和写就是一个借鉴和笔耕的过程。要善于借鉴和笔耕，要求做到：首先，多读范文，取长补短，取得

“柳暗花明又一村”的效果；其次，善于勤学多练、熟能生巧，切实提高写作能力；最后，注意知识向能力的转化，必须依靠勤学多练的实践，尽快把知识变成能力。据此，我们要将勤于思考与动笔相结合，勤于总结与提高相结合，勤于写作与修改相结合，勤于传承与创新相结合。这样才能避免眼高手低，真正提高写作能力，形成自己的写作风格。正如叶圣陶先生在其《作文要道》中指出的那样：“大学毕业生不一定要能写小说诗歌，但一定要能写工作、生活中实用的文章。”

4. 善于增强社会活动能力

扩大开放区域增加认知是自我认识质量提高的重要条件和基本方式。威尔伯·施拉姆在《传播学概论》中指出了自我认识存在三个变量，即参照过去经历、参照群体、个人扮演角色。参照过去经历可以进行能力的新旧比对，参照群体可以选择能力获取或释放的依靠背景，而个人扮演角色则可以得知个人凭借什么形象或姿态来增强社会活动能力。许静在《传播学概论》中指出，我们可以利用美国学者约瑟夫·鲁夫特和哈灵通·英汉姆根据美国社会学家库利的“镜中我”概念和“约哈里窗户”的新概念，在人的开放、秘密、盲目、未知四个区域中，积极拓展个人的开放区域。这样以社会活动为主的开放区域越大，个人的经历就越多，自知的获取也就更多。经济应用文社会性、公关性很强，如经济新闻、求职信、调查报告等，都涉及作者的社会活动能力的发挥。社会活动能力包括交际能力、对话能力、组织能力等多个方面。善于增强社会活动能力要求：首先，要善于实践，广收博取，扬长避短，打好多种能力培养的基础；其次，要坚持实用、有效的原则，注重能力的价值取向，把最基本又必需的能力和当前最有用的能力放到学习和使用的首位；最后，要协调好个人心理能力和社会活动能力的互动，力求能力的综合、平衡与统一。

5. 善于运用语言

语言是人们表达意思、交流思想的工具，包括书面语言和口头语言两种形式。我们在语言的感知与分类中，可以看到一些词汇极大的丰富性。在汉语中，与“看”一词寓意紧密相关的词，如“瞧”“望”等达到100多个。研究表明，一般女性用语多用副词、叹词、形容词，最关注人，爱提问，乐于解释，语言表达比较细腻；男性则相反，用语直率，慷慨激昂，爱用长句，注意语言表达的连贯，注重对一些形象的构建。我们还可以看到，教师擅长说道，用语既婉转又直接，力求对方接受；艺术家用语注重频率与节奏；研究人员用语看重空间与准确；等等。由此可见，语言的使用与表达，已是我们生活、工作与写作中必不可少的重要工具。

（二）联系实际求新知

新知就是新的知识。从广义上讲，新知包括新见解、新规律、新理论、新概念、新收获等，如我们对“大数据”“区块链”“人工智能”的创新性理解等。求得新知最重要的途径就是联系生活实际和工作实际。当今知识更新换代的速度越来越快，联系实际，强调实践，求得新知具有十分现实的指导意义。

1. 善于推陈出新

取其已有知识的精华，在继承基础上进行新的探索，是获得新知的重要途径。我们对一些新的经济形态、理论、规律等的持续性和创新性的探索与研究等，可以达到补充前说、填补空白的创意性目的，实现新的突破。推陈出新主要包括理论、规律等的出新，理论与实践相结合等的出新，应用绩效的出新等。切忌盲目跟从，出现“羊群效应”而丢失获得新知的契机。

2. 善于运用新知

中央电视台10频道“大家”栏目曾报道过一个实例。研究者普遍认为：我国东晋时著名画家顾恺之的代表作《女史箴图》为现存最早的卷轴中国画，距今已1 000多年。《女史箴图》为顾恺之代表作的说法最早见于宋代的《宣和画谱》。故宫博物院副院长、研究员、我国著名书画鉴定大师杨新却另有新见。在潜心研究数年之后，杨新运用研究获得的新知，以独到的分析和史料对比，在其著作《中国古代书画鉴定二十五讲》中指出：《女史箴图》系南北朝时期作品而非东晋作品；作者为南北朝时期北魏的宫廷画师而非东晋的顾恺之。此说意义重大，引起了不少学者对《女史箴图》作者定论的探索与讨论，从而使此说成为成功运用新知提出“新说”的典型事例。此外，杨新还对《出师颂》《列女仁智图》《罗汉图》《溪岸图》《研山铭》等画史上的重要作品进行了重新研究、查考和鉴定，为后世重新认识这些煌煌巨作提供了极具参考价值的断代意见。

运用新知需注意：一要把握新知的内涵，知晓运用的优势所在和潜在价值；二要取长补短，对前说和新知进行互动比较，形成新的概念或学说；三要在实践中不断进行推导和比较，证明新知的科学性和可行性，才可能在实际运用中催生出具有积极意义的“蝴蝶效应”。

［**思考与练习**］

一、经济应用文的概念和特点是什么？

二、简述经济应用文的主旨及确立主旨的原则。

三、简述经济应用文议论的基本要求。

四、“经济应用文+学习≠经济应用文+应用”，请判断后加以说明。

五、学习经济应用文可以用经济的眼光看待一切吗？请你谈谈理由。

六、请阅读《庄子·庖丁解牛》一文，简述对你学习经济应用文的启发。

七、填空题

1. 经济应用文的发展经历了（　　）、奴隶社会的新生、封建社会的成熟、（　　）四个阶段。

2. 在距今3 500多年前的商代（　　）上，已经涉及世系、（　　）、食货、征伐、

（　　）等各方面的内容。

3. 历史文献汇编《尚书》（又称《书经》）。它收录了虞、夏、商、周四个朝代的 28 篇文章，系现存最早的（　　）的文本，构成了我国最早的（　　）文集。

4. 南朝时期刘勰的《文心雕龙》一书，以研究写作规律而著称于后世，肯定了（　　）成为一种专门的文章体裁。

5. 1912 年，中华民国南京临时政府颁布的第一个公文程式条例，确立了新的公文体式，要求用（　　）写作公文，使用新式（　　），且文体极为简要，仅有令、（　　）、呈、示、（　　）五种。

6. 经济应用文的主旨，重在表现行文的目的和（　　）。目的就是作者想要得到的（　　）；主张则是作者对实现结果提出的（　　）、要求、（　　）或措施。

7. 经济应用文的表达方式主要有（　　）、议论和说明。其中，常用的议论方法有对比法、（　　）、引证法、（　　）、归纳法、例证法、（　　）和比喻法。

8. 经济应用文的语言特点，首先要（　　）。经济应用文要大量使用（　　）、行业用语、长句、（　　）、数字等。

9. 经济应用文构思与撰写的步骤有（　　）、巧用材料、确立结构、（　　）、写好提纲、（　　）、细心修改的过程。

10. 学习经济应用文加强综合能力培养，主要有（　　）、善于观察和表达、（　　）、善于增强社会活动能力。

八、判断题

1. 经济应用文是一个独立的文体，不是应用文的一个分支。（　　）

2. 经济应用文可以进行大量的议论和抒情。（　　）

3. 自我认识有过去经历、参照群体、个人扮演角色三个变量。（　　）

4. 经济应用文强调确立主旨的原则表达在四个方面。（　　）

5. 事实材料，包括事实、统计数据、定律、定理等。（　　）

6. 经济应用文对结构固定、写作规范、强调实用要求突出。（　　）

参考答案

第一章 公务类文体（一）

第一节 公务类文体概述

一、公文的概念

公务文书简称“公文”，是国家行政机关、社会团体、企事业单位等在行政管理、处理公务、联系工作等过程中形成的，具有法定效力和规范体式的文书。

公文主要有两大类：一类是国家行政机关正式规定的公文文种，即法定公文，又称通用公文，是依法行政和进行公务活动的重要依托与必要工具；另一类是事务文书，即机关、单位、团体为处理工作而普遍使用的法定公文之外的文书，又称常用文书。

公文又有广义和狭义之分，狭义的公文指法定公文。中共中央办公厅、国务院办公厅于 2012 年 4 月 16 日发布的《党政机关公文处理工作条例》中规定的 15 种公文，是狭义的法定公文。

二、公文的功能

公文的使用频率极高，其作用主要表现在以下方面：

（一）领导与指导互动

公文常常以颁布法规、传达指示的形式，来体现上级机关对下级机关及相关企事业单位进行的领导与指导工作。上级机关通过发布公文，将国家的大政方针、政策具体化，变为公务活动的具体目的、决策、任务、计划和部署，对下级机关和相关企事业单位进行指挥和领导，对有关工作进行具体的指导和监督，这种领导与指导并存的作用在公文中表现非常充分。

（二）传达与学习共处

公文以内容的具体化、法定化、规范化等来传达国家的方针、政策，传达是贯彻执行的必要前提，“上传达，下学习”的目的在于统一思想，共同行动，积极地贯彻执行相关公文的内容和精神。学习是受启发和教育的必要手段，其结果是提高了人们的思想和政策水平，为公文的贯彻执行提供了可靠的保证。

（三）桥梁与纽带相承

公文可以联系上下，沟通左右，可以上传下达，公布政策，发出指示，贯彻法规；可以下情上报，揭示现实，凸显民情，解决问题，有利于社会和经济的健康发展；可以维系和协调各级机关之间的关系，有利于开展工作；可以传播信息，交流经验，促进往来，取得更大的工作实绩。

（四）凭证与依据并举

人们要贯彻执行公文，做到行为有法可依，工作有章可循，落实有根有据，就必须以公文为准则，将公文作为规范自己行为和工作的重要依据。公文经过专门整理、立卷、归档，就成为有价值的档案材料，可供人们研究和参考，也是后人解读公文、了解历史的可靠资料。

三、公文的特点

（一）政策性

公文具有传达国家机关方针、政策，处理行政公务的重要职能。公文从内容到形式，都体现了国家和人民的利益，是法律法规意志的再现。作为管理国家的必要工具，公文有很强的政策性。

（二）实用性

公文的实用性特点表现在多个方面：文种清晰明确，内容极为丰富；文种格式固定，使用方便；涉及领域广泛，集合了不少其他文本和学科的优势，发展空间极大；有极好的信息传播、记载、筛选、使用、复制的能力；使用效果、频率和对象大大超过了其他体裁的文种。

（三）时效性

讲究时效性是公文的一大要求。公文的时效性体现在撰写、制发和传达的及时，利于及时解决工作中存在的各种具体问题。公文得到贯彻落实，还有检验实效的时限要求。公文在失去现实的效用转为档案材料时，也有及时归档以作文献的时效要求。

（四）规范性

公文有不同内容和不同文种，必须“对号入座”，有不同的撰写程序、格式、写法、使用、安排、对象和称谓，但使用规则非常明确。公文强调行文规范，有的放矢，有规范性原则和要求。同样，公文规范性要求也是人们各司其职，规范操作，不另搞一套的根本要求。

（五）法定性

公文体现着国家意志、公众利益和各种管理职能，有明确的强制力和行政约束力，也是法定性的具体表现形式。公文的撰写、制作、发布、执行都是依法而来，有法可依，是国家法律的延伸，传承着法律的精髓，在相当程度上，扮演着国家法律的“形象代言人”的角色。

（六）指定性

公文的指定性体现在：一是公文的作者只能是法定的社会组织及其法定代表人或者称为第一领导人，即依法成立并能以自己的名义行使权力和承担义务的组织机构及其法定代表人，如政府机关、企事业单位以及其他法定的社会组织等。二是以机关领导人或企业法定代表人名义签署发布的公文是代表法定机关（或组织），体现法定机关（或组织）的职权和意图。三是公文“主送机关”“抄送机关”和“传达（阅读）范围”等有明确的受众对象。

（七）权威性

公文的权威性主要体现在颁布、效力、执行等环节上，一经制作并发布，就有法定的约束性和强制性来体现其权威性，要求相关机关、单位或个人必须遵照执行。特别是国家机关制定和发布的公文，任何人不得歪曲文本精神和相关内容，更不能以各种借口拖延、掩饰、淡化执行力度来损害公文发布机关与公文固有的权威性。

（八）程序性

公文从写作、制文到发布有严格的程序，包括起草、审核、签发、复核、印刷、用印、登记、分发等过程，任何一个环节都不能忽视。程序不完备，公文不成立，不具备合法性，更无权发布。成形的完备公文，也要盖有发文机关的印章才能正式生效，否则不具备法定效力。

（九）工具性

公文是各机关、团体、组织等在公务管理过程中最常用的一种工具，使用频率极高，文本性极强，涉及的管理、指导、监督、执行、传播、复制等工作环节极多，其工具性特点非常明显。正是这样的工具性才使公文别具一格，显示了公文强大的生命力和适用性。

（十）执行性

公文具有明确的法定执行性，表现在公文要靠强力的执行性才可能保证公文的相关内容、要求等得到贯彻和落实，从而实现公文的既定目标，如“命令”等。执行过程是检验公文成效的重要手段。没有执行性就没有执行力，公文则失去了应有的法定效力。

四、公文的类型

（一）公文的法定类型

根据《党政机关公文处理工作条例》的规定，现行的公文种类主要有以下 15 种：

1. 决议

决议适用于会议讨论通过的重大决策事项。

2. 决定

决定适用于对重要事项做出决策和部署、奖惩有关单位和人员、变更或者撤销下级机关不适当的决定事项。

3. 命令（令）

命令（令）适用于公布行政法规和规章、宣布施行重大强制性行政措施、批准授予和晋升衔级、嘉奖有关单位和人员。

4. 公报

公报适用于公布重要决定或者重大事项。

5. 公告

公告适用于向国内外宣布重要事项或者法定事项。

6. 通告

通告适用于在一定范围内公布应当遵守或者周知的事项。

7. 意见

意见适用于对重要问题提出见解和处理办法。

8. 通知

通知适用于发布、传达要求下级机关执行和有关单位周知或者执行的事项，转批、转发公文。

9. 通报

通报适用于表彰先进、批评错误、传达重要精神和告知重要情况。

10. 报告

报告适用于向上级机关汇报工作、反映情况，回复上级机关的询问。

11. 请示

请示适用于向上级机关请求指示、批准。

12. 批复

批复适用于答复下级机关请示事项。

13. 议案

议案适用于各级人民政府按照法律程序向同级人民代表大会或者人民代表大会常务委员会提请审议事项。

14. 函

函适用于不相隶属机关之间商洽工作、询问和答复问题、请求批准和答复审批事项。

15. 纪要

纪要适用于记载会议主要情况和议定事项。

（二）公文的实用性分类

除法定分类的 15 种公文外，在实际应用中，公文还可以依据实用性的不同分类。

1. 按发文单位与收文单位之间的组织关系与职权范围，公文可分为上行文、平行文、下行文

（1）上行文指下级机关向上级机关报送的公文，如请示、报告等。

（2）平行文指同级机关或不相隶属的机关之间来往联系的公文，主要有函、通知、通报、纪要等。

（3）下行文指上级机关向下级机关下达的有关公文，如命令、决定、通知、通报、批复等。

2. 根据公文的机密情况，公文可以分为秘密公文与非秘密公文

（1）秘密公文指内容涉及国家安全，要限制阅读范围的重要公文。

（2）非秘密公文是向全社会公开发布的公文，如公告、通告以及其他一些告之性的公文。

3. 根据作用的不同，公文可以分为指令性公文、指导性公文、报请性公文、知照性公文

（1）指令性公文，如命令、决定等。

（2）指导性公文，如指示、批复、会议纪要等。

（3）报请性公文，如请示、报告等。

（4）知照性公文，如公告、通告、通知、函等。

此外，因使用范围不同，公文还可以分为通用公文和专用公文等类别。

五、公文的结构

公文的结构由眉首、主体、版记三个部分组成。

（一）眉首部分

眉首又称文头，包括公文份数序号、秘密等级、保密期限、紧急程度、发文机关标识、发文字号、签发人等要素。

1. 公文份数序号

公文份数序号是将同一文稿印制若干份时，每份公文的顺序编号，其作用在于为分发、清退、查找公文提供依据，便于进行统计和管理。公文份数序号用阿拉伯数码顶格标识在版心左上角第一行。

2. 秘密等级和保密期限

涉及国家秘密的公文还应当标明秘密等级和保密期限。秘密等级有“绝密”“机密”“秘密”三种。有密级的公文还应当标明份数序号。标识密级用三号黑体字，顶格标识在版心右上角第一行，两字之间空 1 字；如需同时标识秘密等级与保密期限，用三号黑体字，顶格标识在右上角第一行，秘密等级和保密期限之间用“★”隔开。

3. 紧急程度

紧急公文应当根据紧急程度分别标明“特急”“急件”。其中，电报应当分别标明“特急”“加急”“平急”。

需标识紧急程度，用三号黑体字，顶格标识在版心右上角第一行，两字之间空 1 字；

如需同时标识秘密等级与紧急程度，秘密等级顶格标识在版心右上角第一行，紧急程度顶格标识在版心右上角第二行。

4. 发文机关标识

发文机关标识又称版头、文头，由发文机关全称或规范化简称后加“文件”组成，如《国务院文件》《××部办公厅文件》等；对一些特定的公文可以只标识发文机关全称或规范化的简称。发文机关标识上边缘至版心上边缘的距离为 25 毫米。凡上报的公文，发文机关标识上边缘至版心上边缘的距离为 80 毫米。机关发文通常都设有版头，作用在于表明公文的作者归属，显示正式公文的权威性与庄重性，表明公文性质或行文方向。

发文机关标识一般使用宋体字，用红色标识，字号由发文机关以醒目美观为原则酌定。

联合行文时应使主办机关名称在前，“文件”二字放置于发文机关名称的右侧，上下居中排布。如联合行文机关过多，也必须保证公文首页显示正文。

5. 发文字号

发文字号即文号、公文编号，由发文机关代字、年份和序号组成。发文机关标识下空两行，用三号仿宋体字，居中排布；年份、序号用阿拉伯数码标识；年份应写全，用六角括号“〔〕”括入；序号不编虚位（“1”不编为“001”），不加“第”字，如“国函〔2019〕30 号”。

发文字号的作用是为检索和引用公文提供专指性代号，便于对公文进行统计和管理。一件公文只有一个发文字号，联合行文时，只标明主办机关发文字号。发文字号之下 4 毫米处要印一条与版心等宽的红色反线。

6. 签发人

上报的公文需注明签发人姓名，“签发人”用三号仿宋字，平行排列于发文字号右侧。如有多个签发人，主办单位签发人姓名置于第一行，其他签发人姓名从第二行起在主办单位签发人姓名之下按发文机关顺序依次序排列，下移红色反线，应使发文字号与最后一个签发人姓名处在同一行并使红色反线与之的距离为 4 毫米。

（二）主体部分

主体部分又称行文部分，包括公文标题、主送机关、公文正文、附件说明、成文日期、生效标识、附注等项目。

1. 公文标题

公文标题应当准确简要地概括公文的主要内容并标明公文种类，一般应当标明发文机关。公文标题中除法规、规章名称加书名号外，一般不用标点符号。

公文标题用二号宋体字，位置在红色反线之下空两行，可分一行或多行居中布局；回行时，要做到词意完整、排列对称、间距恰当。

2. 主送机关

主送机关指公文的主要受理机关，应当使用全称或规范化简称、统称。主送机关在标题下空一行，左侧顶格用三号仿宋体字标识，回行时仍顶格；最后一个主送机关名称后标全角冒号。

3. 公文正文

正文是公文的主体部分，也是公文的核心。公文的质量、作用、价值都要在正文中体现出来，正文是公文的关键所在。公文的正文一般由开头、主体、结尾三部分组成。

（1）开头部分。公文的开头方式较多，有目的式、根据式、缘由式等开头，意在表明发文的目的、依据、原因、意义等，从而提示公文的主题、要点，引起人们的关注。

（2）主体部分。主体部分是提出公文最重要的内容或事项的地方，必须内容实在、中心突出、条理清楚、表意明白。主体部分写法多种多样，表现形式也不尽相同。

（3）结尾部分。正文的结尾根据具体内容和行文关系，有不同的结尾方式。常见的结尾有说明式，如“本通告自公布之日起生效”；申明式，即指明发文意义、重申对有关事项的看法等；期望式，如“以上规定，望遵照执行”等；祈请式，如“妥否，请审查批示”等。

4. 附件说明

公文如有附件，应当注明附件顺序和附件名称。附件在正文下一行左空两个字并用三号仿宋体字标识“附件”二字，后标全角冒号和名称。附件如有序号使用阿拉伯数码（如“附件：1. ××××”）；附件名称后不加标点符号。附件应与公文正文一起装订，并在附件左上角第 1 行顶格标识“附件”，有序号时标识序号；附件的序号和名称前后标识应一致。

5. 成文日期

成文日期以负责人签发的日期为准，联合行文以最后签发机关负责人的签发日期为准。电报以发出日期为准。

成文日期应用汉字一、二、三、四、五、六、七、八、九、十、○书写，将年、月、日全部标出，特别要注意“零”写为“○”。

6. 生效标识

公文除“会议纪要”和以电报形式发出的以外，应加盖印章。联合上报的公文，由主办机关加盖印章；联合下发的公文，发文机关都应当加盖印章。

单一机关制发的公文在落款处不写发文机关名称，只标识成文时间。成文时间右空 4 字；加盖印章应上距正文 2~4 毫米，端正、居中下压在成文的时间上，印章用红色。

当联合行文需加盖两个印章时，应将成文时间拉开，左右各空 7 字，主办机关印章在前，两个印章均压成文时间。两印章互不相交或相切，相距不超过 3 毫米。

当联合行文需加盖三个以上印章时，为防止出现空白印章，应将各发文机关名称（可用简称）排在发文时间和正文之间。主办机关印章在前，每排最多排三个印章，两端不得超过版心；最后一排如果剩下一个或两个印章，均要居中排版；印章之间不相交或相切；在最后一排印章下右空两个字标识成文日期。

7. 附注

公文如有需要说明的其他事项，应加附注。附注用三号仿宋体字，左空两个字加圆括号标识在成文时间下一行。

（三）版记部分

版记部分包括主题词、抄送机关名称、印发机关和印发时间、反线等项目。

1. 主题词

公文应标注主题词。一份公文一般用4~5个主题词，最多不能超过7个主题词。主题词由规范化名词或名词性词组组成，分为反映公文主要类别的类别词、反映公文具体内容的类属词和反映公文形式的文种词三个层次。主题词用三号黑体字，置于文件末页下部抄送栏之上。词目用三号宋体字，词目之间需要空1字。

2. 抄送机关

抄送机关是指除主送机关外需要执行或知晓公文的其他机关，应当使用全称或者规范化简称、统称。

抄送机关位置在主题词下一行，左空1字用三号仿宋体字标识“抄送”字样，后标全角冒号。回行时与冒号后的抄送机关对齐，在最后一个抄送机关后标句号。

3. 印发机关和印发时间

印发机关位于抄送机关之下（无抄送机关在主题词之下）占1行位置，用三号仿宋体字。印发机关左空1字，印发时间右空1字。印发时间以公文付印的日期为准，用阿拉伯数码标识。

4. 反线

文尾部分各要素之下均要加一条反线（横线），宽度同版心。

六、公文的印制格式

（一）用纸规格

公文用纸一般采用国际标准A4型（210毫米×297毫米）。张贴的公文用纸大小，根据实际需要确定。

（二）排版规格

公文用纸天头（上白边）为37毫米±1毫米；公文用纸订口（左白边）为28毫米±1毫米；版心尺寸为156毫米×225毫米（不含页码）。

（三）印刷要求

公文的文字从左至右横写、横排。在民族自治地方，可以并用汉字和通用的少数民族文字（按其习惯书写、排版）。

（四）装订要求

公文规定在左侧装订。

七、公文的写作要求

（一）熟悉法规，了解实际

公文是国家法律、法规及其他有关规定的重要延伸，包含着法律、法规的重要内容，体现着鲜明的法律、法规的严肃性、规范性、权威性和形象性。公文撰写者一要熟悉国家相关法律、法规，有较高的政策水平，能深刻领会上级意图、行文目的，知晓解决问题的实质和关键所在；二要明确自己的职权范围，熟悉自己的分内工作，有较高的写作能力；三要深入实际，及时下情上达，为上级及时制定法规政策提供可靠的依据。

（二）选好文种，行文有序

公文各文种之间有不同的适用范围、内容和对象，存在着明显的差别。行文应该选用怎样的文种，要根据行文的要求、目的、自身的权限、同受文者的隶属关系、具体要解决的问题等来确定。例如“通知”的内容不能写成“通告”的内容等。行文有序要求按行文的要求紧扣主题，突出中心，结构严谨，层次清晰，用语规范，表意准确。

（三）编发合理，注重实效

编发合理，注重实效，一要明确发文的权限和行文规则，清楚自身的隶属关系、职权范围、受文对象和发文目的；二要分清公文各文种之间的上行文、下行文或平行文的关系，摆好自己的位置；三要写作符合相关程序，有明确的发文依据，使之合法合理，切实可行；四要严格控制公文的数量和范围，避免公文的滥发，影响公文的权威性、严肃性和使用效率。

第二节　命令、决定

一、命令

（一）命令的概念

命令是上级领导机关向下级领导机关发布的一种带有强制执行性质的指挥性公文。命令适用于公布行政法规和规章、宣布实施重大强制性行政措施、批准授予和晋升衔级、嘉奖有关单位和人员。

（二）命令的功能

1. 告知与执行

命令是一种特别的告知，要求被告知者在极短的时间内知晓内容，领会精神，做到令来即行，行之有效，如《中华人民共和国国务院令》等。这种告知与执行的作用最坚决、果断，不同于其他公文。

2. 协调与检查

执行命令者在执行命令时，常常有与之相关的单位和人员进行配合与协调，协助其完成命令。执行命令后，检查执行的实际效果，发现不足或问题要及时上报，其协调、检查的要求也有别于其他公文。

（三）命令的特点

1. 强制性

命令是一种特殊的公文，有非常明确的强制性。命令一经发布，就必须无条件地执行，不能有丝毫的懈怠，其强制性在所有的公文文种中居首位。

2. 权威性

命令常常来自国家机关或上级权威机关，有最高领导人的签署内容，尤为庄重、严肃，强调令行禁止，权威性极强。

3. 执行性

命令的根本属性就是执行，执行是保证命令得到落实的最重要的条件。执行是手段，无条件执行是要求，命令的执行性最为鲜明和突出，强于其他公文。执行性是命令得以贯彻执行的关键和检查效果的直接依据。

4. 简洁性

命令因其特殊的作用和突出的特点，行文非常简洁，常常是一事一令，内容单一，用语严谨，措辞准确，表意完整，中心明确。

（四）命令的分类

1. 命令按类型分类

命令按类型分类为发布令、行政令、嘉奖令等。

2. 命令按级别分类

命令按级别分类为国家主席令、国务院令、国务院各部长令、省长令、市长令等。

3. 命令按范围分类

命令按范围分类为管理令、经济令、商业令、交通令、卫生令等。

4. 命令按对象分类

命令按对象分类为针对个人的命令、针对集体（机关、团体）的命令、针对特殊人群的命令、特殊事宜的命令等。

常见的命令主要有发布令、行政令和嘉奖令。

（五）命令的结构

1. 标题

命令的标题因具体内容不同，在标题的形式上也有所不同，常见的标题形式有以下三种：

（1）发布令标题。发布令标题由发令机关名称或发令机关领导人职务名称和文种名称构成。标题下的发令号不按年度编排，是以机关领导人任职开始编流水号至任满为止，下任另行编号，如《中华人民共和国主席令》《中华人民共和国国务院令》等。

（2）行政令标题。行政令标题由发令机关名称、主要事项和文种名称构成，如《国务院关于在我国统一实行法定计量单位的命令》等。

（3）嘉奖令标题。嘉奖令标题由发令机关名称或发令机关领导人职务名称、受奖者名称和文种名称构成，如《国务院 中央军委关于表彰参加国庆阅兵装备工作各单位和全体同志的命令》等。

2. 正文

正文是命令的主体部分，也是其核心所在。常见的命令正文形式有以下三种：

（1）发布令正文。发布各种法规或规章的命令就是发布令。发布令是发布者提高行政管理水平，显示施政能力的表现，权威性、严肃性和实效性的特点非常明显。发布令正文用语不多，主要说明公布的法规和规章的名称、通过或批准的决议、通过或批准的时间以及施行的时间。

（2）行政令正文。国务院及各部门、县以上人民政府宣布实施重大的强制性行政措施时发布的命令就是行政令。行政令有强制性、时效性、告知性和使用量大的特点，如国务院发布的《行政区划管理条例》等。

行政令正文主要有两部分内容：一部分是说明发布的缘由，突出其可信度和权威性；另一部分是推出具体内容，主要有相关条款、措施、要求、执行机关等。这部分内容具体，中心突出，强制性、时效性、执行性要求非常明确。

（3）嘉奖令正文。嘉奖令正文的内容主要包括：一是说明嘉奖缘由，做出中肯的评价；二是简述嘉奖事项，写出嘉奖的具体内容，如授予称号、记功等级等，如国务院发出的《国务院对民航 2402 机组的嘉奖令》；三是发出号召，学习被嘉奖者。嘉奖令比较专一，时效性、褒扬性的特点突出。

3. 结尾

结尾又称“落款”，命令的结尾应签署发令机关领导人的职务名称和姓名、发令的具体时间。有的命令只签署发令时间。

（六）命令的写作要求

1. 严肃认真，郑重谨慎，合法行事

撰写命令一定要在法定的范围和自己的权限内，以相关的法律、法规、政策为依据，合法地制发命令。必须注意，命令一般为国家行政机关及其领导人使用，党的领导机关一般不单独使用。在特殊情况下，党的机关可以与国家行政机关联名制发命令。

2. 求快、求准，言简意赅

命令最忌讳用语啰唆，语意含糊。撰写命令用语要简明精练，表意要准确完整，结构要严谨有序，要利于执行者理解、把握和执行。

3. 认真审视，中心突出

命令文本要全面清晰，言简意赅，中心突出，做到令必行，行必果，还要及时上报审查，利于领导及时签发。

［**范文**］

中华人民共和国国务院令

第 707 号

现公布修订后的《中华人民共和国个人所得税法实施条例》，自 2019 年 1 月 1 日起施行。

总理　李克强

2018 年 12 月 18 日

二、决定

（一）决定的概念

决定是适用于对重要事项做出决策和部署、奖惩有关单位和人员、变更或者撤销下级机关不适当的决定事项等使用的具有指挥性和约束性的公文。

（二）决定的功能

1. 适用广泛，应用快捷

党政机关、社会团体或企事业单位都可以对重要事项、重大行动做出决定。决定可以用于安排重要会议的召开、表彰先进、对特（重）大事故的处理、设立机构或部门等，应用广泛。决定还能以会议的名义制发、委托制发或临时制发，强调迅速快捷、高效准确，时效明显，应用性很强，如《××部关于运输安全第三次会议的决定》。

2. 作用明显，易于把握

决定上对国家机关、行政机构，下至社会各行业系统，使用频率极高，工具作用突出；涉及的各种事项、问题很多，覆盖面广，内容丰富；事项陈述清楚，目的明确，贯彻执行者容易理解；行文相对简便易行，在结构、体式上易于把握。

（三）决定的特点

1. 约束性

决定带有一定的法规、法令强制性特色，一经制定或发布，就要认真执行，围绕决定的中心以及要求，规范自己的行为和工作，不能自行其是，另搞一套，如《国务院关于修改部分行政法规的决定》等。

2. 执行性

决定的执行性是建立在约束性和强制性之上的，是领导者或上级机关意图、意志的体现，也是贯彻执行的有力保证，如《国务院关于取消和下放一批行政许可事项的决定》。决定作为一种在一定时间和范围内的指挥性准则，必须进行有效的执行和监督，才能取得实效。

3. 前瞻性

发布和执行决定是依据现实的状况和未来的要求为基础的，决定针对尚未开展的工作，提出明确的安排、计划和实现的目标，在相当程度上存在着可预见、可控制、可操作的前瞻性特征。

4. 广泛性

决定使用量大，受众广泛，具有广泛性。这种以广泛性为前导，集多种举措、目的等构成不同决定的情况，已形成了决定的优势。

（四）决定的类型

1. 决定按内容分类

决定按内容分类为表彰决定、惩处决定、机构设置决定、人事安排决定、授权决定、发布法规性事项决定等。

2. 决定按类型分类

决定按类型分类为国家行政机关的决定、上级机关的决定、部门决定、社会团体决定、企事业单位决定等。

3. 决定按属性分类

决定按属性分类为对重要事项做出处理的决定、对重大行动做出安排的决定等。

（五）决定的结构

决定一般由标题、正文两部分构成。

1. 标题

决定的标题一般由做出决定机关或通过决定的会议的名称、决定的事由和文种构成，如《国家税务总局关于取消一批税务证明事项的决定》等。决定标题的下方，应有做出决定的时间或会议通过的时间。

2. 正文

正文是决定的核心和主体，反映决定的重要事项或重大行动做出的安排，主要有表彰或惩处、机构设置、人事安排、授权、发布法规性事项等内容；对重大行动做出安排的决定，如抗洪抢险、突发事故应急处置、治安整顿等决定。正文内容讲究层次，先有引文说明做出“决定”的根据和机构名称，以“……决定”引出下文，然后以“现决定如下”

“特做如下决定”等语句进行内容上的过渡，再进入主体，逐一地推出各项具体决定的内容。

（六）决定的写作要求

1. 突出要求，明确主旨

决定的写作要做到符合程序，合理合法，观点鲜明，联系实际，措施明确；不能模棱两可，含糊不清，引起误解，难以理解和执行，否则结果必然事与愿违。

2. 调查分析，把握行文

决定的撰写要从实际出发做好调查研究，在摸清情况的基础上，进行认真分析和判断，所要决定的事项是否有根据、有效果，必须根据实际情况，做好写作上的整体考虑。

［**范文**］

国务院关于取消一批行政许可等事项的决定

国发〔2018〕28号

各省、自治区、直辖市人民政府，国务院各部委、各直属机构：

经研究论证，国务院决定取消11项行政许可等事项，现予公布。另有6项依据有关法律设定的行政许可事项，国务院将依照法定程序提请全国人民代表大会常务委员会修订相关法律规定。对取消的行政许可等事项，相关部门要制定完善事中事后监管细则，自本决定发布之日起20个工作日内按规定向社会公布，并加强宣传解读、确保落实到位。

附件：国务院决定取消的行政许可等事项目录（共计11项）（略）

国务院

2018年7月28日

第三节 公告、通告

一、公告

（一）公告的概念

公告就是向国内外宣布重要事项或法定事项的公文。公告通常以国家的名义，在向国内外宣布重要事项或法定事项时使用。经授权，某些机关、部门也可以代表国家对外或对内发布公告。

（二）公告的功能

1. 广而告之

公告的覆盖面居公文之首，广而告之的作用非常明显。向国内外宣布重要事项或法定事项，使公众知晓公告的精神和内容，既是公告的出发点，也是公告根本作用的有力体现，如国家知识产权局发布的《关于停征和调整部分专利收费的公告》等。

2. 直推事项

公告的公开度与透明度比其他公文更鲜明和直接。发布者可借要公布的事项，将自己的意图、观点、立场等，毫不隐讳地托盘而出，其目的和用意非常清楚。

（三）公告的特点

1. 知晓性

公告公开、透明，涉及范围广，受众多，广泛的知晓性使其家喻户晓，既显示了极大的公示力度，又达到了人人皆知的目的。

2. 简明性

公告言简意赅、中心突出、用语精练、语意严谨、结构简单等特点，就是简明性淋漓尽致的表现。

3. 严肃性

公告的严肃性表现在常常代表国家、机关、部门等公布相关事项，始终贯穿着形象性、权威性和代表性；从制作到公布，是一个非常严肃的过程，必须认真对待，不能有丝毫的懈怠和马虎。

（四）公告的类型

1. 公告按内容分类

公告按内容分类为金融公告、外交公告、建设公告、教育公告、科研公告等。

2. 公告按地域分类

公告按地域分类为向国外发布的公告、向国内发布的公告、地区性公告等。

3. 公告按级别分类

公告按级别分类为国家级公告、部级公告、省级公告、市级公告等。

4. 公告按属性分类

公告按属性分类为人民代表大会公告、国务院公告、政协公告、社会团体公告等。

（五）公告的结构

公告的结构一般由标题、正文、落款三部分构成。

1. 标题

公告的标题有两种：一种由发文机关加上公文文种构成，如《中华人民共和国国务院公告》等；另一种由发文机关、事由加上公文文种构成，如《国家税务总局关于取消 20 项税务证明事项的公告》等。

2. 正文

公告的正文比较单一，篇幅不大，都集中在宣布具体事项内容上。相对复杂的公告，内容一般有交代缘由或根据、说明具体事项和结语等内容。交代缘由或根据，往往自成一段，再另起段落，说明具体内容。公告内容的表达，一般用条款的方式进行；按其不同的内容，分别以条款形式加以说明。结语，即在说明主要内容后另起的一段，用语不长，是对主体部分的一种补充，如最常见的“特此公告”等。

3. 落款

公告的落款，就是署明公告发布者的全称、加盖公章和注明公告发布时间，是完善公告的必备手段。

（六）公告与公报的区别

公告和公报都可以向国内外宣布重要事件或重大事项，两者的区别在于：公告依据公布的事项常常带有新闻的特点，蕴涵着消息的要素，内容比较单一，用语不多；公报内容更多，更讲究结构和层次，表现更为具体，篇幅较大，如我们通常见到的会议公报、外交公报等。

（七）公告的写作要求

1. 高度重视，写作严谨

公告面对大众，其影响力为其他公文所不及。公告特有的代表性、形象性、说明性等使其写作要求极高，不仅要有很强的写作能力和严谨的学风，还要在思想上高度重视，严肃认真，不能有任何失误。

2. 中心突出，表达清楚

公告以条款式说明居多，稍不注意，就可能出现不严谨的情况，或者重点不明，中心含混；或者条款轻重不分，层次混乱，出现歧义；或者条款过多，啰唆冗长；等等。因此，公告的写作要注意中心突出，表达不能掉以轻心，影响公告的自身形象。

3. 语言简洁，表现明快

公告用语要力求简明流畅，意思清楚，易于理解，便于把握。此外，公告的写作要注意克服用语公式化现象和文本可能出现的公式化倾向。

［范文］

中国人民银行公告

〔2018〕第2号

根据《国务院办公厅关于进一步做好“放管服”改革涉及的规章、规范性文件清理工作的通知》（国办发〔2017〕40号）要求，中国人民银行对2017年12月31日前发布的规范性文件进行了清理。现决定：

一、废止《关于对进口黄金及其制品加强管理的通知》（银发〔1988〕363号）等35件规范性文件（目录见附件1）。

二、中国人民银行现行有效的主要规范性文件共386件（目录见附件2）。

附件1：（略）

附件2：（略）

中国人民银行

2018年2月22日

二、通告

（一）通告的概念

通告是国家行政机关、有关部门、社会团体或企事业单位，在一定范围内公布社会各有关方面应当遵守或者需要周知的事项时使用的公文。

（二）通告的功能

1. 公布事项，广而告之

通告就是公布相关事项，以较为详尽的内容，向社会公开传达相关信息，告知人们应注意的具体事项，同时提出要求以统一认知的公文。通告涉及面广，受众多。

2. 遵从执行，规范行为

通告的根本目的是执行。通告强调的有关事项及要求，带有明显的强制性和约束力，提供的具体规范性标准或行为准则，强调人们的行为、认识等的高度共通性，根本目的在于要求人们遵从执行，从而同心同德地实现共同的目标。

（三）通告的特点

1. 告知性

告知性贯穿于通告的始终。告知性是保证通告执行的首要条件，是通告具体化、形象化的重要辅助手段。通告凭借告知性来陈述事项，提出要求，具体说明其最终目的，使通告内容一目了然。

2. 约束性

通告公布的事项，要人们按相关要求规范行为，在规范中遵从执行，就是约束性的作用过程。约束性告诫人们，要把握规定，知晓范围，严格标准。约束性有利于通告的全面落实，是通告必不可少的要素条件。

3. 针对性

通告告之即行，行之有效，具有极强的针对性。通告的事项是需要立即解决的问题，必须有的放矢；通告的受众是特定的某些社会层面、某些部门、某些单位的相关人员等，有明确的适用范围和对象；通告的制定者熟知问题的症结所在，必然要缘事而发，有针对性地开展工作。

（四）通告的类型

1. 通告按作用分类

通告按作用分类为告知性通告、事务性通告、禁止性通告等。

2. 通告按发布者分类

通告按发布者分类为行政机关通告、社会团体通告、部门通告、企事业单位通告等。

3. 通告按内容分类

通告按内容分类为教育通告、施工通告、交通通告、金融通告、卫生通告等。

一般常用的通告有告知性通告、事务性通告、禁止性通告。

告知性通告，即告知一些应当知道或需要遵守的简单事项的通告，如《北京市工商局关于年审营业执照的通告》等。

事务性通告，即办理一些例行事项的通告。这种通告内容简单，专项性特点比较突出，如注册缴费、人口登记、婴幼儿保育等内容。

禁止性通告，即公布一些禁止类事项的通告，如查禁淫秽书刊、违禁物品、非法枪支以及交通管制、整顿治安、强制搬迁等内容。

（五）通告的结构

1. 标题

标题主要有四种构成方式：一是由发文机关、事由和文种构成，如《中国人民银行关于发行四种金属人民币的通告》等。二是由发文机关、文种构成，如《中华人民共和国公安部通告》等。三是由事由、文种构成，如《关于禁止高校乱收费的通告》等。四是以文种表示，常在内部使用，即只写通告名称，如《通告》。

2. 正文

通告正文一般由发文缘由、相关事项和结语三部分内容构成。

（1）发文缘由。发文缘由说明发布通告的原因、根据和目的。这部分事由清楚、文字简洁，常在段尾以“特通告如下”或“现将有关事项通告如下”等惯用语承上启下，引出正文。

（2）相关事项。本部分是正文的核心，是具体写明通告的事项或有关规定的重点之处。如事项或规定的内容多，就用分条款、列项目的办法写出。核心部分的文字表达要准确，条理要清晰，结构要严谨，用语要严肃。

（3）结语。通告正文后的另起段落可视为结语，即简明扼要地提出执行期限、有效范围等。用“特此通告”之类惯用语作为结语最为常用。有些通告在缘由部分已有“特此通告”等过渡，结尾可不用结语。

（六）通告的写作要求

1. 主题单一，目的明确

发布通告的事项比较单一，写作应就事论事，直接点出主题，并在缘由部分做简要交代，使人一看就知道通告的主题所在。通告的内容要围绕主题进行选材和撰写，主题要单一、目的要明确，这是通告写作能否成功的关键所在。

2. 内容具体，符合法规

通告的事项要交代清楚，说明详尽，内容实在。写作还要合法，必须在法律、法规允许的范围内进行撰写，内容与有关政策规定不矛盾、无冲突。写作者还必须知法懂法，做到依法行文，依法成文。

3. 语言简洁，表达集中

通告篇幅不长，事项清楚，内容确切，用语则要简洁明了，做到言简意赅，写作时要善于内容的浓缩和集中表达，利于张贴和阅读。

［**范文**］

关于发布《内科输血》等3项推荐性卫生行业标准的通告

国卫通〔2018〕20号

现发布《内科输血》等3项推荐性卫生行业标准，编号和名称如下：

WS/T 622—2018　内科输血

WS/T 623—2018　全血和成分血使用

WS/T 624—2018　输血反应分类

上述标准自2019年4月1日起施行。

特此通告。

国家卫生健康委员会

2018年9月26日

第四节　通知、通报

一、通知

（一）通知的概念

通知是用来发布、传达要求下级机关执行和有关单位周知或者执行的事项，批转、转发的公文。通知应用最为广泛，使用频率极高，在公文中占有相当重要的地位。

（二）通知的功能

1. 批转和传达作用

通知联系和反映着各行政机关、人民团体、企事业单位的各种公务活动，承上启下、联系内外，既用于传达上级的指示、批转下级公文，又要求下级办理相关事项或告知下级需要知道的事情，其“联络员”“传令兵”的批转和传达的作用在公文中特别明显。

2. 联系和沟通作用

通知可以用于批转下级机关的公文，转发上级机关、同级机关和不相隶属机关的公文等，上下左右，四面八方，在公文活动中发挥着不可替代的作用。通知还广泛用于各企事业单位，其具有网络化应用、系统化联系和沟通特征高于其他公文。

（三）通知的特点

1. 广泛性

通知不受内容繁简限制，广泛用于机关、单位等各个系统、行业，传达指示、告知事项、布置工作、批转公文、人员任免等，形式灵活、内容实在，一切机关、社会团体以及各企事业单位均可制发，无级别限制，广泛性高于所有公文。

2. 简洁性

通知写作的格式比较自由，具有“文无定势”的特征。加上通知的内容单一、事项清楚，告之所在，一目了然，有极大的简洁性优势，在告知性和陈述性的公文中扮演着领军角色。

3. 执行性

通知以要求下属执行或办理事项的内容居多，是比较典型的下行文。无论是批转公文、要求下属单位办理执行，还是任免人员等，都是为了得到执行和落实。凭借执行性来保证实现通知的最终目的，在通知上体现得很鲜明。

（四）通知的类型

1. 事务性通知

事务性通知又称告知性通知，内容广泛，接受的对象众多，主要用来处理一般性行政事务或其他事务性的工作。上级机关或部门要传达或布置相关事项，要求下级机关或单位执行或办理，常常会使用这种通知，如迁移办公地点，启用或更换印章，成立、调整或撤销某个机构，修正或补充文件，催报材料，变更作息时间等。

2. 批示性通知

批示性通知，即有批示者意见、看法的通知，主要用批转下级机关、部门、单位的有关公文，或者转发上级、同级、不相隶属机关公文时所用的文本。通知有三种类型：一是用来发布行政法规、规章，印发有关文件的颁发型通知，如国务院《关于印发国家职业教育改革实施方案的通知》等；二是用来转发上级、同级机关以及不相隶属机关公文的转发型通知；三是对下级机关发来的公文进行批示、转发的批转型通知，如中办、国办转发的《严禁在公共资源设私人会所规定》的通知等。

3. 指示性通知

指示性通知又称规定性通知或布置性通知，是用于对下级机关布置工作、阐述政策等的通知。有办理或执行要求，而内容不适于用命令形式的公文，一般也用指示性通知，如国务院办公厅《关于成立国家科技领导小组的通知》等。

4. 会议通知

用于传达召开会议的有关事项的通知就是会议通知。会议通知原属于事务性通知，现已成为通知中的一个单独文种，其专用性很强。

5. 任免通知

任免通知，即对相关人员进行任用或免职的通知，也是通知中的一个专用性很强的单独文种，其专用性同样很强，如国务院办公厅《关于调整国家教材委员会组成人员的通知》等。

6. 发布性通知

发布性通知是上级机关发布有关事项时所用的通知。

（五）通知的结构

1. 标题

通知的标题一般有三种：一是由发文机关、事由、文种构成，如《国务院关于机构设置的通知》等；二是由事由、文种构成，如《关于做好金融检查工作的通知》等；三是如通知的内容紧急，可在标题中“通知”前加上“紧急”两字，如《国务院办公厅紧急通知》等。

2. 正文

通知的正文包括通知缘由、通知事项、通知要求（结尾）三部分内容。不同种类的通知，其正文的写法有所不同。

（1）事务性通知的正文主要写明对有关事项的具体安排，提出完成的要求和时间等，其正文内容相对简单。

（2）批示性通知的正文主要有交代批转或转发文件的名称、执行要求等内容。在批转、转发时，批示性通知可以表明批转、转发机关的态度，提出具体的指示性意见，如“参照执行”“遵照执行”等；可以针对批转、转发文件阐述的事项，进行评价，强调其重要性或意义、做必要的说明、提出执行的要求等。

（3）指示性通知的正文一般由发文的缘由、具体事项和结尾三个部分组成。缘由部分可以写发出通知的依据、目的和意义，再以“特作如下通知”或“特通知如下”转入通知的内容。具体事项一般采用条文式写法，并提出要求、措施和办法。结尾可不写，如有结尾，可用“特此通知”等惯用词语。

（4）会议通知的正文一般包括召开会议的机关、会议的名称、会议的起止时间、会议的地点、会议的内容和任务、参加会议人员的条件和人数、报到的时间及地点、与会人员携带的文件材料等内容。

（5）任免通知的正文要写清决定任免的时间、机关、会议或依据文件以及任免人员的具体职务。

（六）通知与公告的区别

通知的用途极为广泛，不受内容繁简的限制，写作格式比较灵活、实用性特别强，一切机关与社会组织均可制发；公告可对国内、国外公布，告知的对象极广泛，告知的事项更加重大，有比较固定的表现格式，行文比通知更严谨，要求更高。

（七）通知与通告的区别

通知主要是转达上级的指示精神并使之具体化，通告可依法自创有关规则。通知可以公开，但更多需要按组织或系统等逐层下达，存在一定的组织程序；通告则可直接公开，公之于众。通知会涉及贯彻执行等要求，提出应当遵从的具体事项；通告则重在提出的行为规范、应当知晓的事情，突出告知效果。

（八）通知的写作要求

1. 内容实在，主题鲜明

坚持“一文一事”是通知写作的基本原则。通知的类型、特点、要求等不尽相同，写作时必须依据其不同内容，采用不同的表达方法。其一，内容必须实在，即缘由、事项、措施、要求等的要素齐备，材料具体充分。其二，因文而异，把握通知不同的主题要求，有针对性地突出主题。其三，主题表达要集中、鲜明，抓住要点，写出新意。

2. 层次分明，用好格式

通知事项不多而条款多，层次上要求比较严格。在分条说明时，先写什么，后写什么，都要有讲究。否则，层次不明，事项交代不清楚，造成结构混乱，影响到主题表达。“通知”前加可以加“紧急”“联合”“补充”等字样，但不能引起文种变化。缘由尾部至正文开头，可以用“特通知如下”等过渡语，而结尾用语的“特此通知”则可免去。

3. 用语实在，表意准确

通知要求用语实在，表意准确，要实实在在地告诉人们应该干什么、如何干、应达到什么目的。只有用语实在了，才能有完整、准确、精准的表意。表意准确要注意：一要选好用语；二要注意语言的色彩；三要注意语言相互间的交替和搭配，做到精准实在、干净利落。

［**范文**］

国务院办公厅关于2019年部分节假日安排的通知

国办发明电〔2018〕15号

各省、自治区、直辖市人民政府，国务院各部委、各直属机构：

经国务院批准，现将2019年元旦、春节、清明节、劳动节、端午节、中秋节和国庆节放假调休日期的具体安排通知如下。

一、元旦：2018年12月30日至2019年1月1日放假调休，共3天。2018年12月29日（星期六）上班。

二、春节：2月4日至10日放假调休，共7天。2月2日（星期六）、2月3日（星期日）上班。

三、清明节：4月5日放假，与周末连休。

四、劳动节：5月1日放假。

五、端午节：6月7日放假，与周末连休。

六、中秋节：9月13日放假，与周末连休。

七、国庆节：10月1日至7日放假调休，共7天。9月29日（星期日）、10月12日（星期六）上班。

节假日期间，各地区、各部门要妥善安排好值班和安全、保卫等工作，遇有重大突发事件，要按规定及时报告并妥善处置，确保人民群众祥和平安度过节日假期。

国务院办公厅

2018年12月6日

二、通报

（一）通报的概念

通报主要是用于表彰先进、批评错误、传达重要精神和告知重要情况的公文。

（二）通报的功能

1. 嘉奖和惩处作用

通报对具体的人和事进行表彰、嘉奖，意在鼓励先进、发扬正气；反之，进行批评、惩处，打击歪风邪气，告诫和教育他人。通报在一定范围内，嘉奖和惩处作用并重，针对性很强，如国务院《关于××省三起特大安全事故调查处理情况的通报》等。

2. 学习和教育作用

通报上情下达，目的明确，不论嘉奖或惩处，都要使人们受到启发和教育，是一种特殊的学习。同样，通报也以特殊的教育形式，促进上下级、有关部门、单位、人与人之间的相互了解，共同进步。

（三）通报的特点

1. 典型性

不论哪种类型的通报，都是针对有代表性的人和事而发，在这个过程中，人和事必然有代表性和影响力，是典型性的一种能动反映。有了这种典型性，通报的嘉奖和惩处作用才更实在，更有说服力。

2. 指导性

通报来自上级机关或部门，传达重要精神和事项，具有明确的指导性。发文机关可以通过通报来指导人们学习，通过批评要人们引以为戒，统一认识、协调关系、做好工作，如国务院办公厅《关于××、××省四起特大煤矿瓦斯爆炸事故调查处理情况的通报》等。

3. 严肃性

通报准确，结论严谨，进行嘉奖或惩处都有很强的严肃性。通报必须要弄清情况，仔细核对，慎重行事。对情况的分析、判断要以事实为基础，以相关的法律、规定为依据，不能妄下结论，草率处理。

4. 时效性

通报的时效性在于及时发现问题、及时调查、及时通报、及时处理，不能时过境迁，再亡羊补牢，使通报失去应有的作用和价值，因此造成的影响或损失也难以挽回。

5. 真实性

真实性是通报的基本特点。通报中的事项真实性如何，关系重大，涉及面广，影响深远。通报的事项必须客观存在，真实可靠，不能有任何夸大或缩小，更不能凭空虚构，以免造成极大的负面影响。

（四）通报的类型

1. 通报按形式分类

通报按形式分类为直述式通报和转述式通报。

2. 通报按范围分类

通报按范围分类为全国性通报、地区性通报、全省性通报、全市性通报等。

3. 通报按内容分类

通报按内容分类为批评性通报、表扬性通报、情况通报。这种分类方法最常用。

（1）批评性通报。批评性通报是以处理重大责任事故、违纪案件等为内容，对其进行公布，同时做出处理决定或处分的通报。

（2）表扬性通报。表扬性通报是一种以表扬先进人物、先进事件、介绍先进经验等为内容的通报。

（3）情况通报。情况通报是以传达重要精神、重要情况、重大事件等为内容，以引起人们注意，并对当前的工作有指导作用的通报。

（五）通报的结构

1. 标题

通报的标题有三种形式：一是由发文机关名称、事由、文种构成，如《国务院办公厅关于督查问责典型案例的通报》等；二是由事由加文种构成标题，如《国务院办公厅2018年第一季度全国政府网站抽查情况通报》等；三是只有文种，如《通报》。

2. 受文机关

通报都要写明受文对象和通报范围，格式同一般公文。普发性的通报可以不写受文对象。

3. 正文

通报有不同的内容和类型，其正文在写法上也有所区别。

直述式通报的正文一般包括通报事由、事由评析、处理意见三部分。

转述式通报常带有附件，正文内容主要交代转发的文件名称、对事实加以简要分析或评论、说明转发的目的、提出相应的要求等。

批评性通报和表扬性通报的正文一般由事实、评论、要求三部分构成。首先要分别概述反面典型的主要问题或先进典型的主要事迹；其次对落后或先进的性质、原因进行简析和评论；最后分别提出对反面典型的处理意见或对先进典型的表彰决定。

情况通报的正文有两种写法：一种是交代发布通报的缘由，再写明事项，最后提出要求等；另一种是将内容按问题划分出若干个部分，每个部分可以用小标题标明，再进行叙述、分析和评议。前者可称为“一般式”，如国务院办公厅《关于××省几个单位擅自在瑞士发行债券问题的通报》等；后者可称为“分条式”，如《国务院办公厅关于部分地方优化营商环境典型做法的通报》等。

（六）通报与通知的区别

（1）内容的范围不同。通知强调一事一报，内容广泛，涉及面广；而通报则只能一事一报，专一性很强，范围不及通知。

（2）目的要求不同。通知重在告知和执行；通报则在告知的基础上，重点突出结果，表明立场。

（3）表现方式不同。通报限于上级对下级，可以直述、转述、批评等，用语更为果断鲜明；而通知可上对下、可平行，不相隶属的单位也可使用。通知的发布形式更多，可登报，可广播，可张贴，大于通告的发布形式。

（七）通报的写作要求

1. 事项真实可靠

通报写作依据的事项必须真实可靠，绝不允许夸大或缩小，更不能任意捏造和虚构。因为事项是通报成功与否的关键要素，起着决定性的作用。如果事项失实，将带来极大的负面影响，会破坏上下关系，严重损害通报发布者的形象和威信，造成工作的极大被动。

2. 褒贬态度鲜明

通报表彰什么、批评什么，在写作中要有十分鲜明的态度。尊重事实，依据处理，态度鲜明，是有高度责任心的具体表现，是工作认真负责的形象说明。通报的写作要注意褒贬有度，分寸恰当；就事论事，切忌渲染；中肯分析，公正评判；要求实在，落实见效。

3. 准确选用典型

通报具有指导意义，其原因之一就是选好典型，用好典型，利用典型的事项、人物来教育或鼓励人们，指导工作，通报才能起到激励教育、批评告诫的作用。选用典型应该是典型真实，形象鲜明，具有普遍的代表性和独特的典型意义。

［**范文**］

国务院办公厅关于部分地方
优化营商环境典型做法的通报

［**思考与练习**］

一、简述公文的概念和功能。
二、简述公文分类中的上行文、平行文和下行文。
三、简述命令的强制性特点。
四、决定的主要功能是什么？
五、指出公告与通告的区别。
六、通知与公告的区别是什么？
七、简述通知的常用类型。

八、某单位道路施工，请你试写一份施工通告。

九、填空题

1. 公文有广义和狭义之分，狭义的公文是指（　　）。

2. 常见的命令主要有发布令、（　　）和嘉奖令。

3. 公告是向（　　）宣布重要事项或决定事项的公文。

4. 一般通告有告知性通告、（　　）和禁止性通告。

5. 一般常用的通报有批评性通报、（　　）和情况通报。

十、选择题

1. 2012年出台的《党政机关公文处理工作条例》规定，目前我们使用的公文类型有（　　）。

A. 13种　　B. 15种　　C. 16种

2. 某公文成文时间应写为（　　）。

A. 2019年1月1日　　B. 二〇一九年一月一日

C. 2019年一月一日

3.《中华人民共和国主席令》属于（　　）。

A. 行政令　　B. 发布令　　C. 嘉奖令

4. 一个部门或一个社会团体也可以做出决定，同样具有（　　）。

A. 决定性、执行性　　B. 命令性、前瞻性　　C. 约束性、执行性

5.（　　）是公告的基本功能。

A. 广而告之和直推事项　　B. 告知并推理　　C. 直推事理并阐述

6. 关于道路抢修的通告属于（　　）。

A. 禁止性通告　　B. 告知性通告　　C. 事务性通告

7. 单位节假日放假可以发（　　）告知员工。

A. 通知或通告　　B. 一般通告　　C. 告知性通知

8. 常用的通知完成正文后应该（　　）使用“特此通知”等惯用语。

A. 另行右起　　B. 另行居中　　C. 另行左起

9. 通知与公告的区别说明两者（　　）。

A. 可以互代使用　　B. 不能互代使用　　C. 不能交叉使用

10. 通报的基本功能是（　　）。

A. 表彰先进　　B. 表彰先进和批评错误

C. 重在批评

十一、判断题

1. 公文的特点有政策性、实用性、规范性、法定性和执行性。（　　）

2. 公文的附件部分可要可不要。（　　）

3. 公文的主题词一般可以使用 3~7 个。 （ ）
4. 公文发文字号标识这样写是对的：国务院字〔2019〕第 1 号。 （ ）
5. 我认为，命令的主要功能是公布事项。 （ ）
6. 决定在标题上可以不必交代事由。 （ ）
7. 小张说，通知主题单一，一事一告，表达比较集中。 （ ）
8. 批评相关人员或揭露问题，才使用通报。 （ ）
9. 批评性是通报的主要功能，其他功能都是次要的。 （ ）
10. 通知突出告知性就行了。 （ ）

参考答案

第二章 公务类文体（二）

第一节 议案、报告

一、议案

（一）议案的概念

议案是适用于各级人民政府按照法律程序向同级人民代表大会或人民代表大会常务委员会提请审议事项的公文。

议案是公文中的新文种，制作主体仅限于各级政府，其适用的范围比较狭窄。在公文的实际运作中，议案的使用范围要大于上述概念。本节所讲的议案，仅限于各级政府向同级人民代表大会及其常委会提出的议案。

（二）议案的功能

1. 依法行文的作用

议案是各级人民政府依照国家法律，在自己的权限内，依法提出需要审议的各种事项、政策、法规等待审、待议的文件。因此，各级政府要使议案得以通过，必须依法行文和依法立出议案，使议案合法、合理，务实周详。

2. 提请审议的作用

提请审议是议案最大、最基本的功能，也是撰写议案的基本目的。提请审议是议案能否得到通过和贯彻执行的关键，必须要充分认识，高度重视。提请审议的作用主要表现在几个方面：一是国家法律规定必须提交人民代表大会审议；二是提请审议是完善议案的必备手段，议案执行起来也有据可依；三是能够真正体现人民的意志和国家的意志；四是无论审议的结果如何，都可以促进政府工作，了解社情民意，提高执政能力和施政效率。

（三）议案的特点

1. 法定性

按照规定，只有各级政府才能向同级人民代表大会提出议案。参照《中华人民共和国全国人民代表大会组织法》和《中华人民共和国地方各级人民代表大会和地方各级人民政府组织法》的规定，对议案做广义的理解，有权提出议案的仍然是少数的法定机构，党团组织、社会团体、政府部门、企事业单位等，都无权提出议案。因此，议案这种文体在基层很少使用。任何议案必须合法，在国家相关法律、法规限定的范围内拟定、行文、审议、执行，做到有法可依，不能有任何的超越。

2. 特定性

《中华人民共和国宪法》和《中华人民共和国全国人民代表大会组织法》规定，议案的内容，必须是属于人民代表大会及其常委会职权范围之内的事项。超出人民代表大会职权范围的议案，不会被大会接受。议案必须在各级人民代表大会或其常委会举行会议期间提出，否则也不会被列为议案。

3. 可行性

可行性是议案的又一基本要求。适合提交人民代表大会会议审议的事项，必然是重要事项，而且议案中提出的方案、办法、措施必须切实可行，才有可能获得通过。只有议案可行，有针对性地解决问题，才能实事求是、脚踏实地表达人民群众的意愿和要求。

4. 严肃性

议案一经通过，就成为行政性的法律、法规文件或规定，其严肃性始终贯穿着提请、审议、通过、发布、执行等过程。没有严肃性，就没有议案的获准性、人民代表大会审批的权威性、政府贯彻执行议案的可靠性，议案也难以深入人心，极可能成为一种摆设。

5. 代表性

议案代表政府的意志，更重要的是代表了人民的意志，表达了人民的心声，体现了人民的利益和愿望。议案为谁制定、为谁服务、代表谁的利益，不仅仅是一个出发点的问题，而是体现政府性质、立场、施政宗旨、服务能力的大问题。

（四）议案的类型

议案的基本类型有三类：一是政府向人民代表大会提出的议案；二是非政府机关向人民代表大会提出的议案；三是人民代表大会代表联名向人民代表大会提出的议案。在三大类中，每一类在具体使用上可以划分的议案文本则比较繁杂。在这里，我们重点介绍的是政府向人民代表大会提出的议案，其他议案与政府议案并无太大差异。政府向人民代表大会提出的议案可以进行以下划分：

1. 议案按内容分类

议案按内容分类为施政议案、制法施法议案、处理重大事项议案、外交事务议案、重大项目和重大工程议案、重大规划议案等。

2. 议案按级别分类

议案按级别分类为国家行政机关议案、省级政府议案、市级政府议案等。

3. 议案按特定对象分类

议案按特定对象分类为科技议案、教育议案、医疗议案、卫生议案、人事变动议案、机构设置议案等。

4. 议案按属性分类

议案按属性分类为立法性议案、重大事项的决策性议案、建议性议案、任免性议案、特殊议案等。

（五）议案的结构

1. 标题

议案的标题有两种形式：一种由发文机关、事项名称和文种组成，如《国务院关于提请决定任免国务院若干组成人员的议案》等；另一种由事项、文种组成，如《关于提请审议修改后的国务院机构改革的议案》等。

2. 正文

正文是议案的核心，有案据、方案、结语三部分。

（1）案据。案据即提出议案的根据。由于内容不同，这部分的篇幅长短在不同的议案中会有很大的差异。案据是正文中由行文机关简要说明提请审议的议案名称、缘由、背景、意义、目的等诉求部分。

（2）方案。方案即提请审议的方案，是议案原件全文。此部分的议案原件，可以视为议案的附件部分，是审议的对象或依据，也是对提请审议的事项或问题提出解决的途径、方法的部分。

（3）结语。结语即议案的结尾部分，主要用于提出审议请求。一般都采用模式化写法，言简意赅，如“这个草案业经市政府同意，现提请审议”等。

（六）议案与请示的区别

议案与请示的区别在于：首先，议案的作者有严格限定，必须是各级人民政府，专指性非常明确，受文者只能是同级人民代表大会或其常务委员会；其次，议案是商议、讨论相关方案，请示则用于同一组织系统或专业系统的任何下级机关对上级机关的相关呈请；再次，议案关系的事项是提请国家权力机关审议的重大事项，请示涉及的事项不仅仅是重大事项；最后，在效用上，请示可以要求对方回复以表明态度，内容不带强制执行，议案则在经审议通过后，具有法律约束力，要求有关机关或人员认真遵照执行。

（七）议案的写作要求

1. 议案行文必须依法合法

第一，分清提请审议的事项，要按法定的职权范围明确其归属。凡事项不属于自己权限的，可以提出议案，由人民代表大会或其常委会进行审议；反之，则不必提出议案。第二，应当提出议案的却不提出，或者不必提请审议的却又作为议案提出，都是严重的失职行为。第三，必须知晓与提请审议议案有关的国家法律、法规，必须做到依法行文，依法提请审议。

2. 用语准确严谨

议案要经过严格的审议程序，不能有丝毫马虎。在提请议案时，一定要仔细斟酌用语，将提请审议的理由、根据等阐述清楚，有说服力，使议案尽快获得通过。这就要求语言表意要准确、清楚；注重在用语上强调议案的重要性、必要性、科学性和可行性；阐述、说明要注意语言的内在逻辑性，做到语无疏漏，经得起推敲。

［**范文**］

国务院关于提请审议国务院机构改革方案的议案

全国人民代表大会：

中国共产党第十九次全国代表大会明确要求深化机构和行政体制改革。党的十九届三中全会审议通过了《深化党和国家机构改革方案》，同意将其中涉及国务院机构改革的内容提交第十三届全国人民代表大会第一次会议审议。现将根据《深化党和国家机构改革方案》形成的《国务院机构改革方案》提请第十三届全国人民代表大会第一次会审议。

国务院总理　李克强

2018 年 3 月 9 日

二、报告

（一）报告的概念

报告是一种适用于向上级机关汇报工作、反映情况、提出建议，或者答复上级机关询问的陈述性上行公文。

（二）报告的功能

1. 汇报与反映作用

报告就是汇报工作，呈报情况，专一性特别强。下级向上级定期或不定期地汇报工作，反映问题，沟通信息，加强联系，是报告最突出的功能，也是上下级纵向往来的一种重要形式。这种汇报和反映相关问题、情况的作用是报告的基本属性，是构成报告的必备要素。

2. 答复与联系作用

下级反映工作情况、输送信息，对上级提出的询问做出答复，以期得到上级的理解、支持、指导和帮助，是报告作用的又一种表现形式。报告将汇报、反映、答复、联系有机融合，实现报告作用的双向化，利于建立新型的上下级关系。上级通过报告，可以了解下级状况等；下级通过报告，可以知晓上级的意图等，联系与答复作用明显。

（三）报告的特点

1. 真实性

报告必须真实。真实性体现在内容真实、事项真实、汇报真实、答复真实。否则，上级不知真情，做出错误的判断和分析，在指导上出现偏差，在政策上出现失误，将造成极大的危害。

2. 陈述性

报告都是围绕陈述事实这个重要内容来展开的。报告反映相关信息、重要情况、工作实绩、经验教训、相关问题、各种打算等，都要依靠陈述性来发挥作用。上级也能凭借下级的陈述，掌握真实情况，采取相应的措施，做出正确的决策。

3. 广泛性

报告的用途广泛，使用频率极高，作用越来越大，公文事务化的特征越发明显。同时，报告也成为上下级机关或单位之间及时交换情况，互通信息的重要通道，桥梁与纽带作用日益被强化。

（四）报告的类型

1. 报告按用途分类

报告按用途分类为工作报告、情况报告、答复报告、递送报告等。

2. 报告按性质分类

报告按性质分类为综合报告和专题报告等。

3. 报告按目的分类

报告按目的分类为呈报性报告和呈转性报告等。

报告种类较多，有不同的划分方法。常用的报告类型有如下几种：

综合报告是为上级机关全面了解工作状况或有关情况而制发的报告。综合报告反映在一定时期内的工作情况等，可以使上级全面了解情况，从而做出更为全面的工作指导。综合报告一般有定期性上报的特征，如《北京市人民政府2018年工作报告》等。

专题报告是专门反映某项具体工作、事项、问题而制发的报告。专题报告内容集中，主题专一，常用在上级机关或主管部门部署某项工作、任务、事项之后。汇报某项工作落实情况的工作报告、反映对某事项或某问题的情况报告、回答上级查询有关问题的答复报告、检讨工作错误的检查报告等，都可视为专题报告。

呈报性报告是单纯汇报工作、反映情况或答复上级询问而不转发的报告。呈报性报告要么只陈述情况，不提出意见；要么以陈述为主，以意见为辅。呈报性报告又可以分成以下两种：

第一，工作报告。工作报告重在汇报工作，综合报告和专题报告都属于工作报告。工作报告的主要内容包括：概述已做过的工作及进展；汇报主要成绩、做法、经验；指出存在的问题；说明今后的打算；等等。

第二，情况报告。情况报告是专门向上级反映情况的报告。这种报告反映的情况涉及面广，情况种类多，经常作为上级了解和把握重要情况的信息源，如重大事故、突发事件、最新问题、最近动态等内容的情况报告。情况报告专题性强，时效性要求高，内容务求真实，有些还带有密级，如商务部发布的《主要消费品供需状况统计调查分析报告》等。

呈转性报告是提出建议并请求上级机关予以批转的报告。呈转性报告重在提出处理、安排的建议，反映的情况只作为一种依据，建议的内容详细具体，一经批转，就有指示的性质，将产生一定的行政约束力。

（五）报告的结构

1. 标题

报告的标题有以下四种：一是由事由、文种构成，如《关于加强就业工作指导的报告》等；二是由发文机关、事由、文种构成，如《上海市政府工作报告（2018 年）》等；三是只有文种，多用于内部的报告，如《报告》；如果内容紧急，“报告”前加上“紧急”字样的报告，如《××市关于当前抗洪抢险的紧急报告》等。

2. 正文

报告的种类不同，正文亦有所不同。常见的共同格式有开头、正文、结尾三部分。开头一般说明报告的背景、缘由和目的。接下来，再以“现将有关情况报告如下”之类的惯用语过渡到报告的正文。正文是报告的核心，一般有主要情况、存在问题、经验教训、今后打算等四个方面。不同的报告种类，其正文各有侧重点。正文的结尾比较简单，常用“特此报告”“以上报告当否，请审核”等语句结束全文。

（六）报告与汇报的区别

一是报告是公文，由法定的作者制成，以机关、团体的名义发出；而汇报一般不作为正式文件，汇报的作者可以是机关、团体，也可以是个人，不具有法定公文的权威和效力。二是报告按公文处理程序制作、签发、上报，具有汇报性；而汇报一般作为内部文件刊登在“简报”等内部刊物上，用以推动部门、系统工作，具有一定的交流性。三是报告标题有固定写法；汇报的标题写法灵活，可用文件标题，也可用文章标题，无固定格式。四是报告内容可做专题研究，可进行综合，汇报内容则必须是综合性的，以综述经验、动态、情况为主。五是报告用第一人称；汇报亦然，但也可用第三人称。

（七）报告的写作要求

1. 内容真实可靠

向上级机关汇报工作或反映情况，决不能掩饰问题、弄虚作假，内容必须真实可信，在报告的写作中尤为重要。内容真实与否，直接关系到领导机关决策、措施等的可靠性、行之有效的保证性。内容真实可靠的报告才可信度高，便于操作，利于上下级协调关系，提高工作效率。

2. 注重时效性

报告的写作是有时效性要求的。报告的事项、反映的情况，一般都是新近发生的、需要及时解决的问题。因此，抓住时机，及时写、及时报，不能时过境迁才写报告，结果事与愿违，达不到报告的最终目的，甚至造成不必要的损失。

3. 用语简洁明了

报告要做到主题明确，重点突出，有较强的概括、综合能力，就要选好用语，注重表意；要多写短语，少用长句；要活跃思维，切忌呆板；要提炼审视，善加修改。

4. 不能夹带其他事项

在汇报工作或反映情况时，报告不能夹带与之无关的请示事项，这是报告的一大忌讳。因为有些报告上报后，受文单位可以不必答复，如有夹带事项则很难处理，不仅会贻误工作，还有损于自身形象。

［**范文**］

国务院关于个人所得税专项附加扣除有关情况的报告

第二节　请示、批复

一、请示

（一）请示的概念

适用于向上级机关请求指示、批准的公文即为请示。

（二）请示的功能

1. 请示与指导作用

请示是一种特别的请求。上级机关颁布的政策、法规、指示等，有不理解或执行难的地方需要请示；某些问题或事项的变通处理需要请示；人事调整、结构改革方案等需要请示；处理突发事件、意外事故需要请示；等等。“下请上批，见请则批”是请示的真实写照。

2. 详实与实效作用

请示的内容较多，如请求批准人员编制、机构设置与调整、重大事件（事故）和人员的处理等，凡属于自己无权处理的，都要请示。请示要求内容具体实在，特别注重实效作用，同一性要求明确。

（三）请示的特点

1. 预先性

事前请示，回复执行，是请示的一大原则，也是请示的首要特点，不同于报告可以事后再报的行文方式。请示涉及的相关事项必须要有上级的批准、批复的明确答复后，请示才能进入实施阶段。

2. 单一性

一文一事，一事一请，便于批复，利于执行，是请示的又一特点。请示不能几件事同时请示、同时回复、同时执行。请示要有针对性地解决问题，做到有的放矢，就必须注意请示事项的单一性。

3. 呈请性

呈请性，即请求性，是请示必备的前提。下级对某些事项、情况、问题等进行请示，常常是有一些自己又无法解决的情况，需要上级指导等。这就需要以呈请性来保证请示及时上报，利于及时解决问题。

（四）请示的类型

1. 请求指示的请示

请求指示的请示又称求示性请示，是针对工作中出现的具体问题，向上级说明情况，请求上级予以答复、指示，并下达处理意见的请示。这种请示以求得支持、指导为目的，请求性比较典型，如《××省关于高铁建设的请示》等。

2. 请求批准的请示

请求批准的请示又称求批性请示，是就某一问题或事项提出自己的处理意见或办法，请求上级批准或表明态度的请示。这种请示重点说明意见、办法，突出其正确性、合理性、及时性，以求得尽快批准，如《关于广东省深化改革、扩大开放、加快经济发展的请示》等。

3. 请求批转的请示

请求批转的请示又称求转性请示，是请求上级予以批转的请示。请求批转的请示与请求批准的请示近似，都有自己的相关处理意见；不同的是请示内容涉及批转，范围更广。这种请示常常带有的附件就是请求转发的请示的原件，如国务院批转商业部《关于解决当前茶叶购销问题的请示的通知》（国发〔1984〕39 号）等。

（五）请示的结构

1. 标题

请示的标题有两种写法：一种由发文机关、事由、文种构成，如《××省交通厅关于2019 年车辆检测费标准的请示》等；另一种由事由、文种构成，如《关于加强房地产市场管理的请示》等。

2. 正文

请示的正文，一般由缘由、事项、结尾三部分组成。

（1）缘由。缘由，即请示缘原、发文事由，是请示的导语。

（2）事项。事项是全文的核心，是请示的重点部分。请示的事项虽然单一，说明的内容却要具体。围绕事项中心，可以从事项的不同层面，分段分层进行说明。在说明事项为主的原则下，事实既要不少、不空，又要不繁琐冗长。如要提出解决问题的看法或意见，可以分项分条，逐一写明。特别是希望上级批准的意见，可以重点加以说明，以供上级选择。正文叙议结合，叙得清楚、议得精要，是正文写作的一大要求。

（3）结尾。结尾又称结尾语，常以规范的结尾语形式，向上级提出肯定性要求，是请示的收笔部分。结尾语一般另起一行书写。常用结尾语有“妥否，请批复”“特此请示，望批复”“当否，请指示”等。

（六）请示与报告的区别

一是行文目的不同。请示是呈批性公文，主要用于向上级请求指示或获得批准以及相关答复；报告是呈阅性公文，主要用于向上级机关汇报工作、反映情况，通过报告，反映实情。二是行文时间不同。请示必须事前行文，在得到上级机关明确指示或批准后，方可付诸行动，不能“边干边请示”；报告行文时间比较灵活，在工作前、工作中或工作后皆可行文，无时间限制。三是内容含量不同。请示一事一请，内容单一，篇幅较短；综合性报告涉及的事项不止一个，内容较多，专题性报告即便报告一个事项也涉及该事项的几个方面，篇幅较长。

（七）请示的写作要求

1. 一事一文，主送单一

请示只能一事一文、一事一请。如果集几件事于一件请示上报，就会内容杂乱，毫无头绪，导致上级机关无法批复。请示写好以后，报送的上级机关只能是一个，即自己的主管机关。至于其他机关，只能在请示文后以“抄送”的形式填写。

2. 明确问题，措施得力

请示的事项要明确，说明什么问题，都要陈述清楚。说明问题尤其要全面实在，突出其重要性和紧迫性。提出供上级参考的措施要依据问题而来，应简洁具体、条款清晰，有很好的参考和采用价值。

3. 逐级请示，把握程序

请示不宜越级上报。遇特殊情况需越级请示的，要写清楚越级请示的机关名称及缘由。同时，事后要告知被越级的上级机关。如请示是领导直接交办的，可以送领导个人。

4. 要求合理，用语谦恭

请示的事项应清楚明白，要求合理，理由充分，切实可行。请示要用语严谨，朴实得体，语气委婉，富有诚意，有特点和吸引力。同时，请示切忌委曲求全、谦恭过度、用语张扬。

［范文］

关于对《杭州西溪国家湿地公园总体规划》修编的请示

西湖区人民政府：

《杭州西溪国家湿地公园总体规划》（修编）成果稿，是杭州城市规划设计研究院编制，杭政函〔2007〕63 号批复，至今十年有余。由于杭州西溪国家湿地公园属国家首个湿地公园试点，多方原因，导致该修编成果稿没有矢量图，许多区域边界无法精准测定，存在难以落地的情况（在一、二期范围里面划定的特级保护区四至范围无法测定，桑梓漾区块全部划入生态保护培育区等），加上杭州西溪国家湿地公园十年的保护利用，局部地块的用途调整。根据《杭州西溪国家湿地公园保护条例》第二章第十五条的规定，建议对《杭州西溪国家湿地公园总体规划》（修编）成果稿进行调整修编。

特此请示

杭州西溪湿地公园管理委员会办公室

2017 年 8 月 29 日

二、批复

（一）批复的概念

适用于答复下级机关请示事项的公文即为批复。

（二）批复的功能

1. 批复的指示作用

批复是对请示单位做出相应的指示或表态，是对请示的一种回应，即对请示做出指示，表明态度。批复一经下达，受文机关或单位就必须遵照执行，按文办理，不能超越批复的要求。批复有明确的指示和约束作用。例如，《国务院关于横琴国际休闲旅游岛建设方案的批复》等。

2. 配套的服务作用

有请示就有批复，有批复就存在与请示的配套，这在公文中不多见。配套增加了批复的实用价值，强化了批复的功能作用，提高了批复的服务水准。这种“一对一”的配套服务极富特色。

（三）批复的特点

1. 针对性

批复具有“一事一答，有事必复”的特点。批复要按请示的内容做出相应的答复，对象、事项、答复明确，有极强的针对性。下级针对上级申请，上级针对下级批复，这种呈双向性的针对性特别明显。

2. 鲜明性

批复的鲜明性非常突出：用语言简意赅，答复十分明了；态度鲜明，可行与否，表态清楚；对该办不该办、该如何办等也指示具体、方向明确。批复的鲜明性保证了批复的质量，批复者的责任心和形象也会得到有力的提升。

3. 权威性

批复是上级意志和权威的体现，带有明显的约束力、指令性。批复一经做出，必须执行，不能有一点含糊，即便有不同看法或意见，也不能自作主张，另行一套；对未获批准的，更不能坚持己见，另起炉灶。

4. 互动性

由于批复针对请示具有“一事一答，有事必复”的特征，两者形成的互动性特别明显，在公文中独具一格。两者“一请二批”和“不请不批”的呼应形成的公文来往的互动性，具有鲜明的文本特色。

（四）批复的类型

1. 指示性批复

指示性批复是对下级请示中涉及事项、政策、措施等做出的指示性答复，如《国务院关于兰州—西宁城市群发展规划的批复》等。

2. 审批性批复

审批性批复是对下级请示中涉及人事、财物、机构等方面的具体问题，做出批准、不批准或不完全批准等的审批性答复，如《国务院关于同意深化服务贸易创新发展试点的批复》等。

（五）批复的结构

1. 标题

批复的标题有三种写法：一是由批复机关名称、内容和文种构成，如《国务院关于河北雄安新区总体规划（2018—2035 年）的批复》等；二是由批复机关名称、介词短语、内容和文种构成，如《国务院关于对〈北京城市副中心控制性详细规划（街区层面）（2016—2035 年）〉的批复》等；三是由批复机关名称、介词短语、答复事项和文种构成，如《民政部关于同意安徽省恢复界首市给安徽省人民政府的批复》等。

2. 正文

批复的正文一般由引语、主文两部分组成。

（1）引语。批复开头引用请示名称等的一段话或一句话就是引语。引语通常引用以下三方面的内容：

①引用下级机关来文的日期、公文名称或字号，如《国务院关于淮河生态经济带发展

规划的批复》中的引语“国家发展改革委《关于报送淮河生态经济带发展规划（送审稿）的请示》（发改地区〔2018〕945 号）收悉。现批复如下……”。

②引出来文日期和来文名称，如“×年×月×日《关于……的请示》收悉，现批复如下……”。

③引述来文日期和请示事项，如“×年×月×日关于……问题的请示收悉，现批复如下……”。

（2）主文。主文是展开批复具体内容的部分，是表明批复者最终决定、指示和要求之处。主文主要依据请示的内容，对请示的内容进行判断、审视，然后提出意见、表明态度、做出指示、提出要求等。在表明同意与否态度后，阐述同意或不同意的理由。同意，要有明确指示，指导请示者应该如何执行，如何调整等；不同意，要说明理由以及应该如何处理的办法，使下级机关心中有数，有据可循。

3. 结尾

结尾都用规范性的语言，如“此复”“特此批复”，也可不用结尾。

（六）批复与复函的区别

一是行文方向不同。批复行文方向单一，是上级对下级的下行文，用来批准答复下级机关的请示；复函提出的事项更多，行文方向灵活，常常是同级机关或不相隶属机关之间使用的平行文，或者是下级发给上级的上行文，或者是上级发给下级的下行文。二是重要程度不同。批复常常用于答复比较重要的事项，专一性强，重要性突出；复函可以答复一般性问题，内容比批复更为广泛、灵活，使用频率高于批复。

（七）批复与批示的区别

一是批复是上级机关对下级请示作出的同意与否、批准与否的答复；批示是上级机关或领导者有选择地、主动地就下级来文中的较有普遍意义的问题作出的指示。二是批复是法定公文；批示不属此列，批示多以批转、转发下级来文的通知的形式下发。三是批复对应的文种只能是请示；批示的对象则有报告、总结、调查报告等。四是批复的结尾往往用“此复”“特此批复”等词语；批示则用“望参照执行”“望依此办理”等。

（八）批复与指示（或指示性通知）的区别

批复可以视为一种被动的“指示”，差别在于批复内容的针对性更强，事物和问题以及涉及的人员更加特定、具体，问题也比较单一，并只用于回复请示的机关；指示则更具广泛性与普遍性，所指的问题等可以是单项或多项，不属于公文的法定文本，没有批复那样的法定要求。

（九）批复的写作要求

1. 答复明确，针对性强

批复是对下级请求的事项进行逐一审视，做出有针对性的答复，是否同意、是否批准，必须有明确的表态。一方面要在答复如何明确上下功夫，即要清楚答复的主旨、要求、意见的重点所在；另一方面要把握好“一对一”的针对性，在答复的对象、事项、内容“三统一”的基础上，突出答复的核心，注重有针对性地解决问题。

2. 一文一批，回复及时

批复专一性很强，针对请示的“一文一事”进行“一文一批”或“一文一复”。关键是一要及时写作、及时完成，二要及时审查、及时签发，三要及时制发、及时回复。

3. 文字简练，用语肯定

批复的指挥特征不言而喻，要求落实“快”、批复“准”、效果“好”，在如何用语上有很大的关系。批复要特别注意语言必须简练，语意必须准确，用语必须肯定。

［**范文**］

国务院关于同意设立“中国农民丰收节”的批复

国函〔2018〕80号

农业农村部：

关于申请设立“中国农民丰收节”的请示收悉。同意自2018年起，将每年农历秋分设立为“中国农民丰收节”。具体工作由你部商有关部门组织实施。

国务院

2018年6月7日

第三节　意见、函

一、意见

（一）意见的概念

适用于对重要问题提出见解和处理办法的公文就是意见。“意见”列为公文的文种，始于2001年1月1日起实施的《国家行政机关公文处理办法》。此中，删除了“指示”，增加了“意见”为新的文种。此前，“意见”一般作为规章制度的一种而列入事务类文书。

（二）意见的功能

1. 提出见解，明确态度

所谓见解，就是对相关问题谈出自己的认识、看法，表示自己赞成或反对的意愿。这种“拿主意”突出了意见的特征，具有积极意义。不管是什么见解，都要及时表态，态度鲜明，使意见尽快发挥作用。

2. 立足处理，注重效果

立足处理，注重效果，是意见必备的要素。谈出自己的看法、见解，是为了尽快从中发现好的办法来解决问题，进行及时有效的处理。处理必然看重效果。是否是好的意见、是否真正用好了意见，都要在实际效果中来检验。

（三）意见的特点

1. 真实性

真实性是意见的灵魂。真实性必须贯穿于意见提出的见解、看法、观点、措施、处理的全过程。没有真实性，意见将失去支撑而难以发挥作用。没有真实性，意见的执行结果必然与自己的愿望背道而驰。

2. 见解性

见解性是衡量意见质量的标杆，见解质量的高低，会直接影响到意见的制定和落实的质量。见解好，可为意见奠定可行性基础，使意见的行文有根有据，在实际操作中更为顺利，由此保证意见的可靠性，达到意见的最佳效果。

3. 及时性

意见的行文是为了尽快解决问题，要达到准确、快捷、高效，就必然要注重及时性的基本要求。意见的及时性体现必须要采纳及时、撰写及时、处理及时和不误落实、不误效果。

4. 预见性

意见的看法、见解等都是提出来尚未实现的事实，需要实践来证明其正确性和有效性。这些没有实现的见解带有的预见性，可以在推举中预测实效，在假设中考虑步骤。对不同看法、见解、处理手段等，都可以通过预见性来保证其实施和成功率。

5. 指导性

意见进入实施阶段，“我们只能这样而不能那样”一旦成为共识，人们就能顺理成章，按意见处理办法进行相关工作，使之有根有据，取得实效。意见还可以作为制定新意见的参考，仍具有指导性作用，如《国务院办公厅关于推进政务新媒体健康有序发展的意见》等。

6. 针对性

意见总针对某一重要的问题提出见解或处理意见，有特定的执行和处理对象，有较强的约束力，下级机关要有针对性地严格遵照执行，如国务院办公厅《关于推进养老服务发展的意见》等。

（四）意见的类型

1. 意见按内容分类

意见按内容分类为制定法规、政策的意见，审视重点项目的意见，重要人事变动的意见等。

2. 意见按范围分类

意见按范围分类为工作性意见、生活性意见、学习性意见等。

3. 意见按对象分类

意见按对象分类为人民代表大会的意见、国家行政机关的意见、各级行政机关的意见等。

4. 意见按类别分类

意见按类别分类为规划性意见、实施意见、具体工作意见、一般性意见、专门性意见、特定性意见、突发性处理意见等。

值得一提的是，不少意见在使用中的类别划分比较灵活，应引起我们的注意。

（五）意见的结构

意见的结构一般由标题、正文、执行要求三部分组成。

1. 标题

标题一般有两种形式：一种由意见发布机关、事由和文种构成，如《国家基本建设委员会关于基本建设推行合同制的意见》等；另一种由事由、文种构成，如《关于城镇医药卫生体制改革的指导意见》等。

2. 正文

正文就是意见的条文部分，这是意见的主体，要把对重要问题的见解或处理办法一一写明。正文要注意区分两种情况：第一，内容繁多的规划性意见，可分层次、分步骤列出小标题，小标题下再分条表述，如《国务院关于促进综合保税区高水平开放高质量发展的若干意见》一文，主体就分为指导思想、基本原则等五部分，每一部分标题下列出相关条文。第二，内容比较单一集中的，可以在主体部分直接列条，不设小标题，如《关于继续做好公路养路费征收工作的意见》的主体部分就直接分为五条。

3. 执行要求

执行要求有以下两种不同情况：一种是有些意见需要对贯彻执行提出要求，在正文的条款中已有说明，此时可以不要执行要求；另一种是可以单独在正文最后写一段简练的文字予以说明。

（六）意见与相关文种的区别

1. 意见与指导意见和实施意见的区别

意见对重大问题、重要事项等提出见解或解决办法，通常弱于决定、通知等公文。意见与指导意见和实施意见同属于意见和建议，三者的区别在于：意见更趋向于宏观层面，后两者多集中于微观层面。前者是提要求，后两者是抓落实；前者是定原则，后两者是定方法。指导意见和实施意见也可以看成意见的一个部分或分支。

2. 意见和决定的区别

决定属于下行文，带有很强的强制性，必须要做；而意见属于提案一类的决定，更多的是一种建议性的文种，参照性比较明显，强制性不如决定那么强。意见在某种程度上，被称为一种“潜质决定”，但两者文种不同、目的不同、表达不同，不能与决定相提并论。

（七）意见的写作要求

1. 见解新颖，处理正确

写作的实践证明，意见的见解新，常常可以触类旁通，明显提升意见的质量。如何做到意见处理的正确，在执笔时应注意：从实际出发，善于利用新思维、新思路，发现好见解、好主意；利用新见解推测新规律、新方案；利用新方法进行新处理以争取最好的新结果。

2. 行文有序，语言简洁

意见事项虽然比较单一，但有见解、有看法、有处理、有结果，有比较高的行文层次和顺序要求。在安排具体内容时，意见要把握好行文顺序，做到结构和层次的清晰明了。此外，意见还要注意用语简洁，精确集中，利于见解、看法、处理方式等过程系统化，使之更为有效。

3. 务求实效，重在落实

意见的实效与落实的关系犹如有的放矢。有“的”才放“矢”，正是意见坚持务实、重在落实的内在表现。任何意见的制发，不能闭门造车，要搞好深入的调查研究，从实际出发，意见才能经得起实践的检验。从实际中来，又到实践中去，是意见必须要考虑的重要内容。

［**范文**］

国务院办公厅关于加强三级公立医院绩效考核工作的意见

二、函

（一）函的概念

适用于不相隶属机关之间相互商洽工作、询问和答复问题，请求批准和答复审批事项的公文就是函。函又被人们在习惯上称为“函件”。作为公文，函兼有事务性文书的特点，使用广泛。

（二）函的功能

1. 商洽和询问作用

函最根本的作用就是商洽、询问。函用于有隶属或无隶属关系的上下级机关或各企事业单位之间，都是为某一具体事项或问题，以函件的形式，向对方提出进行询问商议，征求意见、求得解答等，很鲜明地体现了商洽和询问作用。

2. 批准和答复作用

发函单位的目的很明确，就是要求得到对方或上级的答复。函的种类较多，但无论是去函或回函，大都离不开请求审批或希望有相关答复的内容。目前，在各机关之间来往的函件，仍然以审批、答复性内容为主。因此，审批和答复的作用是函的属性特征的外在表现。

（三）函的特点

1. 广泛性

函件使用广泛，任何机关、平行机关或其他单位之间，凡有商洽工作、询问事项、答复问题等，都可以使用函。函不受有无隶属关系、平行关系等的影响，需要就可立即使用，其广泛性很受欢迎。

2. 事务性

函主要用于解决具体事务，涉及的内容比较广泛，常常涉及一些实际的问题、情况、请求等具体内容，信息量极大，事务性特点极强。

（四）函的类型

1. 函按类别分类

函按类别分类为主动发出的去函（又称致函）和针对来函进行答复的复函。

2. 函按内容分类

函按内容分类为知照函、催办函、邀请函等。

3. 函按用途分类

函按用途分类为商洽函、询问函、答复函等。

值得注意的是，自《国家行政机关公文处理暂行办法》发布后，函已取消了“公函”“便函”的类别划分。函的广泛使用，使其有“一函跨两类”的情况，如某一函件，既可以按内容进行划分，又可以按用途进行划分。

常用的函一般有以下几类：

（1）商洽函。商洽函就是机关之间或单位之间商量或接洽工作时使用的函，如《××省教育厅关于文档转交问题的函》等。

（2）询问函。询问函就是机关之间或单位之间询问问题、征求意见时使用的函，如《××市关于文保问题征求意见的函》等。

（3）答复函。答复函就是机关之间或单位之间回复问题时使用的函，如《国务院办公厅关于同意建立疫苗管理部际联席会议制度的函》等。

（4）请求批准函。请求批准函就是机关之间或单位之间请求帮助或配合以及向有关主管部门请求批准等使用的函。

（五）函的结构

1. 标题

函的标题有三种写法：一是由发文机关、事由、文种构成，如《国务院办公厅关于广东省深圳市出租汽车更新问题的复函》等；二是由事由、文种构成，如《关于询问举办全省运动会日程的函》等；三是由发文机关、文种构成，如《国务院办公厅秘书函》等。

2. 正文

函的正文一般以去函或复函来确定写法，可分为开头、主体、结尾三部分。

（1）开头。如果是去函，以简洁的语言说明发函的缘由、依据、目的；如果是复函，以对方来函的时间为依托，进行开头，表示对对方的重视与尊重，如“你单位（贵单位）×年×月×日函收悉”等。

（2）主体。主体是函的核心部分。如果是去函，具体写询问、商洽、请求审批的事项等，简明扼要地说明发函的要求或目的；如果是复函，以对方函的内容为依据，逐一答复对方提出的问题和要求，即我们通常讲的“有问则答”。

（3）结尾。去函常用“特此函达”“盼予函复”“特盼复”等惯用语进行结尾，复函常用“此复”“专此即复”等惯用语进行结尾。同时，结尾还要写明去函或复函单位的名称以及时间。

（六）函与相关文种的区别

1. 函与请示的区别

一是函是平行文，请示是上行文。二是函的制发单位与受文单位是平行或不相隶属的关系，请示的制发单位和受文单位之间的关系是领导与被领导的关系。三是函主要用于平级单位之间、不相隶属单位之间以及有业务上的主管和被主管关系的单位之间的工作往来，请示则用于有隶属关系的上下级机关之间，下级向上级行文请求指示批准重要事项。

2. 函与批复的区别

一是概念不同。函是用来相互商洽工作、询问和答复问题，向有关主管部门请求批准的，批复则是专门用来答复请示事项的。二是作用与行文关系不同。批复的作用仅限于有隶属关系或业务主管关系的上级对所管辖的机关单位行文，准与不准的态度鲜明，往往具有通知和指示的性质，属于下行文；函的答复更多为平级行文，并只是商洽性、联系与咨询的答复，一般情况都是平行文。

3. 函与通知的区别

一是性质与目的不同。函不具备指导性，以平行商洽为主；通知则是上对下，具有贯彻执行等要求。二是行文关系不同。函不受上下级或平行关系影响，对象也更具有特定性；通知反之，多为下行文，存在上下级之分。三是作用效力不同。函是商讨、询问、答复，一般不具有行政约束力和法律效力；通知具有行政约束力，可上对下发布文件、做出指示等。

（七）函的写作要求

1. 措辞得体，用语平和

函常有“有求于人”的意味，语言表达要注意分寸，讲究措辞；必须做到礼貌谦和、态度诚恳，尊重对方，一般不用“必须”“一定”“应该”等指示性语言；不能用套话、空话和寒暄语句；更不能以级别的高低来决定自己生硬或诚恳等用语方式。

2. 直陈其事，内容简洁

函的事项单一，坚持一事一函的写法很有必要。在事项清楚明了的前提下，内容一定要简明扼要，开门见山，直陈其事，不能含糊其词，更不能事外生事，放大内容，做官样文章，显示自己的权威。

3. 选好文种，正确使用

在进行写作时，写作者要注意选好文种。有些事项应当使用函的，却使用了请示、报告、通知等文种；应当使用请示、报告、通知的，却又用成了函。写作者一定要弄清关系，再进行写作。

［**范文**］

国务院办公厅关于同意建立
落实普法责任制部际联席会议制度的函

国办函〔2017〕90号

司法部：

你部关于建立落实普法责任制部际联席会议制度的请示收悉。经国务院同意，现函复如下：

国务院同意建立由司法部牵头的落实普法责任制部际联席会议制度。联席会议不刻制印章，不正式行文，请按照有关文件精神认真组织开展工作。

附件：落实普法责任制部际联席会议制度（略）

国务院办公厅

2017年9月19日

第四节　会议纪要

一、会议纪要的概念

会议纪要是一种适用于记载、传达会议情况和议定事项的常用公文。“纪”是综合、整理的意思，“要”是要点。会议纪要是把会议的主要情况、重要精神进行综合整理所形成文字材料，是一种实录性公文，与同样广泛使用的事务类文体中的“会议记录”不同。

二、会议纪要的功能

（一）沟通交流的作用

会议纪要的一个重要使命，就是记载和传达会议情况和议定事项，将会议的主要情况、重要精神整理出来，呈报给上级，传达至下级，或者是作为文件公开发布，是一种实现上下沟通和多向交流的形式。

（二）指导工作的作用

会议纪要指导性作用特别明显。会议纪要对议题经过讨论、分析、交流，最后达成共识，形成决议，做出安排，实现上情下达，要人们加以理解和执行，是指导性的具体体现。

三、会议纪要的特点

（一）纪实性

纪实性是会议纪要的基本特点，也是撰写会议纪要的基本原则。会议纪要虽然经过加工整理，但仍然能真实地反映会议精神和议定事项，是比较典型的实录性文本，对工作的具体指导作用非常明显。

（二）提要性

会议纪要记录的是会议的要点，体现的是会议的主要精神与核心内容，就是“举要旨，推重点，精制作，保主干”，进而集中反映会议内容实质、主要精神、重要事项等，以此显示纪要精髓。

（三）约束性

会议纪要对与会者有约束性，必须围绕议题和会议要求进行；会议纪要必须严格整理，不能虚假不实；会议纪要一经上报，领导者必须带头执行相关决议；会议纪要一经下发，有关单位和有关人员就必须遵照执行。

四、会议纪要的类型

（一）会议纪要的分类

1. 会议纪要按内容分类

会议纪要按内容分类为指示性会议纪要、通报性会议纪要、消息性会议纪要等。

2. 会议纪要按性质分类

会议纪要按性质分类为大型专题工作会议纪要、日常行政工作会议纪要等。

3. 会议纪要按范围分类

会议纪要按范围分类为政府工作会议纪要、社团工作会议纪要、行业系统会议纪要、教育系统会议纪要、科技系统会议纪要等。

（二）常用的会议纪要

1. 指示性会议纪要

指示性会议纪要是指反映工作安排事宜，对工作具有指导作用的会议纪要，如国务院发布的《全国农村工作会议纪要》等。

2. 通报性会议纪要

通报性会议纪要是指有关领导人召开的办公会、委员会、常委会，对讨论的一些问题做出决定，以会议纪要的形式发至一定范围，使受文者了解会议精神和决定事项，以便贯彻执行的会议纪要，如《国务院常务工作会议纪要》等。

3. 消息性会议纪要

消息性会议纪要就是对会议进行概要性的报道，重点是对会议召开的时间、地点、会议性质、议题、重要内容等进行介绍。这种采用新闻方法进行的报道重点在于突出会议最重要的“闪光点”，其余几笔带过，对“抓主干、丢枝叶”的要求突出。

五、会议纪要的结构

（一）标题

1. 单式标题

单式标题有以下三种形式：一是由会议名称、文种构成，如《全国植树造林工作经验交流会纪要》等；二是由事由、文种构成，如《关于加强全国税收工作的会议纪要》等；三是由发文机关、事由、文种构成，如《国务院关于批转经济特区工作会议纪要的通知》等。

2. 复式标题

复式标题由正、副双行标题组成，正标题阐述会议主要内容精神，副标题交代会议名称、范围和文种。例如：

以构建和谐社会为指导　开创经济建设工作新局面　（正标题）

——××省经济建设工作会议纪要　（副标题）

3. 其他形式标题

其他形式标题用于范围不大或单位内部的会议纪要，无名称、范围，直写文种，如《会议纪要》。

（二）正文

正文由开头、主体、结尾三部分构成。

1. 开头

开头部分主要概述会议基本情况，交代会议召开的目的、时间、地点、名称、指导思想、主持单位、与会代表、主要议程以及讨论的主要问题等。

2. 主体

会议纪要的主体主要写明会议研究的问题、讨论的意见、做出的决定、提出的任务、确定的措施等。会议纪要的主体一般有以下三种写法：

（1）归纳法。归纳法就是依据会议讨论、研究的内容，归纳出几个问题或几个方面来写会议纪要的方法。有的会议规模比较大，讨论的问题比较多，涉及的方面比较广，这就要把许多意见加以分类整理归纳，并列出小标题或标上序号。

（2）概述法。概述法就是综合会议的发言内容、讨论的情况，概括地叙述出来以反映会议的精神。一些小型会议的纪要多用这种写法。

（3）发言记录法。发言记录法就是按照会上发言的顺序，把每个人发言中的主要意见写出来，一般性的座谈会议纪要多采用这种写法。

用归纳法或概述法写会议纪要的时候，常用“会议讨论了”“与会者认为”“会议认为”“会议强调”“会议指出”等语言来叙述，把会议的主要精神阐述出来。

3. 结尾

结尾一般提出号召，要求贯彻会议精神，完成会议提出的工作任务。有的会议纪要也可以不要结尾。日期可写在正文之后，或者写在标题之下。会议纪要可以不加盖印章。

六、会议纪要与相关文种的区别

（一）会议纪要与会议决定（决议）的区别

一是会议纪要一般不单独对外发出，往往需要以“通知”等指明其有效执行的范围与要求等，决定则可独立发出。二是会议纪要记载的是会议的情况和议定事项，而决定一般只针对重要和重大事项。三是会议纪要反映的内容不单一，决定则必须推出重大决策而不必反映其他意见。四是会议纪要中的议定事项是有关与会各方确立的意见，只要有一方反对即不成立，决定的内容则可以根据有关会议规则由与会者中的多数人确认，通过即为有效，从而产生法定效力。五是在表达方面，会议纪要需要综合反映会议的全面情况，对有关意见和观点进行阐述，决定则一般无这些内容。

（二）会议纪要与协议、合同的区别

会议纪要没有协议、合同奉行的对等原则，即有关当事各方在实现同一目标过程中的责、权、利的对等规定，不能出现任何一方只享受权利、利益而不承担相应责任，履行相应义务的内容。这样的规则，会议纪要作为一种处理内部事务的备忘录，允许出现这种不对等。

七、会议纪要的写作要求

（一）把握程序，准确无误

首先，会议前阅读文件，要尽可能了解相关材料，做到心中有数；其次，做好会议记录，为后来写会议纪要打下基础；再次，认真听取大会和各小组发言，把握与会者观点、

见解、意见、看法等，构思会议纪要的框架；最后，及时写作，及时送交会议组织者、单位主要负责人审核签发。属于决议性的会议纪要，应提交大会讨论通过。

（二）真实记录，突出要点

真实反映会议纪要的内容非常重要。一要真实反映会议名称、地点、时间、参会人员等议程安排，重要事项，有何决定等会议情况；二要真实反映对原会议记录整体性的归纳总结、加工提炼过程，突出重点，围绕主题，写出会议的主要情况和会议议定的事项。会议纪要做到有主次、有中心、有重点、有详略，无任何疏漏，力求准确。

（三）快捷迅速，强调高效

写会议纪要做到快速高效、有条不紊。会议纪要有很强的时效性要求，最忌讳文山会海、冗长繁复。会议发言、议论者多，记录必须快捷准确。会议纪要形成于会议记录之后，必然要快写、快批、快发、快传达、快落实，必须强调会议纪要的质量和实际效果。

［**范文**］

永州市人民政府第24次常务会议纪要

［**思考与练习**］

一、议案的主要功能是什么？

二、简述综合报告与专题报告的区别。

三、请示与批复两者存在什么关系？

四、简述意见的功能。

五、函的类型有哪些？

六、会议纪要可以分为几种类型？

七、某大学需要投资500万元进行A教学楼的装修，现需要上报。请你为该学校写一份请示。

八、某机关搬迁，员工上下班十分不便。请你为该单位的上级机关写出一份同意购买交通车的批复。

九、根据你单位（或学校）引进人才的现状，试写一份加强引进人才工作的意见。

十、某单位计划在A地区招商引资，发展经济，扩大内需，请你为该单位写出给A地区招商局的商洽函。

十一、选择题

1. 报告是（　　）上行公文。

A. 呈转性公文　　B. 记叙性公文　　C. 陈述性

2. 报告与汇报主要有（　　）区别。

A. 4 个　　B. 5 个　　C. 3 个

3. 在工作中需要得到上级指示或批准相关事项，可以使用（　　）。

A.“请示”这样的公文　　B.“报告”　　C. 函

4. 请示与报告主要有行文目的不同等（　　）区别。

A. 4 个　　B. 3 个　　C. 6 个

5. 批复针对请示具有（　　）的特征。

A.“一事一答，有事必复”　　B. 有事必复　　C. 提示

6. 批复与批示（　　）区别。

A. 没有　　B. 有很少　　C. 主要有 4 个

7. 适用于对重要问题提出见解和处理办法的公文就是（　　）。

A. 指示　　B. 意见　　C. 批复

8. 会议纪要作为公文与事务类中的“会议记录”（　　）。

A. 完全相同　　B. 完全不同　　C. 部分相同

十二、判断题

1. 议案是公文中的新文种，制作主体仅限于各级政府。（　　）

2. 报告与回报可以相互替代。（　　）

3. 常用的报告类型有综合报告等 3 种。（　　）

4. 适用于向上级机关请求指示、批准的公文即为请示。（　　）

5. 请示一事一文、一事一请，也可以多事一请。（　　）

6. 请示与报告相通，是“小型的报告”。（　　）

7. 没有请示就没有批复，两者关系非常紧密。（　　）

8. 批复针对请示而来，有“一事一答，有事必复”的特点。（　　）

9. 批复与复函没有区别。（　　）

10. 意见以前作为一种事务类文书，现在列为公文。（　　）

参考答案

第三章　事务类文体

第一节　会议记录、简报

一、会议记录

（一）会议记录的概念

会议记录是在会议的过程中由记录员把会议的基本情况、研究和讨论的问题、讲话和发言以及形成的决议如实记录的一种书面材料。

（二）会议记录的功能

1. 素材作用

会议记录是编写会议纪要、会议简报的原始材料，完整详细地记录了会议的基本情况、研究和讨论的问题、与会人员的讲话和发言等，有很大的容量，是会议纪要、会议简报等典型的素材库。

2. 凭证作用

会议记录是传达会议精神、分析研究和处理问题、制定规章制度、执行会议决议、检查会议精神贯彻情况的最直接的材料。会议记录将对加工、提炼出的会议纪要、日后检查工作、核查历史、编史修志等工作提供最直接的查证依据。

（三）会议记录的特点

1. 真实性

如实反映会议的本来面貌和会议全过程，是会议记录的一大原则。尊重记录，不能随意添加或删减内容，是为以后的会议纪要等提供有价值的素材。记录的真实可以提供最好的核查、参考依据或凭证。

2. 原始性

原始性是会议记录与会议纪要、会议简报等存在本质区别的重要标志。会议记录是没有经过修改和编辑的原始材料，保持着会议的真实情况和全部特征，有极大的利用价值，这在事务类文体中并不多见。

3. 完整性

会议记录的会议时间、人员、议题等缺一不可；记录的情况真实准确，完整清楚；相关决议、意见、结论等有根有据。同时，提炼、加工会议纪要、充作档案资料等，都需要保证会议记录的完整性。

（四）会议记录的类型

1. 重点记录

重点记录又叫摘要记录，即只记录发言要点和讨论的问题以及会议通过的决定、决议等主要内容，是一种“去枝叶留主干”的方法，目的在于举出精要，突出重点，利于人们把握和知晓，如《关于××会议的摘要》等。

2. 全面记录

全面记录又叫详细记录，一般用于重要会议。准确完整地记录会议的全面情况是其根本要求。由于会议事项重要，议题重大，涉及的决议、决定有举足轻重的作用，因此每个发言人的原话阐述、有争议问题的看法和意见，特别是领导人讲话和重要决议等，必须记全、记准，会后还要进行整理，并经相关领导人审核。

（五）会议记录的结构

会议记录一般都有固定的格式和专门的用纸或专用的会议记录本。会议记录的结构主要包含以下四个部分：

1. 标题

标题的构成有三种情况：一是由单位名称、会议事由、文种构成，如《教育局行政扩大会会议记录》等；二是由会议名称、文种构成，如《物价研讨会会议记录》等；三是只有文种，如《会议记录》。

2. 会议组织情况

会议组织情况是指主持人在宣布会议开始前要完成的事项，包括会议召开时间、地点、主持人、出席人、列席人、缺席人、记录人的姓名、职务或所在部门以及会议议程等内容。

3. 会议内容

会议内容是会议记录的主体部分，包括会议宗旨、议题、目的，会议议程，会议报告与讲话，讨论和发言，表决与过程，决定与决议，遗留问题与相关补充等。不同会议的侧重点和顺序有所不同。如果会议开得较长或对问题争论不休，中间需要休会还要注明休会的时间。

4. 结尾

会议记录的结尾另起一行写“散会”或“结束”，同时写明会议结束时间。为明确责任，会议记录要有记录人和主持人的签名。

（六）会议记录与会议纪要的区别

一是文种不同。会议记录为事务文书，会议纪要为公务文书，可以有明确的要求、规定等。二是内容不同。会议记录记载详细，注重全面、完整和原始性；会议纪要由会议记录加工而成，重在反映会议重要事项、重大问题及相关决议、决定，提出明确的处理或执行的意见、要求等。三是详略不同。会议记录作为原始记录未经综合、摘编，内容多，是会议纪要的“材料库”；会议纪要是对会议记录的再加工，经过筛选、提炼，有高度概括性、集中性，两者区别很大。

（七）会议记录的写作要求

1. 真实客观记录

真实记录是会议记录的首要原则。会议记录要如实、准确记录，全面反映会议内容；不能改变发言人发言的意图、目的、看法与要求，扭曲意愿，甚至加入个人主观臆断；内容上更不能南辕北辙，牵强附会。

2. 记录快捷准确

记录必须准确，思维必须敏捷，思想必须集中，精力必须充沛，要注意发言的速度和讨论的繁复情况，这就要求做到“眼快、心快、手快”。为了记录快捷准确，利于规范，同时可以进行必要的录音。

3. 注意保存集中

保存和集中的目的是利于使用和查找，利于作为必要的写作参考资料，利于更好地发挥文档作用。

4. 签字

会议结束后，会议记录要由主持人和记录人签字，表示对记录内容负责。

［**范文**］

会议记录

××市教育局党组扩大会议记录

时间：2019 年 3 月 10 日

地点：教育局会议室

出席人：李达仁（局长）、张云山（副局长）、王朋（副局长）、赵飞（纪检组长）、向碧（工会主席）

缺席人：蓝成（副局长）（外出开会）

列席人：周诚东（普教处长）、华运升（职教处长）、宫一白（成教处长）

主持人：李达仁局长

记录：李枫法（办公室主任）

会议内容：听取赴兄弟地市考察“三加一”教育情况汇报，研究制定我市实施“三加一”教育的意见。

一、钱华汇报考察情况（略）

1. 参观考察的基本情况（略）

2. 兄弟地市“三加一”教育的形式及做法（略）

3. 几点建议（略）

二、讨论（略）

三、决议

1. 为市委起草“关于在中小毕业生中实行职业技术教育的意见”，由职教处、成教处负责。

2. “三加一”教育的场地可安排在成人教育中心，由成教处负责。

3. “三加一”教育要体现灵活多样的原则，适合各区县的具体情况。

主持人签名：李达仁　记录人签名：李枫法

二、简报

（一）简报的概念

简报，即情况的简要报道，是国家机关、社会团体及企事业单位内部用来通报情况、交流信息的一种简短的文字材料。

简报的应用最为广泛。“简讯”“内部参考”“情况反映”“情况交流”等，都属于简报文体。

（二）简报的功能

1. 交流信息，沟通情况

交流信息，沟通情况，是简报的基本功能。简报可用于向上级反映情况，及时进行处理；各平级机关或单位、部门之间，加强联系、通报情况、取长补短、促进合作；下级机关或单位知晓情况。

2. 辅助决策，协调关系

简报反映的情况有利于领导了解新情况、新问题、新动态，从而采取措施，做出相关决策。同时，简报在通报有关情况、问题时，可以协调各级机关或单位之间的关系，加强往来，做好工作。

（三）简报的特点

1. 简洁性

简报内容简短精要，篇幅小巧灵活，集中表达的特色引人注目。用语简练，长话短说，最忌繁复，是衡量简报质量的一个重要指标。

2. 新颖性

简报反映的是新近发生的问题或情况，内容新、见解新等要素很充实，以新取胜可以起到先声夺人的效果，这构成了简报的又一特色。简报表现的选材新、决策新、观点新、信息新，最容易提升简报的使用价值。

3. 准确性

在真实的基础上准确反映情况和问题，是简报的一个明确要求。简报必须突出反映情况或问题的本质。坚持准确性，才有利于简报使用者把握事物的内在规律，从而做出正确的决策。

4. 专业性

简报具有很强的专业性：一是内容到形式的单一性，其他文本无可替代；二是反映具体情况或事项的单一性，专报、专写、专发的形式十分独特；三是一事一报、一事一写，针对性极强。

5. 时效性

简报以报道突发情况或问题见长，有很强的时效性，快写、快编、快发的要求高于很多文种。简报要“抢时间、抓分析、快处理”，在第一时间内传播信息，解决问题，信息传播、交流、反馈十分敏感。

（四）简报的类型

1. 简报按时间分类

简报按时间分类为定期简报、不定期简报等。

2. 简报按范围分类

简报按范围分类为综合性简报、专题简报等。

3. 简报按内容分类

简报按内容分类为工作简报、会议简报、动态简报等。

4. 简报按性质分类

简报按性质分类为生产简报、学习简报、卫生简报、教育简报、交通简报等。

一般常用的简报有动态简报、专题简报、综合简报和会议简报。

动态简报是反映各机关、部门、单位新近发生或正在发生的情况、问题或相关变化的简报。动态简报时效性明显，具有新闻的特色。

专题简报是专门反映某项工作、某种情况、某些经验、某个问题进展状态的简报。这类简报内容取材较广，有给上级的汇报，有给同级的互报，有给下级的通报等，但具体内容单一、集中，专题性很强。工作一经转移或完成，简报的作用也随之结束，有明显的阶段性。例如，《关于植树造林情况的简报》等。

综合简报是反映某系统、行业、部门、单位在一段时间内各方面情况的简报。综合简报汇总性强，工作问题、特殊情况、突发事件等，都可以进行综合性反映。综合简报可定期或不定期发出，指导性、推动性比较强。例如，《××市一季度商业发展的简报》等。

会议简报一般用于大中型会议，反映会议情况、决议或决定等及时快捷，有很好的沟通性和传达性，同样具有新闻报道的特点。

（五）简报的结构

简报的内容由报头、报核、报尾三部分构成。

1. 报头

报头一般占首页 1/3 的版面，与报核用一条与版心等宽的红色反线分开。

（1）名称。名称位于居中位置，以较大字体标示。如《××简报》《××动态》等。

（2）期号。期号是指简报的发行期数，位于名称正下方，即“第×期”，用阿拉伯数字标明。

（3）编发单位。编发单位是指编发简报的单位，位于期号左下方、横隔线左侧上方顶格处，要用全称。

（4）编发日期。编发日期位于期号右下方、横隔线右侧上方顶格处，用阿拉伯数字标写出年、月、日。

（5）密级。如需要，在简报名称左上方写明秘密程度，如“［内部参考］”等。

（6）编号。编号通常在简报名称右上方，与密级相对，有的用年编号，有的用统编号。

2. 报核

报核是简报的核心部分，又称本体，由标题、正文组成。有的标题前加有编者按（按语），正文前加有导语，就构成按语、标题、导语、正文的结构形式。

（1）按语。按语又叫编者按，位于标题上方或下方，主要用于重要简报或转发性的简报。按语以简报内容为依托，目的在于肯定经验、指出教训、阐明意义、提出希望等，引起人们的注意和重视。按语简明扼要，提纲挈领，评论或说明的文字非常精要。

（2）标题。简报的标题用语简明、准确醒目，形式灵活多样，有新闻标题的特征。一般有两种写法：一种是单标题，由反映的问题或情况的对象、中心语或提示语等构成，如《××地区个体工商户纳税情况不容乐观》等；另一种是双标题，又分眉题、主题、副题，如：

高校教育事业发展面临就业问题困扰　　（眉题）

——××省高校毕业生就业难问题突出　　（主题）

（3）导语。导语是简报正文的开头一段话，与新闻报道的导语很相似。导语要简明扼要地概括出全文的中心内容或主要事实，目的在于吸引读者，引发共鸣。常用的导语主要有以下几种：

①叙述式导语：把主要事实或主要内容写在开头，是用综合归纳的方法，概括简报所

要反映的核心所在。

②描写式导语：对主要事实某一个有意义的侧面、在事件发展的高潮处或某个特定场面，以简洁生动的描述，渲染氛围以增加读者兴趣。

③提问式导语：以设问的方式，造成反差，拉大思维空间，引起读者思索和关注。

④结论式导语：先下结论，再交代原因和过程，进而用阐述的事实与理由来证明结论的正确，类似于人们常说的"先结论后原因"。

（4）主体。主体是简报的核心，主要依靠事实，凭借导语的铺垫，紧扣行文的主旨来展开。主体有不同的写法，常用的有以下四种：

①叙述式：以记叙为主，按事件的发生、发展的顺序来纵向组织材料，说明问题。

②概括式：以面为主，而不是以点为主，对带有共性的典型材料进行概括，反映出所写的对象的价值或实质。

③归纳式：按材料分类，用归纳的方式，抓住最能表现中心的材料构成主体，以点带面，个别推出一般，显示对象的代表性和普遍性。

④评述式：按议论文的结构谋篇布局，对典型事例进行评述，从而揭示事物的本质，突出现实意义。同时，这也是提出问题、分析问题、解决问题的过程。

3. 报尾

报尾是简报正文横隔线以下的部分。分隔线下左边排列报、送、发单位。报，即报送给上级机关；送，即送给平级或不同的隶属单位；发，即发给下级单位。也可不加区分，一律写为"发送"。分隔线下右边写明印制份数，用阿拉伯数字写明，再加上圆括号。

（六）简报与通知的区别

一是文种不同。简报是事务类文体，通知属于公文。二是范围不同。前者范围小于后者。三是行文方式不同，重点不同。四是表现手段不同。简报新闻特色突出，有新闻体式；通知则具有自身的公文格式，比较固定。五是内容大小不同。简报篇幅短小精悍，重在报道，无法定执行要求；通知则依事而发，重在传达知晓，强调贯彻执行。

（七）简报的写作要求

1. 选材好，政策性强

简报的写作选材要注意三点：材料典型，最能反映事件的实质，揭示其规律；材料新颖，最能反映现实的一些热点问题；材料好用，最能促进简报的尽快编发。此外，简报还指导人们理解上级意图、指导工作、传达精神等，有很强的政策性。

2. 事实准，编写快

简报真实性要求很高，事实必须准确无误，不能有虚假不实之处。简报有明显的时效性，写法与写新闻有相似之处，快写、快编、快发是写作必须遵循的原则。

3. 内容精，信息新

简报以精、短、新见长，内容必然要提纲挈领，在简约中见主旨，举要处显精髓，使简报“简”而不空、“简”中有物。同时，简报信息新，材料、立意就新。在信息中复制、筛选、提炼材料，已经是简报写作的重要一步和必经的途径。

[**范文**]

安徽省“四送一服”精准服务台资企业

第 140 期

省“四送一服”双千工程领导小组办公室　2018 年 12 月 29 日

近日，省台办与省“四送一服”办加强工作联动，着力用好“四送一服”机制，充分发挥各自职能优势，精准服务台资企业。

联系包保台企。省台办梳理出部分重点台资企业名单，省“四送一服”办结合“四送一服”联系包保企业机制，将在安徽投资发展的 75 家台资企业纳入重点联系包保服务对象，更加全面、更有针对性地服务在皖台资企业，常态化送思想、送政策、送项目、送要素，点对点精准服务，助力台资企业发展。

解决实际问题。台资企业安徽优客体育文化发展有限公司向“四送一服”工作组反映，台胞证自助购取票困难，取票机只能识别居民二代身份证，不能识别台胞证，十分不方便。马鞍山市向上海铁路局商请协助马鞍山东站开通台胞证自助购取票。经过 2 个多月的协同推进，马鞍山东站实现了台胞证自助购取票，方便了台商出行。台商池州大润发商业有限公司通过省“四送一服”双千工程综合服务平台反映，公司符合申请暂缓实行峰谷分时电价的条件，请帮助协调办理。池州市、省供电公司积极对接办理，经电力公司业务人员现场核定，确定对该超市所属全部自营区域暂缓执行分时，全部执行商业非分时电价，直接为企业降低用电成本。企业对“四送一服”表示非常满意!

常态跟踪服务。省台办、省“四送一服”办结合台资企业发展实际需要，不断扩大台资企业联系包保范围，常态化面向台资企业宣传解读各类惠企政策、帮助对接科技、人才等生产要素，收集和解决各类发展难题。对省台办等单位在走访调研及开展“四送一服”工作中收集到的台资企业问题，将通过省“四送一服”双千工程综合服务平台分办交办，为台资企业排忧解难。

第二节　调查报告

一、调查报告的概念

调查报告是对某些客观事实及现象进行深入细致的调查研究后，对所得的数据、资料等相关材料进行综合分析与系统整理，并将调查结果以书面形式向上级或相关部门广大群众汇报的一种文体。

调查报告广泛应用于党政机关、企事业单位及社会团体之间，常常带有一些意见或建议，是公务文书的重要附件。调查报告不具有行政效力，但也被普遍视为“机关事务文书”，如我们经常见到的“调查汇报”“情况调查”等，也属于调查报告的范畴。

二、调查报告的功能

（一）决策和指导作用

领导或管理部门等要想做出正确的决策，就必须以深入细致的调查为前提，发挥出调查报告对决策和指导工作的巨大作用。在经济建设新时期，各种新现象、新情况不断出现，调查报告可以帮助决策部门获得高质量、高层次的信息，为其决策提供依据。

（二）揭露和关注作用

某些工作或某一行业中出现的重大问题可以通过调查报告的形式进行深入研究，通过分析其产生的原因，以其危害性引起社会的关注，起到警示和教育的作用，有利于公正地解决问题，如《关于××地区环保工作滞后的调查报告》等。

（三）宣传和推广作用

调查报告可以把地区、单位或个人的先进经验介绍和推广到更大的范围，指导和推动工作，还可以借助宣传和推广，更全面地反映相关新事物等，揭示其现实意义与价值，提供参考和借鉴的平台。

三、调查报告的特点

（一）真实性

真实性是调查报告的根本要求。调查报告运用的事实、数据和材料越真实，得到的结果越具有说服力。因此，调查报告强调对有形事实，如具体事件、有形数据等做到调查清楚、核对无误；对无形事实，如社会舆论、大众心理状态等做到真实可信，切忌随意编造。

（二）针对性

调查报告必然要展开有针对性的调查，反映出现的新情况，揭露出现的各种重大问题等。调查报告反映的内容、提出所要解决的问题针对性极强，如《关于××县治安问题的调查报告》等。

（三）典型性

调查报告的典型性表现在揭露问题或推广经验都必须选取有代表性的事件。事件或经验具有典型性，报告才有深刻性和吸引力，可以得到广泛认可，成为指导人们行为、思想、工作的一种标尺。

（四）评析性

调查报告是一种介于通讯报道和评论文章之间的文体，因此在写法上要叙议结合，夹叙夹议。调查报告要求准确叙述事实，从事实材料中提炼观点，揭示事物规律，得出科学的结论。调查报告的评析议论不同于一般的议论文，画龙点睛，点到即止。

（五）客观性

调查报告的客观性表现为内容必须真实，写作与调查的过程必须力求客观。事实是调查报告的重要基础，不能随意扩大或任意缩小、歪曲事实、弄虚作假。调查报告必须实事求是，结论也必须符合客观实际。

（六）叙述性

调查报告的重点在于表述调查所得的材料和结果，同时要从中得出结论和意见，决定了调查报告的主要内容是叙述事实、说明情况，在此基础上进行必要的分析综合，而无需完整的论证过程。

（七）时效性

调查报告有明显的时效性要求。调查内容，回答问题，反映状况等，都有调查、写作、揭示、反应迅捷等时效性要求。这样才可能做到调查及时，回答及时，上报及时，宣传及时，解决相关问题及时。

四、调查报告的类型

调查报告分类较多，常见的分类有以下几种：

（一）五分法

这种划分方法将调查报告分为基本情况调查报告、揭露问题调查报告、典型经验调查报告、新生事物调查报告和历史事实调查报告五类。

（二）三分法

这种划分方法将调查报告分为三类：第一类包括专题调查报告和综合调查报告；第二类包括评述性调查报告和资料性调查报告；第三类包括典型事件调查报告和典型经验调查报告。

（三）两分法

这种划分方法将调查报告分为两类：第一类有典型经验调查报告、揭露问题调查报告和综合分析调查报告；第二类有专题调查报告、综合调查报告和典型调查报告。

结合写作实际和调查报告的内容及功能表现特征，本书主要介绍以下三类调查报告：

情况调查报告重点在于反映某地区、行业或某工作的基本情况与发展状况，为上级机关研究问题、制定政策提供依据，侧重于“面”上情况的介绍，如《关于××地区教育状况的调查报告》等。

经验调查报告着重总结经验、探寻规律，主要通过调查对象带有的典型意义，介绍典型经验的背景、具体实施办法和产生的成效，调查对象带有的典型意义，能起到以点带面、推广经验、指导工作的作用。

揭露问题调查报告通过大量的事实材料，揭露现实生活中的某一重大问题，指出其严重性及给人们生活带来的影响。揭露问题调查报告揭露性强，事实清楚，主旨明确，常常会引起社会反响，如《××省交通厅关于××重大交通事故的调查报告》等。

五、调查的方法

调查的方法多种多样，主要有以下方法：

（一）普遍调查

普遍调查是一种专门组织的、一次性的全面调查，简称“普查”，即选定某一地区、某一单位、某一生活的层面，进行全面的调查，进而得到较为真实的结果，但它所需人力、物力都很大。

（二）典型调查

典型调查主要是根据调查目的，选择有代表性的对象进行调查，并以典型带动一般，以点带面，对调查的结果进行分析，如走访调查、专门定向调查等。

（三）抽样调查

抽样调查是按照随机原则，从整体中抽取部分单位（抽样总体）进行观察，借此来推算总体情况的方法，如座谈会调查、电话调查等。

（四）现场观察

现场观察是通过深入现场对事物、现象进行分行，并深入生活获得第一手资料的方法，如现场询问调查、现场巡回调查、现场补充调查等。

（五）书面调查

书面调查是采用书面形式来掌握调查内容，并反映调查结果的方法。书面调查一般是无记名式的，可以使被调查者无所顾忌，如问卷调查等。

（六）网络调查

网络调查具有面广量优、反映快捷、信息量多、可选空间大的特点。这样的调查方法时效性好，容易筛选，利于分门别类地围绕调查的相关问题进行及时处理。

六、调查报告的结构

（一）标题

调查报告的标题分为公文式标题和新闻式标题两种。

1. 公文式标题

公文式标题一般由调查单位、调查内容、文种三要素构成，如《××大学关于 2019 年毕业生就业情况的调查报告》。其中调查单位可以省略，如《2019 年××地区卫生状况的调查报告》等。

2. 新闻式标题

新闻式标题题目要新颖、准确，能概括出文章的主要内容，揭示主题思想，如《网络已成当前青少年主要娱乐方式》。另外，还有一些调查报告的题目由正标题和副标题组成。一般正标题要能揭示文章的主旨，副标题则点明调查范围、文种，如《有利可图，不惜牺牲百姓健康——××市医药股份有限公司的调查》等。

（二）正文

1. 开头

正文的开头部分又称导语或引言，一般都要简明扼要地介绍一下调查的时间、地点、对象、范围以及采取的方式。常见的导语方式有提问式、内容概括式或议论式、引用式等。

2. 主体

正文的主体部分要求材料丰富、证据确凿、论证严密、观点鲜明。组织材料要做到条理清晰、层次分明。常用的行文方式有以下三种：

（1）纵式结构。纵式结构指以时间发展为序组织材料、安排内容，这种方式便于读者对事件的起因、经过、结果有全面的认识。

（2）横式结构。横式结构是以事件的性质为依据，将调查对象从不同角度加以分类叙述，这些不同的类别，既相对独立又互相联系，共同支撑着文章的中心观点。

（3）纵横式结构。纵横式结构是以上两种方式的组合，总体上按照纵式结构叙述事件的发生、发展脉络，同时针对其中的重点环节或问题，用横式结构分角度讨论，适用于内容丰富、牵涉面广的调查报告。

（二）结尾

调查报告的结尾要简洁有力。常见的方式有三种：总结全文，深化主题；给出建议，指明方向；表明决心，展望未来。此外，调查报告的正文也可以不要结尾。

（四）署名

调查报告一般要求署名，可以写在标题的下面，也可以写在正文结尾处的右下方。

七、调查报告与相关文种的区别

（一）调查报告与总结的区别

一是功能不同。总结是对以往工作的回顾，要求全面，既要反映优点，还应指出不足，以便日后改进；调查报告则是针对某一方面的问题进行研究和阐述，无需顾及全面。二是写法不同。总结的写作必须要反映工作成绩、不足与缺点，立足现实也着眼于未来；调查报告在总结经验或揭露问题时有明确的目的，针对性更强。三是总结多用第一人称写作，调查报告一般用第三人称写作。四是时间不同。总结在某一工作结束之后进行，调查报告可以在工作开展中或工作结束后进行。

（二）调查报告与新闻的区别

一是时效性表现有所不同。新闻的时效性更强，要求对新近发生的事实进行报道，其核心是强调“新”与“快”；调查报告可以在工作中或工作结束后进行，报道内容的时效性比新闻滞后。二是调查报告的新闻性不等同于新闻的新闻性。新闻的新闻性主要体现在对事件报道的及时性与新鲜性方面；调查报告的新闻性主要强调对事件深层次成因的认识与探究方面，是对事件进行剖析，把其发生发展的前因后果展现给更多的人。

（三）调查报告与调研报告的区别

一是立足点不同。调查报告主要是在对特定对象进行深入了解的基础上，经归纳整理，分析研究，进而揭示事物本质，得出符合实际的结论，为决策和调整决策提供基本依据；调研报告是对某一情况、事件、经验或问题等的调查，进行去粗取精、去伪存真、由此及彼、由表及里的分析研究，重在揭本质、找规律，研究的特点更为突出。二是篇幅大小不同。调查报告篇幅一般较大，调研报告注重局部、强调深度。

八、调查报告的写作要求

（一）深入调查，点面结合

做好调查报告的第一步就是要进行深入调查，要占有大量的第一手资料，否则写不出有价值的调查报告。调查前要明确调查的对象与目的，确定好调查的点与面，点深面广，调查报告才可信可用。

（二）分析材料，抓好典型

调查报告要对收集到的原始资料进行整理与筛选，找出其中最有代表性和概括性的材料，即典型材料。观点来源于材料，只有从这些典型材料中提炼的观点才准确而有说服力。

（三）用词精当，叙述明白

在调查报告的写作中，选词要精练恰当，要善于用简要的议论总结经验、阐明规律。叙述要清楚明白，不能似是而非。

［**范文**］

贵州国源矿业开发有限公司水城县化乐乡

锦源煤矿“11·21”较大窒息事故调查报告

第三节　计划

一、计划的概念

计划是某些单位、部门或个人，对预计在一定时期内要做的工作或要完成的相关任务事先做出筹划和安排，使之书面化、条理化、具体化的一种事务性文书。

计划有不同的称谓，短期内要做的叫“安排”，近期要做但还没有想好的叫“打算”，有长期计划的叫“规划”，有具体安排的叫“计划方案”，提出计划供讨论的叫“计划纲要”，为计划制订提供线索的叫“计划思路”，具体安排下去的叫“计划部署”，要准备做但又没有具体计划的叫“计划设想”等，都属于计划的范畴。

二、计划的功能

（一）筹划与组织功能

计划的筹划作用明显。筹划要变为现实，就必须进行有效的组织。组织是实现计划目标的关键，如时间、人员、物质等的资源调配，执行计划的通盘安排，具体执行的步骤等，都必须逐一到位。

（二）指挥与协调功能

大家一个目标、一个方向，是指挥计划的最好形式。指挥离不开对各方的协调。如何与上级、平级、下级、不相隶属单位协调以及自身内部各种关系的协调等，都十分重要。

三、计划的特点

（一）预见性

计划是对未来工作情况、进度、可能出现的问题的一种设定和预见。预见性是计划的本质表现。预见性具体表现在可以把握全局，有主次详略，对计划的现状认识清醒。

（二）目的性

实现预定的目的是计划的最终归属，也是其价值所在。每项计划必须有明确的目的，怎么干、干了之后有什么结果，都要明确。这样才能更好地统一思想，协调行动，实现目标，取得实效。

（三）指导性

指导性主要体现在以国家的有关方针、政策为指导，对执行计划的对象有明确的指导性，贯穿于对今后全过程的指导性，对他人依据进行借鉴、参考的指导性。

（四）科学性

计划的科学性主要表现在：一是实事求是，尊重规律；二是措施、步骤、安排等切实可行；三是注重实际，有目标如期实现的保证；四是计划设计、安排等符合科学原理。

（五）实践性

计划的实践性可以显示计划与实际情况的整合情况，对出现的新问题、新情况进行必要调整，依据实践效果判断计划得失等。实践性是实现计划的一种条件保证和衡量标准。

（六）约束性

计划一旦制订，其具体的内容、方法、步骤、目标等就形成了大家必须认可和执行的规矩。人们与之相关的实践活动都必须按计划的要求严格执行；否则，计划只会成为一种摆设，毫无意义可言。

（七）周密性

计划周密才可能细致，也才可能在执行中做到疏而不漏。计划特别强调其周密性，可以避免很多必要的环节或过程被遗漏，造成计划的欠缺，影响计划的圆满完成。

四、计划的类型

（一）计划按内容分类

计划按内容分类为生产计划、建设计划、科研计划、教学计划等。

（二）计划按时间分类

计划按时间分类为长远规划、年度计划、季度计划、月度计划等。

（三）计划按形式分类

计划按形式分类为条文式计划、表格式计划、条文和表格复合式计划等。

（四）计划按范围分类

计划按范围分类为国家计划、单位计划、部门计划、班组计划、个人计划等。

（五）计划按性质分类

计划按性质分类为综合性计划、专题性计划等。

五、计划的结构

计划一般由标题、正文和落款三部分组成。

（一）标题

标题一般由制订计划的单位名称、适用时限、内容概要和文种四部分构成。具体的写法有两种：一种是完全式标题，即四要素齐全的标题，如《××市 2019 年城市燃料供应计划》等；另一种是不完全式标题，即省略四要素中的单位名称和适用时限，如《产品抽查计划》等。如果还需进一步讨论或经上级部门批准，可在标题后或标题下方加括号注明“讨论稿”“草案”“征求意见稿”等。

（二）正文

计划的正文包含任务和目标、办法和措施、进度和步骤三层内容，分为前言、主体、结语三个部分。

1. 前言

前言是全文的导语，一般比较简单，主要说明制订该计划的目的、意义、指导思想、目标、要求等。前言要简明扼要，明确具体。

2. 主体

主体是计划中最重要的部分，应明确提出任务、指标和具体要求，写出重要步骤、措施、分工以及必要的注意事项等，重点抓住计划目标、措施和步骤三要素。

目标要具体明确，执行者知道“做什么”。措施是为实现计划目标采用的具体方法，要内容清楚，联系实际，易于操作，回答执行者“怎么做”。步骤是为实现计划目标的程序和时间进度，回答执行者“什么时间做”。三要素前后衔接、规范有序，计划才易于成功。

3. 结语

结语是计划的辅助、补充部分，可根据需要确定写或不写。如需要，可强调计划中的重点和主要环节或实施过程等出现的问题。

（三）落款

落款要写明计划的制订单位或个人姓名。标题已注明单位，落款则可署名，再标明年、月、日。有的计划还要写出报送单位及有关人员。

六、计划与方案的区别

计划是一个轮廓、一个目标，方案是针对目标所设计的可操作的方法。计划有书面计划或口头计划，方案更程序化、正规化，多以书面形式出现。解决问题的方法是先有计划，后有方案。一个计划可以有多个方案。计划是解决问题的具体实施步骤，而方案更多是提出解决问题的办法。

七、计划的写作要求

（一）符合政策

任何计划的制订都要以相关的法规、政策以及上级的有关指示或规定为指南，树立全局观念，正确处理好全局利益和局部利益、长远利益与当前利益的关系，统一安排，使计划在工作中发挥积极作用。

（二）掌握信息

计划的制订要实事求是，从实际出发，要求计划的制订者与写作者要掌握大量真实可靠的信息，在这一基础上制订的计划才更真实，更符合实际，更利于操作。

（三）深入分析

一要深入研究国家的现行政策、相关法规以及上级的有关规定；二要深入分析本单位的实际状况，使计划有执行的基础和条件；三要目标明确，联系实际，使计划能够顺利实现。

（四）量力而行

计划要结合本单位、本部门的实际情况量力而行。目标过高难以实现，会挫伤人们的积极性；目标过低会使人们轻视、大意，失去计划的作用和意义。

（五）留有余地

事物不断发展变化，在计划的执行中会出现很多意想不到的结果，计划的目标要留有一定的弹性和空间，以免被动而无法调整。

（六）条理清楚

对计划目标的制定要先总后分，层层分解，步步落实；目标、措施、步骤的安排要环环相扣，无条理的计划将使执行者无从下手。

（七）表达准确

计划在时间、数量、质量上要力求准确；目标、措施、步骤要简单明了，不可含糊其词，人云亦云；行文要用语简洁，表意清楚。

［**范文**］

中国传统工艺振兴计划

第四节　总结

一、总结的概念

总结是对已经完成的某一阶段工作或某项具体工作进行的全面与系统的回顾、分析、检查和评价，从中找出经验、教训、成绩和不足，得出规律性认识，以指导今后工作开展的一种事务文书。

二、总结的功能

（一）交流信息

总结是一种特别的信息传播、交流、复制和利用的过程，且有特定的对象和内容。人们通过总结，可以促进部门、单位、不同人群等之间的相互交流，实现信息互通，利用信息来取长补短，共同进步。

（二）积累经验

总结就是一种经验的积累，利用实践过程高度集中了人们的各种信息和认识，经收集、整理，使之成为可靠性好、启发性强的经验，如《关于 2018 年普及环保工作落实若干措施的总结》等。

（三）改进作风

总结经验和教训，从而改进作风是总结的重要功能。总结可以以点带面，取长补短，促进我们改变工作作风，提高工作的质量；可以提供新的经验和方法，为今后的工作打下更坚实的基础。

三、总结的特点

（一）实践性

总结是实践的结晶，实践性是总结的第一属性。总结必须依靠实践活动作为平台来反映具体内容，揭示规律性的东西。没有实践性，总结就没有指导作用和典型意义，也没有存在的价值。

（二）真实性

真实性是总结的生命，是对经验、教训的高度概括，是总结者对实践活动的真实回顾，借鉴、指导作用非常明显。总结必须要客观反映真实情况、真实内容，不回避或掩饰问题，不夸大或渲染成绩。

（三）指导性

总结的目的在于归纳经验和教训，推广典型，树立榜样，通过借鉴和学习，帮助我们改善工作，提高效率，吸取他人的经验、教训以提高自己的工作质量。

（四）典型性

由于总结有内容的不同、总结者和接受对象的不同，总结的经验、教训所展示的事迹、人物常常具有鲜明的个性，因此总结的典型性特征非常明显。

（五）证明性

总结的文本特征决定了其鲜明的证明性。总结依据真实的材料和事实写成，客观存在着证明性：材料和事实真实，必然会证明内容、结果的真实。总结的特定内容和事实，又是对总结特定对象的证明。

（六）文档性

单位总结、部门总结、领导总结或其他个人总结，都存在相当的资料性特征，可以作为有效的资料备份，通过存档产生多次利用的绩效。事实上，不少总结归档保存已经成为一种备用、备查的手段。

四、总结的类型

（一）总结按内容分类

总结按内容分类为工作总结、生产总结、营销总结、思想总结等。

（二）总结按范围分类

总结按范围分类为地区总结、行业总结、单位总结、个人总结等。

（三）总结按时间分类

总结按时间分类为年度总结、季度总结、月度总结、阶段总结等。

（四）总结按性质分类

总结按性质分类为综合性总结和专题性总结。

五、总结的结构

总结的结构一般包括标题、正文和落款三个部分。

（一）标题

总结的标题主要有以下两种形式：

1. 公文式标题

公文式标题由单位名称、时间、总结对象和文种构成，如《××大学 2019 年教育工作总结》等；也可以根据实际情况省略单位名称、时间等，如《工作总结》等。

2. 新闻式标题

（1）新闻式单标题。这种标题用能够高度概括或揭示总结主旨的一个判断性语句作为总结的标题，起到突出中心的作用，如《强化服务是搞好运输工作的关键》等。

（2）新闻式双标题。这种标题由正标题与副标题组成，正标题揭示总结的中心，副标题点明总结单位的名称、时间、内容，如《继往开来 坚持经济发展大方向——××市 2019 年经济工作总结》。

（二）正文

1. 开头

开头又称前言，是总结的基本情况介绍。开头以高度概括的语言说明工作完成的总体情况及有何经验、教训；交代工作的时间、地点、背景等；指出总结的范围、目的、评价等。此部分写法多样，不拘一格，可概括、可简述，前言介绍要简洁精练、中心鲜明。

2. 主体

主体是总结的核心部分，主要抓住成绩与经验、问题与教训两个部分进行总结，是总结能否成功的关键所在。主体要以夹叙夹议、先叙后议等手法，依据有说服力的典型事件和材料，说明前期工作的具体情况。展开来看，主体要围绕过程、效果、成绩、缺点、经验、教训，进行具体介绍，对内容进行深化、补充和证明。这部分要有实例、数字、体会和结论，力求做到观点正确，分析深入，总结有序，效果明显。

3. 正文的具体结构

（1）四段式，即将总结分为基本情况、成绩与经验、问题与教训、今后努力方向四个部分进行安排，或者按情况、效果、体会、意见分为四大部分。四段式多用于内容单一的总结。

（2）阶段式，即以时间顺序或事件发生的自然顺序安排内容，可以把工作情况分为几个不同的阶段，然后再逐一进行分析和总结。

（3）总分式，即先概述基本情况，再按内容安排和逻辑顺序的要求，写出不同的发展阶段，围绕主题给各个阶段冠以小标题，进行时间、事件的纵横交叉，逐层写出总结的主要内容。

（4）二部式，即把总结分为情况概述、经验和体会两部分来写，重点放在后一部分，多以揭示成功经验等为重点，常常归纳出有规律性的共同点和有价值的结论。二部式多用于内容少、时间短的总结。

（5）独体式，即围绕一个中心展开，不用小标题，从头到尾，一气呵成。独体式简单易行，适用于个人总结和主题总结。

（6）排列式，即条文式，是围绕中心，把总结的情况、事件、意见、措施、成绩、经验等进行分条阐述，并以小标题显示主题所在。其自由灵活，层次清楚，适用于专题性总结。

4. 结尾

结尾部分承接正文，提出今后工作的大致安排；表明努力方向，提出新的奋斗目标。结尾可以简略地表示决心、态度以及对前景的展望。结尾要简洁有力，具有鼓动性和号召力。

（三）落款

落款要写明总结的成文时间。如果单位或个人的署名已经写明在标题之下，此处可省略。用于报送上级的总结，应在单位名称处加盖公章，在“日期”之后左下方留出 3~4 行标明报送、抄送单位的名称。

六、总结与报告的区别

一是文种不同。总结不是公文文种，报告是上行文，其主要作用是向上级机关汇报工作、反映情况等，属于公文。二是用途不同。工作总结可以用来向上级机关汇报工作，但要注意换用报告这样的文种，并有主送机关、抄送机关的提示。三是适用范围不同。总结多立足于个人或本单位，报告更具广泛性，受众更多。

七、总结的写作要求

（一）表达实事求是

写总结必须以实践性工作为基础，要坚持事实真实、内容真实、总结的过程真实、受众反映的真实、评价的真实等原则。总结的写作一要分析准确；二要阐述实事求是，不简单堆砌和有意罗列。

（二）显示潜在能力

写总结是谈经验、说教训，提出存在的问题、肯定成绩、明确方向，显示总结者能力的过程。总结的写作要善于突出自己的潜能，展示自己对未来工作的掌控能力，利于塑造自己的形象。

（三）突出整体价值

总结的整体价值表现在总结过去，必须全面、准确；说现在，成绩具体，教训实在；谈未来，有前瞻性、可比性和可信性，达到教训可说可鉴，过程可评可判，未来可想可见。总之，总结的写作要从全局入手，抓大放小，注意以完整性、典型性来提升总结的价值和形象。

（四）表述清楚简练

总结以叙述和议论两种基本方式进行表达，即夹叙夹议、或叙或议，搭配十分重要。先叙后议或先议后叙，都有依据事实，结论清晰，真实可靠。总结的写作要言简意赅，阐述简洁，表达流畅，注意语言的大众化表现形式，有口语的感染力和形象性。

（五）注意突出精要所在

总结可以结合工作等进行不同角度的归纳，根本目的在于总结现在，着眼未来。在具体内容中，很有必要对一些新颖的、独到的总结内容进行积极发挥，突出总结的“闪光点”，以总结的精要处来引起受众的共鸣，进而提升总结的价值。

［**范文**］

石台县里仁镇政府 2018 年工作总结

第五节 述职报告

一、述职报告的概念

述职报告是指各级机关、团体、企事业单位担任一定领导职务的干部、工作人员或专业技术人员，向所在工作单位群众、上级领导、上级授职机构等，陈述自己在一定时期内履行职责的情况、个人能力以及综合素质的情况等，进行自我评述的一种事务性文书。

二、述职报告的功能

（一）有利于考核评议

述职报告是管理和考核干部的重要形式，即对述职者的理论水平、道德品质、文化修养、业务能力等进行全面细致的考核和评议。对任职者个人来说，述职报告有利于自审和提高，从而改进工作；对于单位或部门来说，述职报告有利于考核干部，便于群众进行民主监督。

（二）有利于保证监督

述职者通过汇报履行岗位职责的情况，让上级领导、单位群众进行监督，是述职报告的一个重要功能。述职报告要体现出上级领导通过对述职者的有效监督来实现有效考核，将监督具体化，有利于密切干群关系。

（三）有利于培养人才

述职者以述职报告进行自评，也是一个发现、培养、选拔人才的过程。人们对述职者德、能、勤、绩、廉等履行情况和潜能的全面了解，对其综合素质与能力的深入考察，有利于自我认识、学习和提高。

三、述职报告的特点

（一）确定性

述职报告的确定性包括：一是确定实绩，即报告人工作成就和贡献究竟怎样要有肯定性意见；二是确定能力，即能力的具体表现如何有实实在在的反映；三是确定内容必须真实，即事实清楚可信、可评。

（二）真实性

真实性是述职报告的灵魂。对自己任期内表现做自我评价和鉴定，必须严肃认真，绝不允许避重就轻、浮夸政绩、弄虚作假，必须有依据、有事实，真实地反映述职者的全面情况。

（三）庄重性

述职者述职是一项非常严肃的工作。庄重性表现在用语得体，陈述准确；行为举止礼貌谦逊，诚恳朴实；内容真实，不夸夸其谈，不浮华掩饰；自我评议实在可信。

（四）呈现性

呈现事实是述职报告的一大要求。把自己的工作实绩、能力、素质和潜力呈现出来，不回避问题、困难和自己应该承担的责任，不忌讳自己的希望和要求，呈现性正是述职者敢于正视现实的表达。

（五）文档性

述职报告更多来自领导者的述职，这样的述职报告要上级和广大群众进行评判，具有相当的资料性特征，比一般性的总结等更有文档价值，可以作为有效的资料备份，作为一种特别的资料予以保留。

四、述职报告的类型

（一）述职报告按述职者的不同分类

述职报告按述职者的不同分类为个人述职报告、集体述职报告、领导班子述职报告、特定的领导述职报告等。

（二）述职报告按内容的不同分类

述职报告按内容的不同分类为综合性述职报告、专题性述职报告、单项性述职报告等。

（三）述职报告按时限的不同分类

述职报告按时限的不同分类为任期述职报告、年度述职报告、临时述职报告等。

（四）述职报告按报告制度的不同分类

述职报告按报告制度的不同分类为个人或集体应急性述职报告、定期例行性述职报告、不定期指定性述职报告。

五、述职报告的结构

述职报告由标题、正文、结尾与落款、附件四部分组成。

（一）标题

述职报告一般有四种标题。一是公文式标题又称完全式标题，由单位名称、述职者职务、述职者姓名、任职时限和文种构成，如《××省××厅××厅长××年度述职报告》等；也有不要求时限的，如《××市××市长述职报告》等。二是新闻式标题，由正副标题构成。正标题提示内容主题，副标题由人称、文种组成，如《恪尽职守搞活经济——我的述职报告》等。三是由时限、文种构成，如《2018 年度述职报告》。四是仅由文种构成，如《述职报告》。

（二）正文

述职报告的正文一般由前言、履行职责情况、存在的问题、今后努力的方向几部分组成。

1. 前言

述职报告前言部分的内容一般有述职者身份、职责、述职期限、范围、自我评价等，是述职报告的提纲式表现。前言部分要求提纲挈领，简明扼要，高度概括。

2. 履行职责情况

这是述职报告的核心和主体。此部分主要写个人的成绩，即交代自己在任期内的主要职责，担任的具体工作，有何主要成绩和具体的成果、有何种经验等。由于行业、职务、主管或分管的工作等不同，个人能力和实绩不同，因此述职报告的写法各异，内容有所不同。履行职责情况的内容，或按时间顺序排列，或按工作内容排列，或按由此及彼、由表及里、层层推进的逻辑顺序排列，可不拘一格。这部分内容要力求观点鲜明、事实确凿、分析合理、归纳精辟。

3. 存在的问题

述职报告必须要指出存在的问题、缺点、失误和教训，要实事求是，有理有据，客观公正，对自己有真实的分析和恰当的评估。同时，这部分应该写出原因，提出明确的改进意见，做到态度端正、意见中肯。

4. 今后努力的方向

这部分应表明自己的态度，即今后的决心、打算、愿望、努力方向等，同时对今后工作提出建议、初步意见，表示自己的真诚和信心。这部分要简洁、明快，表意诚恳。

（三）结尾与落款

述职报告一般用几句表态性的话语结束全文。由于在“今后努力的方向”中已有决心、打算等内容，此处可以不必再写。结尾可用“专此述职”或“以上报告，请领导和同志们批评指正”等之类的句子结束全文。

落款要写明述职者的单位、姓名、职务、述职时间。如果标题下已经写明，此处可不写。

（四）附件

附件是述职报告所必需的附属材料，即相关的证明材料、统计表、补充文件等，一般写在报告末尾左下方。

六、述职报告与个人总结的区别

第一，目的不同。述职报告以陈述德、能、勤、绩、廉为内容，为上级和有关部门选拔、培养、使用、调配干部等提供依据；个人总结在于肯定成绩，改正不足，目的明确而单一。第二，范围不同。述职报告的陈述范围在述职者的职权范围内；个人总结的陈述范围非常宽泛，更为自由。第三，内容不同。述职报告的重点在围绕述职者工作职责范围内的各个具体事项进行陈述，用事实说话，特定性明显；个人总结重在陈述工作得失，内容更宽泛。第四，写法不同。述职报告只能着眼于履行职责的范围，就事写事、论事、评事，立足点在实绩、问题等的考核与评价上，中心的确定性高；个人总结则有时间、空间的优势，可采用不同的方法。第五，形式不同，文种不同。述职报告注重的是动机和效果，强调质量，叙述较少，陈述严谨；个人总结常常采用夹叙夹议的方法，议论多于述职报告。第六，评价不同。述职报告限于有职有责者，最终考核的结果，常常涉及述职者的升迁、调整等；个人总结谁都可以写，两者评价的体系和结论不同。

七、述职报告的写作要求

（一）把握写法

述职报告常见的写法有三种：一是重点式，即充分反映自己在任期内的有创造性和开拓性的重点工作与重要实绩，写出重点，突出中心，其余的点到为止。二是顺时式，即按工作进程，以时间为序，逐一写出自己的工作情况。三是条款式，即将工作分为多个部分或层次，具体以分条列项的形式来陈述工作。写作时要从实际出发，选择最适合自己写作习惯的形式，再从详略、条理、简洁等入手写好述职报告。

（二）注重表达

述职报告的表达非常重要：要实事求是，不说大话、假话、套话、空话，对实绩不夸大或缩小，不回避矛盾；要比较实绩，突出价值，突出创造性、开拓性以提升价值；要展示能力，注意形象，增加亲和力和内聚力；要表述清楚，用语通俗。述职报告以叙为主，议不过头，陈述不冗长，表达不累赘。语言简练、严谨、朴实，有凝聚力、表现力。

（三）突出个性

述职是个人的一种特别行为，也是展示自己、塑造自己形象的机会和过程。述职报告的写作要抓重点、抓关键，以最能显示自己实绩的闪光点来写。具体述职时，述职者要注意自己的着装、肢体语言的运用，有自己的表情特点，突出自己独有的气质、风格，展示自己的人格和魅力。

［**范文**］

2018 年个人述职报告

第六节　规章制度

一、规章制度的概念

规章制度是国家机关、社会团体、企事业单位，在一定的范围内要求有关人员共同遵守的，为规范人们的行为而制定的一种具有法规性和约束力的文书。规章制度包括章程、规定、条例等不同文种。

二、规章制度的功能

（一）指导作用

规章制度是法律文本具体化的表现形式。规章制度为人们提供了细化的行为准则，要求人们遵守相关制度，规范自身行为，履行自己的职责和义务，从而增强社会责任感、公共道德感，指导作用非常明确。

（二）管理作用

规章制度是依法制定的，管理作用是其根本功能。人们可以依据规章制度进行有效的综合性管理，保障大家有序的学习和工作，促进社会和谐。规章制度的执行过程就是实现目标的过程，具有重要的管理性。

（三）规范作用

规章制度的规范作用主要体现在：可以成为人们行为的准则；可以预见和分析规章制度的实际效果；可以防止管理的任意性；可以确保人们的合法权益；可以为制定新的规章制度提供经验和教训。

三、规章制度的特点

（一）约束性

规章制度是带有法规性或行政约束力的事务性文书，在一定的范围内，对有关人员和单位都具有不同程度的强制性。规章制度一经正式颁布，就要求相应的对象遵照执行，不能有任何的消极态度和抵触情绪。

（二）鲜明性

规章制度的条款具体而清楚，如何理解、怎样执行、应当做和不能做的界限非常清楚，态度鲜明。人们必须统一认识，统一行动，以共同的理解来坚决执行。

（三）针对性

规章制度总是从实际出发，因事而定，有的放矢，针对性非常强。有了针对性的保证，才能准确无误地抓住要解决的矛盾，处理问题的效果才能立竿见影。

（四）严谨性

规章制度具有法规效力，代表了法律、法规的权威和尊严，严谨性表现在目的明确、制定细致、逻辑严密、内容具体、格式规范、条款清楚、用语准确。同时，规章制度的严谨性还要做到与相关法律、法规精神一致。

（五）法规性

规章制度是法律、法规的具体化表现形式和内在精神的延伸，必须符合国家法律、规定的规定，不能自作主张，各行其是。规章制度是国家法律的细化，必须以国家相关的政策作为依据。

（六）概括性

规章制度涵盖面广，条目众多，要求具体，必须要注重概括性。概括性主要表现在具体条目上的抓大放小，突出精要，条款精短，表意清楚。

四、规章制度的类型

规章制度的种类很多，我们常用的主要有以下几种：

（一）章程

章程是政党或社会团体等组织，用于规定自身的性质、宗旨、组织机构、活动形式和行动准则等内部事务的文书，如《中国工会章程》等。

（二）条例

条例是指导某些工作、重大事项、活动的原则性规定和要求的法规性文书。条例带有指令性，一般要经国家权力机关或行政机关重要会议通过并颁布，具有长期执行效力，如《住房公积金管理条例》等。

（三）规定

规定是针对某一具体事项、工作或活动做出的规范性要求及措施，用以统一人们行动，要求有关人员贯彻执行的专用文书。条例大于规定，更全面，规定则更具体详尽，如《关于节约用水的规定》等。

（四）办法

办法是行政机关就某项工作或活动提出的具体做法、制定的相关要求的专用文书。办法具行业法规性质，应用范围更为广泛，如《湖北省公路客运交通安全管理办法》等。

（五）细则

细则是对某些条例、规定中的部分条文进行解释或说明所制定的详细规定，如《国务院工作细则》等。

（六）守则

守则是共同遵守的规则，是相关部门单位为规范所属成员行为和提高道德规范水平，创造更好的工作、学习环境制定的文书，如《中小学生守则》等。

（七）须知

须知是有关部门、单位为维护正常秩序，对所从事的活动必须知道的事项，为安排好某项具体活动、完成好某项工作而制定的具有指导性、规定性的文书，如《参观须知》等。

（八）公约

公约是广大群众、社会组织、系统、行业成员等，在自愿的基础上，经过广泛的讨论，达成一致的意见而制定的行为准则和道德规范，如《文明公约》《爱国卫生公约》等。

五、规章制度的结构

规章制度的种类不同，内容、范围各异，写作格式和方法也有所不同，但一般的格式是相同的，包括标题、正文、落款三部分。

（一）标题

标题大体上分为六种：一种是由发文单位名称、事由、文种构成，如《国务院关于职工工作时间的规定》等；第二种由事由、文种构成，如《工伤保险条例》等；第三种由发文单位名称、文种构成，如《四川经济学会章程》等；第四种由适用对象、事由、文种构成，如《河北省人民调解工作规定》等；第五种由适用对象、文种构成，如《中小学生守则》等；第六种只有文种，如《公约》。

如果制定的规章制度是草案或暂行、试行的，可在标题内写明，也可在标题后加括号注明。

（二）正文

规章制度的种类不同，结构安排与写法存在区别。常见的有章条式、条款式两种。

1. 章条式

章条式又称繁式，其结构方式适用于表述内容比较复杂的规章制度，如条例、章程、办法等。其内容可分为总则、分则、附则三部分。

（1）总则。总则一般列为第一章，可用小标题写明“总则”再分若干条，是全文的开头部分，类似于文章的前言，对全文起统领作用。指导思想、基本原则、实施机关、适用对象、适用范围、制定依据和目的等，都要在总则中反映出来。

（2）分则。第一章后的部分叫分则。分则是规章制度的主体部分，一般是一个问题为一章，分若干章，每章设有小标题，表明本章的主旨。每章再分若干条来具体写明规章制度的方法、步骤、措施、要求等。

（3）附则。附则是规章制度的结尾部分，用来说明该规章制度的生效日期、批准权限以及补充说明等，可列为最后一章，用小标题注明“附则”。附则只设一章，下分若干条，也有附在最后不单独成章的。

2. 条款式

条款式又称简式，内容较单一、篇幅较短。条款式不分章，而是分条列项加以阐述。一般可分为两种：一种由缘由（根据）、主体部分、执行说明三部分构成。缘由或根据的内容一般在第一条和第二条，简要说明制定规章制度的目的、意义、依据。主体部分说明规章制度的具体事项、要求、措施等。执行说明的内容一般在最后的一两条，说明施行时间、解释权等。另一种是主体条文式条款，这种形式分前言和主体两部分。前言不设条，只用简明扼要的文字概述制文的目的、依据、性质、意义。主体部分则分若干条款进行说明。

（三）落款

落款有两种情况：一种是在正文末尾右下方写明制定本规章制度的单位名称，名称下写明发文日期。另一种是直接写在规章制度的标题下，包括通过或批准日期、发布日期，并用小圆括号括起来。

六、规章制度的写作要求

（一）依法制定，联系实际

规章制度必须依法制定，要以国家的法律、法规和政策的要求为基础，制定的规章制度不能与上述法规有任何的违背和抵触。同时，规章制度必须联系实际，因地制宜，根据现实的情况、要求，有针对性地确定内容，制定条款，做到切实可行。

（二）条文具体，用语简洁

制定规章制度有明确的要求，在结构及谋篇布局上带有一定的格式化特点，容易把握。在具体写作时一要保证规章制度的内容全面具体、准确无误；二要层次分明，条款清楚，条理明确，表达充分；三要语言表达严谨、简洁、规范。其中，尤其要注意条文的具体清晰。

（三）征求意见，切实可行

规章制度要有可操作性，得到人们的支持和赞同，就必须广泛征求意见，反复修改，认真推敲。规章制度必须要与其他同类的规章制度没有内容、条款上的冲突和抵触；要与上级机关、部门的有关要求和口径一致，避免出现矛盾或混淆；要认真分析规章制度执行的条件、效果、人们的接受程度，坚持可行、务实的原则，突出法规性、规范性、约束力和公认度；要坚持上下结合，发扬民主，多审多议，及时补充调整。

［范文］

全国大学生交通科技大赛章程

公务员调任规定（试行）

教育部直属师范大学
师范生公费教育实施办法

［思考与练习］

一、做好会议记录有哪些要求？

二、如何理解“简报贵在简”的含义？

三、简述计划的特点。

四、总结有哪些常见的类型？

五、调查报告的重要作用体现在哪些方面？

六、为什么要强调述职报告内容的真实？

七、请根据你校同学学习情况写一份反映真实情况的简报。

八、高校学生利用假期兼职已比较普遍。请根据你校同学兼职的情况写一份调查报告。

九、选择题

1. 会议记录一般有（　　）。

A. 重点记录和全面记录　　B. 重点记录　　C. 专题记录和一般记录

2. 简报可以按不同的内容等来划分类型。一般常用的类型有（　　）。
A. 5 种　　B. 6 种　　C. 4 种
3. 调查报告可以作为公文的重要附件，被普遍视为（　　）。
A. 机关事务文书和管理应用文　B. 事务文书　　C. 配套文书
4. 调查报告的调查方法中，常用的有普遍调查、典型调查等（　　）。
A. 6 种　　B. 5 种　　C. 8 种
5. 调查的全面与否，对调查报告体现的真实性等价值（　　）。
A. 没有影响　　B. 影响不大　　C. 有极大的影响
6. 计划主体主要有（　　）内容要素。
A. 谋划、落实和总结　　B. 目标和落实　　C. 措施和步骤
7. 总结正文的结构形式不拘一格，常见的有四段式等（　　）。
A. 4 种　　B. 6 种　　C. 8 种
8. 总结的表述多用（　　）进行表达，搭配十分重要。
A. 叙议不分　　B. 夹叙夹议,或叙或议　C. 表达自由
9. 述职报告的正文主要由前言等（　　）构成，有一定的固定格式。
A. 4 部分　　B. 6 部分　　C. 3 部分
10. 规章制度是具有（　　）的文书。
A. 固定格式　　B. 法规性和知晓性　　C. 法规性和约束力

十、判断题

1. 会议记录与会议纪要的区别就在于文种不同而已。（　　）
2. 强调简报的“简、新、准、专业、时效”是正确的。（　　）
3. 总结与调查报告的不同点在于功能、写法、写作时间不同。（　　）
4. 新闻与调查报告存在时效性与新闻性的相通。（　　）
5. 调查报告类型较多，要从实际出发，做到“为我所用”。（　　）
6. 调查报告只要真实，其典型性、针对性酌情考虑就行了。（　　）
7. 短期做的计划叫“安排”或“考虑”。（　　）
8. 总结来自实践，因此具有指导性、典型性和证明性。（　　）
9. 述职报告与个人总结主要有 6 个不同点。（　　）
10. 规章制度是一种具有法规性和约束力的文书。（　　）

参考答案

第四章　日常应用类文体

第一节　欢迎词、欢送词、答谢词

一、欢迎词、欢送词、答谢词的概念

主办方或主人对来宾的到来表示欢迎，在各种酒会、宴会、晚会或他形式的聚会上使用的讲话稿就是欢迎词。

主办方或主人为表示友谊和惜别不舍之情，在各种酒会、宴会、晚会或他形式的聚会上使用的讲话稿就是欢送词。

来宾在各种酒会、宴会、晚会或其他形式的聚会上，对主办方或主人的热情款待表示谢意或感激之情的讲话稿就是答谢词。

二、欢迎词、欢送词、答谢词的功能

（一）扩大交流

酒会、宴会、晚会等特殊的场景所营造的轻松、和谐、热情等氛围，宾客之间最容易畅所欲言，各抒己见，交流真诚坦率。交流的深度与广度特别明显，其交流的数量与质量也特别引人注目。

（二）增进交往

酒会、宴会、晚会等聚会使主客、宾客直接相见，彼此交流更容易找到相似点而达成共识，可以促进彼此更多的来往，把交流变为友谊，变为具有更多实质内容的各种交往。

（三）促进传播

酒会、宴会、晚会等本身就是一个有数量和质量优势的信息平台。人们的相识、交流，促进了各种信息的传播与吸收，对各种信息的利用、反馈更为有效，具有特殊的作用。

三、欢迎词、欢送词、答谢词的特点

（一）礼节性

出于礼节需要而进行的欢迎、欢送、答谢，是欢迎词、欢送词、答谢词的基本点。这

种“礼尚往来”也是表现主客、宾客互相尊重、关系和谐的必要形式。

（二）交往性

交往性，即可以协调公共关系，建立彼此的共同点；促进人际交往，提高彼此交往的数量与质量；在交往中发展事务，取得具体实效。

（三）规范性

欢迎词、欢送词、答谢词在人们长期的约定俗成中形成的相对稳定的格式，有不同称谓与内容，但形式上大同小异，规范性特点突出。

（四）情感性

无论是欢迎、欢送、答谢，都有比较热烈氛围，极容易展示情感的内涵。因此，以情感人、以情动人、以情联系的特点非常突出。

四、欢迎词、欢送词、答谢词的类型

欢迎词、欢送词、答谢词从文体的表现上分类为即兴演说、现场讲演、报纸杂志等媒体的文字型或语言型的欢迎词、欢送词、答谢词。

欢迎词、欢送词、答谢词从文体的社会交往或公关性质上分类为公事往来、朋友聚会和私人交往的欢迎词、欢送词、答谢词。

五、欢迎词、欢送词、答谢词的结构

（一）标题

标题一般有两种表现形式：一种是仅以文种命名，如《欢迎词》《欢送词》《答谢词》等；另一种由场合、文体构成，如《在××宴会上的欢迎词》等，这样的标题常常用于比较庄重、盛大的聚会。

（二）称谓

称谓，即称呼。称谓前根据来宾等的身份、地位来确定其敬语的使用并要顶格写。称谓前一般加“尊敬的”“亲爱的”等敬语。

（三）正文

开头部分包括表明致词者的身份，对表示欢迎、欢送或答谢的对象、缘由、款待表示感谢等必要的交代。主体部分依据具体对象，指出聚会的意义、目的或影响；表示自己的感想、心情，强调合作、交流等的重要性及其成果；提出新的希望、看法、思考等，意在展示未来的合作等前景。在答谢词的主体部分中还可以突出对主人的真诚、热情等表示再次的谢意；对款待、安排等表示由衷的感激；等等。

（四）结尾

结尾是强调或深化主体中的部分内容，如新的希望、加强合作的意愿等，重在指出其意义或具有的影响；再次真诚表示欢迎、欢送或答谢的感谢之情，突出自己的祝贺、祝愿、祝福的心情或愿望。

六、欢迎词、欢送词、答谢词的写作要求

（一）言简意赅

欢迎、欢送、答谢的致词要语言精练，语气生动，用语简明而蕴涵深刻，语气热情而情致丰富，热情洋溢又奔放有致，表现和谐大度。

（二）议论精当

欢迎词、欢送词、答谢词常常是议论和陈述并举，而议论居于重要位置。议论常常用于展示致词的主旨，议论精当，注重论而见新。

（三）营造典型

欢迎、欢送、答谢特别要注意用典型事例来展开内容，营造气氛贯穿始终。

［范文］欢迎词

尊敬的各位领导、贵宾、朋友：

值此集团公司成立25周年之际，请允许我代表集团公司，并以我个人的名义，向各位领导、贵宾、朋友表示热烈的欢迎，并致以诚挚的谢意！

“有朋自远方来，不亦乐乎。”集团公司能取得今天的成绩，离不开朋友们的真诚合作和大力支持。我们真诚希望在上级领导的悉心关怀下，彼此更深入地发展相互间的友好合作关系，携手共进，创造更加辉煌的未来。

再次感谢各位莅临！

2019年3月18日

［范文］欢送词

朋友们：

今天，在格尔教授访问了我国的许多地方之后，我们再次欢聚一堂，感到特别亲切和愉快。格尔教授将于明天回国。

格尔教授是我们的一位老朋友。他在我国逗留期间，仔细地考查了我们的政治、经济、文化和教育的发展情况。我们诚恳地希望格尔教授给我们提出批评、指导和宝贵意见，以便我们改进工作。

我们愿借此机会请求格尔教授转达我们对他的国家的人民的深厚友谊，以及我们对他们的亲切问候和敬意。祝格尔教授一路平安，身体健康。

谢谢！

2018年12月16日

［范文］答谢词

女士们，先生们，朋友们：

我以夫人和我本人的名义，非常感谢你们对我在贵国期间所进行的考察的关心与支持。

在过去的日子里，我对贵国的高等教育有了新的认识和见解。在考察期间，我看到了贵国致力于教育发展的决心，看到了我的同行们的潜心研究以及学生们学习与思维的改变。这些都给我留下了深刻的印象。我还与贵国的教育官员与学校的同仁们进行了有益的交流，认真、坦率地交换了意见，对共同关心的课题有了相当的认识。

明天我们就要离开北京。我们会带着你们的祝愿记住你们。

谢谢！

2019年2月28日

第二节　祝词、贺词、贺信、贺电

一、祝词、贺词、贺信、贺电的概念

祝词、贺词、贺信、贺电是专用性极强的文书。它们主要用于对各种人、各种不同的事和物等进行祝愿、祝贺等，使用极为广泛。

二、祝词、贺词、贺信、贺电的功能

（一）联系沟通

祝词、贺词、贺信、贺电是联络感情、建立关系、促进友谊、加强合作的重要手段。它们表现力丰富，感染力强，突出良好的祝愿、恭贺、喜庆之意来鼓励或感动对方，具有极强的沟通作用。

（二）表彰鼓励

祝词、贺词、贺信、贺电通过祝贺、祝愿等形式，对对方进行肯定、表彰、赞美、评价、鼓励等，表现对其期待、希望所在，从而实现更多交流、和谐、鼓励和共进。

（三）促进交往

祝词、贺词、贺信、贺电是纽带，也是桥梁。它们以极好的祝愿、赞美的形式进行交往；在特定的氛围中进行交往，常常有预料不到的良好效果，可以促进人际关系更全面、健康地发展。

三、祝词、贺词、贺信、贺电的特点

（一）祝贺性

表示祝贺、喜庆，进行鼓励、赞美等，是祝词、贺词、贺信、贺电的基本出发点，祝贺性是祝词、贺词、贺信、贺电的立文之本。

（二）表彰性

肯定、评价、鼓励、表彰是祝词、贺词、贺信、贺电的重要内容。具备这样的内容，使祝贺、喜庆等主旨得以突出、升华，以取得更大的综合效果。

（三）情感性

祝词、贺词、贺信、贺电用语讲究，内涵丰富，常常寓情于其中，热情洋溢，极富感染力与鼓动性，特别利于营造氛围，优势独特。

四、祝词、贺词、贺信、贺电的类型

（一）祝词（贺词、贺信、贺电）按祝贺的不同对象分类

祝词（贺词、贺信、贺电）按祝贺的不同对象分类为亲人、朋友等的生日祝词（贺词、贺信、贺电）、婚嫁祝词（贺词、贺信、贺电）、开业祝词（贺词、贺信、贺电）、获奖祝词（贺词、贺信、贺电）、政府间祝词（贺词、贺信、贺电）、酒宴和晚会等祝词（贺词、贺信、贺电）、单位间祝词（贺词、贺信、贺电）、不同国家领导人的祝词（贺词、贺信、贺电）等。

（二）祝词（贺词、贺信、贺电）按祝贺不同形式分类

祝词（贺词、贺信、贺电）按祝贺的不同形式分类为专稿形式的祝词（贺词、贺信、贺电）、电报祝词（贺词、贺信、贺电）、电传祝词（贺词、贺信、贺电）、电子邮件祝词（贺词、贺信、贺电）、信函祝词（贺词、贺信、贺电）、委托性祝词（贺词、贺信、贺电）、现场即兴祝词（贺词）等。

五、祝词、贺词、贺信、贺电的结构

（一）标题

祝词、贺词、贺信、贺电常用的标题主要有四种：一是由文种直接作为标题，如《祝酒词》等；二是由祝贺者加上文种作为标题，如《××校长 2019 年新年贺词》等；三是由事由加上文种作为标题，如《国庆祝词》等；四是由祝贺者加上祝贺对象和文种作为标题，如《习近平致信祝贺中国人民大学建校 80 周年》等。

（二）称谓

称谓，即祝贺对象的称呼。一般采用的称谓有“女士们、先生们”“尊敬的女士们、先生们”“贵宾们、朋友们”等。这里要注意不同的对象有不同的称谓，有一个先后顺序

和恰当安排的问题；对象存在个人或集体的不同称谓，要注意区分清楚。

（三）正文

1. 开头

祝词、贺词、贺信、贺电的开头一般自成一段，目的在于简明扼要地说明祝贺的对象、缘由等，同时要表达祝贺者的祝愿、贺喜等情致，也由此承上启下进入正文。

2. 主体

祝词、贺词、贺信、贺电的主体要根据对象的不同情况采取不同的祝贺方式，内容不尽相同。主体一般采用概括式叙述、说明或议论的方法，主要内容有表明被祝贺、贺喜等事由的影响、意义、作用；指出并赞扬对方实绩，予以充分肯定或评价；表示与对象的友谊、交流、合作等的重要性、必要性；展示双方未来关系的发展、合作前景等良好意愿或志向；等等。

3. 结尾

结尾部分主要表达对对象良好的希望、祝愿等内容。结尾用语简练，与开头形成一定的呼应，也是表示自己情感的一个重点。

（四）落款

落款有两种情况：一种是在全文标题下由祝贺单位或个人署名，在全文结束后的右下方写上日期；另一种是署名与祝贺时间均放在全文结束后的右下方，署名之下再写明时间。

六、祝词、贺词、贺信、贺电的区别

祝词又称“祝辞”，与贺词含义不同，但在一定的场合下可以互换使用。两者的区别在于：祝词对所祝贺的对象有祝愿、期待、鼓励之意，贺词对所祝贺的对象更多的是贺喜、赞美、颂扬；祝词里被祝愿的对象可能是正在进行的某事、某物，不求完备，贺词则反之。贺信和贺电的区别在于贺信与贺电内容存量不同，但所贺所赞同样的对象，内容大同小异，贺电在一定程度上是对贺信的“浓缩”；贺信可以寄送，也可以到场亲自诵读，如果祝贺者因故不能到场或距祝贺对象太远等，则用贺电为宜。

七、祝词、贺词、贺信、贺电的写作要求

（一）用语精辟简练

祝词、贺词、贺信、贺电的用语一定要精炼，强调明快、流畅，妙语点题，直推祝贺主旨。祝词、贺词、贺信、贺电要了解祝贺对象，杜绝辞藻华丽、刻意渲染、语言激情化倾向。

（二）内容灵活多变

祝词、贺词、贺信、贺电有一定的格式，但祝贺方式多样，内容任意性比较大，以使内容新颖，祝贺得体。写作时需要注意：一是内容真实，二是内容具体，三是切合对方实际，因人而异，注重表现充分。

（三）营造喜庆和谐

祝词、贺词、贺信、贺电祝贺的氛围要达到喜庆和谐，写作应不拘一格而有新意，要注意用语简练，切忌堆砌，力求表现的新颖、情感的热烈，做到张弛有度、高雅和谐，并注意个人行为举止对营造氛围的作用和表现细节。

（四）表现灵活多变

祝词、贺词、贺信、贺电可以不拘一格，力求推陈出新，独树一帜，即采用非应用文体进行祝贺，如利用诗歌、对联可使祝贺高度凝练，含义更为委婉深刻。

（五）概括集中形象

对祝贺对象的实绩、成就等进行的概括要高度集中，着力于塑造形象，使对方真实可感，给人的印象深刻。概括主要表现在对祝贺的人和事等的概括，犹如画龙点睛，使形象感宛如春风扑面。

［**范文**］

国家主席习近平2019年新年贺词

国务院总理李克强在
庆祝中华人民共和国成立69周年招待会上的祝词

习近平致中国人民大学建校80周年的贺信

习近平对国产大型水陆两栖飞机AG600水上首飞成功的贺电

第三节　开幕词、闭幕词

一、开幕词、闭幕词的概念

开幕词又称开幕致词、开幕辞，是相关领导、会议主持人代表组织宣布会议意义、宗旨、议程、要求等的讲话稿。

闭幕词又称闭幕致词、闭幕辞，是相关领导、会议主持人在会议即将结束时，对会议所做的总结性讲话。

二、开幕词、闭幕词的功能

（一）祝贺与总结

开幕词与闭幕词关系密切，前者祝贺开头，用于会议开场，指出会议宗旨、意义、目的、议程等；后者总结收尾，对会议进行评价、总结，提出新的奋斗目标等，祝贺与总结并举的特征明显。

（二）指导与鼓动

开幕词提出会议宗旨、意义、目的、议程等，有对会议的实质性工作安排，具有明显的指导作用；闭幕词既有对会议的肯定、评价、总结，又有今后的奋斗目标，号召、鼓动、激励作用非常突出。

三、开幕词、闭幕词的特点

（一）简明性

开幕词与闭幕词的简明性十分突出，主要表现在讲话简洁明快，言简意赅，内容或主题清楚，有一定的口语效果，易于理解。

（二）鼓动性

开幕词、闭幕词被广泛用于各种会议与活动，必然会宣传主张、表明态度、阐述立场、进行号召等，因此鼓动性非常明显。

（三）概括性

开幕词、闭幕词提出的会议或活动的精神、意义、安排、议题、取得的成果等，长话短说，短话精说，讲究深度，有高度概括性。

四、开幕词、闭幕词的类型

（一）开幕词和闭幕词按形式不同分类

开幕词和闭幕词按形式不同分类为会议型的开幕词或闭幕词、服务活动型的开幕词或闭幕词、特殊或特定的开幕词或闭幕词等。

（二）开幕词和闭幕词按性质不同分类

开幕词和闭幕词按性质不同分类为重大会议或活动的开幕词或闭幕词、一般性会议或活动的开幕词或闭幕词等。

（三）开幕词和闭幕词按内容不同分类

开幕词和闭幕词按内容不同分类为各种会议的开幕词或闭幕词、各种活动的开幕词或闭幕词、综合性内容的开幕词或闭幕词、单一内容的开幕词或闭幕词等。

五、开幕词、闭幕词的结构

（一）标题

一是文种直接构成标题，如《开幕词》或《闭幕词》；二是由会议名称加上文种构成标题，如《2018 年商品交易会开幕词》等；三是由正标题、副标题、会议名称加上文种构成标题，其中正标题提示中心内容，副标题说明会议名称，如《继往开来 与时俱进——第十三届全国人大一次会议闭幕词》等。

（二）称谓

称谓，即对与会者的称呼。不同的对象有不同的称谓，一般有“同志们、朋友们”“女士们、先生们”“贵宾们、朋友们”等。称谓要注意先后顺序，恰当安排。

（三）正文

正文由开头、主体和结尾三部分构成。

1. 开头

开幕词和闭幕词的开头都比较简短，是主体部分的必要铺垫。开幕词的开头一般有宣布开幕、表示祝贺、欢迎来宾、简述议题、人员介绍、日程安排等内容。闭幕词的开头则说明会议成功召开，实现了议题，完成了使命而即将闭幕。

2. 主体

开幕词的基本内容有：一是对与会人员、日程安排等进行必要的说明；二是重在阐明会议的背景、意义、主题、要求等；三是阐释会议的基本路线、指导思想、贯彻的目标等。开幕词重在展开会议主线、脉络，对整个会议程序有清楚的交代，具有给会议“定调”的意味。

闭幕词的主体部分在宣布会议即将闭幕时，主要概括的内容有对会议成果进行评价与总结、提出具体任务、提出今后的奋斗目标等。闭幕词重在评价会议成果，是一种概括式的总结。

3. 结尾

结尾常常以“预祝大会圆满成功”“祝大会胜利闭幕”等语句来表示祝贺、肯定、期待、希望之情，对会议进行祝愿、庆贺。

六、开幕词、闭幕词的写作要求

（一）准备充分，注重实效

撰写开幕词、闭幕词必须熟知会议目标、主题、要求、议程等，要有针对性地拟稿；具体把握参会人员、责任落实等真实数据；清楚整个会议进展情况或变化状态。开幕词、闭幕词的写作要务实求真，看重实效。

（二）突出中心，层次得当

开幕词、闭幕词的写作要有的放矢、抓住中心，利于突出会议主题，使与会者明确目的，知晓努力方向。写文稿要注意层次安排、听众接受程度等，从而做到一中心、多层次，清晰完整地推出会议主旨。

（三）用语简洁，通俗易懂

一要语言明快，不乏热情，有一定的感染力；二要注意少用含有一些典故、成语的词汇；三要少量使用口语以增加亲和力。

（四）称谓恰当，激励适宜

称谓恰当得体，即称谓与会议性质一致、与参加者身份一致、与大会基本要求一致。使用激励性语言，要语气坚定，切忌华而不实。

［**范文**］

国家主席习近平在二十国集团领导人杭州峰会上的开幕词

中国文联第十次全国代表大会闭幕词

第四节　表扬信、感谢信、慰问信

一、表扬信、感谢信、慰问信的概念

表扬信是对个人或群体的事迹、品质等进行表扬的信件。感谢信是对个人或群体的作为、行动等进行感谢的信件。慰问信是对个人、群体、地区、国家等进行问候以表示关心、爱护、鼓励等的信件。

二、表扬信、感谢信、慰问信的功能

（一）树新风，扬正气

表扬信、感谢信、慰问信肯定先进，关怀、赞美对象，突出其感人事迹、品质或道德情操等，树立新风，弘扬正气，对促进社会和谐、改善人际关系有非常积极的意义。

（二）赞先进，促后进

表扬信、感谢信、慰问信就是通过宣传，以点带面，影响全局，树立先进，鼓励和激励人们不断上进，积极进取，共同进步。这也是其立文的根本目的。

（三）讲团结，鼓斗志

对先进事迹、人物等的表扬、感谢、慰问，增进了团结和沟通，使人们受到教育、鞭策、鼓舞。这是表扬信、感谢信、慰问信的又一大功能。

三、表扬信、感谢信、慰问信的特点

（一）针对性

表扬信、感谢信、慰问信有一事一表扬、一事一感谢、一事一慰问的明显特点，就一件事等进行赞扬、感谢、慰问，针对性极强。

（二）鼓动性

表扬信、感谢信、慰问信中表扬、感谢、慰问情意突出，赞美、夸奖、肯定、关怀等溢于言表，勉励对方百尺竿头更进一步的用意十分明显。或继续努力，或锦上添花，鼓动性始终贯穿其中。

（二）公开性

表扬信、感谢信、慰问信的形式多样，可阅读、张贴、登报、电台广播、电视播放、网络传播等，公开性明显，效果突出。

（三）时限性

表扬信、感谢信、慰问信对表扬、感谢、慰问的对象，即相关的人和事有时限要求，不能拖延，及时进行表扬、感谢或慰问是其基本要求。

（四）真实性

表扬信、感谢信、慰问信要公开宣传，弘扬精神，展示风貌，鼓励前进，因此内容必须真实，否则会贻误大众。

四、表扬信、感谢信、慰问信的类型

（一）表扬信、感谢信、慰问信按受信对象分类

表扬信、感谢信、慰问信按受信对象分类为对个人的表扬信、感谢信、慰问信，对集体的表扬信、感谢信、慰问信等。

（二）表扬信、感谢信、慰问信按表现形式分类

表扬信、感谢信、慰问信按表现形式分类为阅读的表扬信、感谢信、慰问信，张贴的表扬信、感谢信、慰问信，广播的表扬信、感谢信、慰问信，电视播放的表扬信、感谢信、慰问信等。

（三）表扬信、感谢信、慰问信按内容不同分类

表扬信、感谢信、慰问信按内容不同分类为工作上的表扬信、感谢信、慰问信，生活上的表扬信、感谢信、慰问信，特殊内容的表扬信、感谢信、慰问信等。

五、表扬信、感谢信、慰问信的结构

（一）标题

表扬信、感谢信、慰问信的标题有三种基本形式：一是直接以文种表示，如《表扬信》《感谢信》《慰问信》；二是由受信者加上文种构成，如《致中国科学院的感谢信》；三是由发文者、受文者加上文种构成，如《××致××大学的表扬信》。

（二）称谓

表扬信、感谢信、慰问信的称谓有三种情况：一是直接写个人姓名、集体名称或单位名称；二是在名称前冠以“尊敬的”等用词；三是如标题已经冠名，可以不写称谓。

（三）正文

表扬信、感谢信、慰问信的正文一要交代清楚必要的事件、事项、对象的基本情况等内容，突出意义，展示影响；二要在叙事基础上有恰当的议论，肯定、赞扬、激励、鼓舞更为明显；三要简练清楚地突出鞭策与激励作用；四要以祝愿、祝福的简洁语言进行结尾，如用“再致以最衷心的感谢”等语句结尾后，还可以用“此致敬礼”等词句另行左起以承上启下，过渡到署名和日期。

（四）署名和日期

写明发文者的姓名或发文单位的名称和发文日期。

六、表扬信、感谢信、慰问信的写作要求

（一）叙议结合，评价中肯

表扬信、感谢信、慰问信首先要对人或事有准确的交代，叙述在先，议论在后，或者夹叙夹议，要真实地反映出对象的实际情况。在议论中，写作者要注意评价得当，不得随意夸张、着力渲染。

（二）情感真挚，用语妥帖

表扬信、感谢信、慰问信应善于以情动人。其写作应注意：一是情感真实可信；二是情感表现要恰如其分；三是遣词造句要妥帖有致，用语真挚，切忌矫揉造作。

（三）行文简洁，表达清楚

表扬信、感谢信、慰问信要杜绝长篇大论，应突出简洁明快、错落有致；注重恰当的表现技巧，进行明确表达；注意细节铺垫，突出行文的主线或主题；对行文进行必要的修饰和润色，在表达、用词等方面进行必要的调整。

［**范文**］

表扬信

××学院：

在开展“全民文明礼貌月”活动中，你院的师生员工，不仅从自身做起、从本院做起，搞好了清洁卫生，注意了文明礼貌，而且多次利用休息日走上街头清理垃圾，维持交通秩序，开展法律咨询与宣传，义务为群众做好事，为建设精神文明做出了可喜的成绩。在此，市政府特授予你院“精神文明先进集体”的光荣称号。

希望你院师生，发扬优良作风，再接再厉，为取得更大成绩而努力！

××市人民政府

2018 年 6 月 8 日

国务院教育督导委员会办公室感谢信

××大学：

为贯彻党的十九大精神，切实做好对省级人民政府履行教育职责评价工作，督促地方各级人民政府切实履行教育职责，保障教育优先发展，努力办好人民满意的教育，我办于 2018 年 6 月 23 日至 30 日组织开展了对各省（自治区、直辖市）人民政府和新疆生产建设兵团履行教育职责评价实地核查工作。

你单位××同志作为秘书参与了本次实地核查工作。核查期间，该同志严守纪律，服从大局，积极沟通，用心服务，体现了良好的工作态度与专业素养，为本次实地核查工作的圆满完成做出了积极贡献。为此，对××同志的辛勤工作表示衷心感谢！

国务院教育督导委员会办公室

2018 年 7 月 17 日

潍坊市委、市政府慰问信

来潍支援抗灾救灾的广大武警消防官兵、爱心企业和各界人士：

今年第18号台风“温比亚”袭击我市，造成寿光市、青州市、临朐县、昌乐县等11个县市区的98个镇街、156.8万人受灾，直接经济损失超过100亿元。这是我市自1951年以来最严重的暴雨灾情灾害，来势之猛，强度之大，历史罕见。

面对特大暴雨灾害，在党中央、国务院和省委、省政府的坚强领导下，全市广大干部群众奋力抗灾救灾，努力把灾害损失降到最低。

洪水无情，人间有爱。在我市抗灾救灾的紧要关头，来自河北、天津、江苏等地及省内兄弟地市的10 800名武警消防官兵和胜利油田、山东水发集团等企业迅速驰援，携带抢险救灾设施、设备、器材奔赴寿光等救灾一线，当先锋、挑重担，加快排水、挖渠和水毁工程修复等，争分夺秒，日夜奋战，为保护受灾群众的生命财产安全无私奉献、奋力拼搏；社会各界人士积极捐款捐物、出人出力，采取多种形式给予帮助支持。你们挺身而出、无私援助的奉献精神，不怕疲劳、连续作战的拼搏精神，科学救援、严谨高效的务实精神，使我们深受感动、深感钦佩。你们的鼎力相助，极大地支持和鼓舞了灾区人民；你们的辛勤付出，有力推进了抗灾救灾进程。对此，市委、市政府特向你们表示亲切慰问，并致以崇高的敬意！

当前，我市的抗灾救灾各项工作正在有力有序推进，抗灾救灾取得重要阶段性成果，灾后重建工作已全面启动，灾区人心安定、社会稳定。我们坚信，在党中央、国务院和省委、省政府的坚强领导下，在你们的大力支持和帮助下，经过全市上下的共同努力，一定能够夺取抗灾救灾和恢复重建的全面胜利！

潍坊人民感谢你们！

中共潍坊市委　潍坊市人民政府

2018年8月28日

第五节　证明信、推荐信

一、证明信

（一）证明信的概念

证明信又称证明，是常用的应用文体，指单位、团体或个人用来证明身份或某件事情真实情况的专用书信。

（二）证明信的功能

1. 证明作用

证明信的基本作用就是证明。证明信通过一定的文字叙述，对某人或某事的真实情况进行必要的说明、介绍，从而使接受证明的单位、团体等得到正确的结论或清晰的认识。

2. 联系作用

证明信可以介绍情况，进行沟通，促进了解，加强单位、团体或个人之间的往来，其联系作用亦非常明显。

（三）证明信的特点

1. 证明性

证明信意在说明真实情况，揭示出人或事的固有特征或真实的基本概貌。因此，证明性是证明信最大的特点。

2. 真实性

真实性是证明信是否成立的根本。证明信的内容必须真实，要实事求是，证明的相关事情要言之有据，绝对不能弄虚作假。

3. 资料性

资料性，即文档性，证明信在对有关的人或事进行证明后，证明信可以存档备查，归入文档资料而成为重要的参考资料。

（四）证明信的类型

1. 证明信按类别分类

证明信按类别分类为单位、团体等出具的证明信，个人出具的证明信等。

2. 证明信按内容分类

证明信按内容分类为调查证明信、技术证明信、身份证明信、纳税证明信、职务证明信、学历证明信等。

3. 证明信按形式分类

证明信按形式分类为打印证明信、手写证明信、电子文本证明信、专门电传证明信、口述记录证明信等。

4. 证明信按证明范围、级别分类

证明信按证明范围、级别分类为部、省级机关证明信，市级机关证明信，县级机关证明信，专门机构证明信，特殊部门证明信，相关团体证明信等。

（五）证明信的结构

1. 标题

证明信的标题一般有三种：一是直接以文种作为标题，如“证明（信）”等；二是由单位加上文种作为标题，如《××管理局证明（信）》等；三是由证明单位加上事由和文种作为标题，如《××总公司关于××事件的证明（信）》等。

应该注意，由于使用的约定俗成，证明信标题现在已习惯以“证明”表示文种，而常常省略了“信”字。

2. 称谓

称谓，即收阅证明信的单位名称，要另起一行顶格写明。

3. 正文

正文须另起一行，空两格书写。正文是证明信的核心。正文主要对要证明的人或事进行真实介绍与客观证明，能够真实地反映情况。

4. 结尾

证明信一般常用“特此证明”进行结尾。如证明信开头没有写明受文单位，则可以在结尾另行空两格写“此致××（受文单位名称）”。

5. 署名

署名，即写明证明单位或个人名称。署名另起行，居于正文右下方，名称下写明年、月、日，并加盖公章或私章。

（六）证明信的写作要求

1. 清楚介绍情况

证明信不能弄虚作假，做出的证明必须真实可信。对不十分清楚的情况必须要进行调查，不可随意下笔，不能随便进行证明。

2. 用语简明清楚

叙述、说明要干净利落，对证明性的用语要注意表达清楚，做到用语审慎。

［范文］

证明

××局：

你局××同志确系我校2018届管理系工商管理专业的毕业生。该生在校学习期间品学兼优，2014—2017年都被评为校优秀大学生。其中，2017年被学校同时评为校级优秀团干部。

特此证明

××大学（盖章）

2019年1月8日

二、推荐信

（一）推荐信的概念

推荐信是信件的一种，主要用于单位、团体、个人向其他单位、团体、个人推荐人或物而对方采纳的专用书信。

（二）推荐信的功能

1. 推荐作用

推荐信就是对人或物进行直接的介绍、说明和推荐，从而表达推荐方的某种意愿或要求，为对方提供参考或调查的依据。

2. 沟通作用

通过推荐，双方可以相互沟通，建立或加强联系，促进合作，深化关系。同时，推荐信也促进了信息的有效传播与利用。

（三）推荐信的特点

1. 真实性

推荐信向对方推荐的人或物必须真实可信，成为对方决策等的直接依据。因此，推荐信真实性的要求非常高。

2. 参考性

推荐信提供相关情况供对方采纳，具有相当的参考价值以作为对方分析判断的依据，这也是推荐信的一大特点。

（四）推荐信的类型

1. 推荐信按写信者分类

推荐信按写信者分类为自我推荐信、他人推荐信等。

2. 推荐信按内容分类

推荐信按内容分类为工作推荐信、求职推荐信、技术推荐信、商务推荐信、公关推荐信等。

3. 推荐信按形式分类

推荐信按形式分类为手写推荐信、电子文本推荐信、电传推荐信、电子邮件推荐信、电话等口述推荐等。

（五）推荐信的结构

1. 标题

一是直接以文种作为标题，如《推荐信》；二是以单位加上文种作为标题，如《××研究院推荐信》等；三是以推荐单位或推荐人名称加上事由和文种组成标题，如《××公司关于××新产品的推荐信》等。

2. 称谓

称谓，即收信单位或个人的名称，在第二行顶格书写。称谓按对方具体受文名称进行书写，一般要用全称。

3. 正文

正文是推荐信的主体部分，一要具体陈述被推荐者的基本情况，同时提示出其某些特质、特长等；二要清楚说明推荐的理由，引起对方重视，也表明推荐者的诚意和责任。如自我推荐，则用第一人称。

4. 结尾

结尾，即结束语。结束语一般另起行以祝颂语如“特此致谢”等进行结尾。

5. 署名

署名，即写明推荐者名称，如单位、团体名称；或个人姓名（可写明自己的职务）。署名另起行写于右下方。署名下写明年、月、日。

（六）推荐信的写作要求

1. 内容必须真实

推荐信对推荐的人或物不能随意夸大或缩小，对被推荐者的基本情况必须有深入、全面的了解，才能进行构思写作。

2. 叙述要简洁

对被推荐者的基本情况与提出的推荐理由，要有层次地进行说明，使推荐信的脉络清楚，表意明白。

3. 用语要严谨、平和

在选词用句时要注意多用短句、常用语，突出礼貌性，做到谦恭有致、不卑不亢。

[**范文**]

推荐信

××医学院附属医院：

××同学于2015年考入我校攻读博士学位。该同学学习认真刻苦，成绩优异，基础知识、科研素质、独立工作能力等良好，对所研究的课题有独到见解，其学术科研成果等可见随附相关证明。该同学攻读博士学位前有5年外科工作经验，有执业医师资格，能够处理本专业常见病、多发病和较复杂疑难问题，工作中无任何医疗差错和事故发生。

××同学善于合作，乐于助人，严于律己，生活简朴，有较好的人格、人品素质，系综合素质较高的临床、教学、科研复合型人才。

作为该生的博士生导师，我愿意推荐该同学到贵院工作。

谢谢！

××医科大学博士生导师××

2019年1月10日

第六节　倡议书、建议书、申请书

一、倡议书

（一）倡议书的概念

倡议书是由单位、团体或个人发出号召或提议，共同进行某些有意义的事时所使用的应用型文体。

（二）倡议书的功能

1. 号召作用

倡议书的基本作用在于发起号召或首先建议，即通过号召的方式来聚合人们精神与物质力量，一致努力，共同行动，去实现既定目标。

2. 鼓动作用

倡议书提出建议，表明意图或目的，必须依靠积极的、深入的宣传和鼓动，才能使人们明白事理，积极配合，去实现倡议书的目的。

（三）倡议书的特点

1. 广泛性

倡议书的广泛性主要体现在涉及社会的各个方面，内容广泛，任何有意义的事情都可以成为倡议书的内容；受众的范围非常广泛，倡议的对象非常多。

2. 激励性

倡议书的激励性非常突出，可以振奋人们精神，鼓舞斗志，团结一致，积极行动起来，同心同德地去实现共同的目标。

（四）倡议书的类型

1. 倡议书按表现形式分类

倡议书按表现形式分类为会议宣读倡议书、张贴倡议书、媒体刊登倡议书、电子文本倡议书、传阅性倡议书等。

2. 倡议书按内容分类

倡议书按内容分类为义务劳动倡议书、支援灾区倡议书等。

3. 倡议书按对象分类

倡议书按对象分类为政府倡议书、团体倡议书、单位倡议书、个人倡议书等。

（五）倡议书的结构

1. 标题

一是以文字作为标题，如《倡议书》；二是以事由加上文种组成标题，如《关于保护校园环境的倡议书》等；三是以倡议者名称、事由加上文种组成标题，如《××大学关于加强实践活动的倡议书》等。

2. 称谓

称谓，即称呼，顶格写明号召参加倡议之事的对象，如“全体同学”“全校师生员工”等。

3. 正文

正文是倡议书的核心部分，要突出的内容有：具体说明倡议的原因、意义、目的；说明倡议的事项、具体内容，列出具体步骤等。正文部分重点是对倡议事项的清楚说明，有清晰、明确的具体内容。

4. 结束语

结束语一般可以另起一行概括地提出一些希望，再次进行鼓动与号召，进一步照应倡议书主题。

5. 署名

署名，即写明倡议者名称，如单位、团体名称或个人姓名。署名写于右下方，署名下再写明年、月、日。

（六）倡议书的写作要求

1. 做好倡议的选题

用什么做倡议的主题，其目的和意义怎么样等，要有全面的考虑；在具体倡议的事项中，必须要有清楚无误的选题（主题）交代。

2. 用语要简明

倡议书表意要清楚，多用短句和常用语，不宜过多使用激励性的语言或进行激情化的号召，使语言华丽无物，空洞虚无。

3. 篇幅不宜过大

倡议书写明中心所在、意思所在即可，篇幅要简洁、明朗，倡议不能内容含糊、话语太多，用语更不能带有强制性或约束性。

［**范文**］

倡议书

敬爱的老师们、同学们：

当前，餐桌上浪费的粮食数量巨大，“舌尖上的浪费”触目惊心，在我们的身边，对粮食的浪费现象比比皆是。我国每年浪费食物总量折合粮食约 500 亿千克，接近全国粮食总产量的 1/10，也就是说，我们每年倒掉了约 2 亿人一年的口粮。餐桌礼貌是人类礼貌的缩影，小餐桌承载的不仅仅仅是人类的生生不息，更传承了人类自古以来文明有礼、节俭惜福、珍爱粮食的优良传统。为进一步弘扬中华民族勤俭节约的美德，校学生会、研究生会向全校师生发出如下倡议：

（1）注意礼貌就餐，倡导健康饮食。在用餐时，注意自觉排队、主动礼让；爱护餐厅设施，保持环境卫生，主动回收餐具；饮食注重营养分配，合理选取，杜绝暴饮暴食。

（2）努力厉行节俭，坚决杜绝浪费。杜绝攀比浪费，树立“浪费可耻、节约光荣”的理念，努力做到按需选餐，不剩菜、不剩饭，做“光盘一族”，珍惜粮食，拒绝浪费。

（3）坚持身先示范，用心倡导新风。在自身厉行节约的同时，也倡导大家做勤俭节约的实践者、宣传者、监督者，在全校范围内营造勤俭节约的良好氛围。

期望全校师生员工从此刻做起，从身边做起，从一日三餐做起，珍惜资源，理性消费，做一个光荣的“光盘一族”，共同为建设礼貌、和谐、环保的社会环境做出自己的贡献！

校学生会

2019 年 2 月 28 日

二、建议书

（一）建议书的概念

建议书是单位、团体或个人对某些事物或某些问题，以书面形式提出自己看法和主张以供参考或采纳的应用性文书。

（二）建议书的功能

1. 建议商讨作用

建议书的对象一般是下对上，建议人也不一定要去做自己所建议的事情，带有供参考与采纳的商讨口吻，建议商讨的作用非常明显。

2. 补充完善作用

建议人对某些事物或某些问题提出自己的看法和主张以供参考或采纳，这些事物或问题有的是在考虑中的，有的是已经进行中的，所提出的看法和主张有时就是对这些事物或问题的补充与完善。

（三）建议书的特点

1. 建议性

建议书没有硬性的采纳与执行要求，带有明显的商讨语气。至于对方是否采纳等，建议人没有决定权，建议性是建议书的特点之一。

2. 多项性

建议人提出的看法或主张来自不同的方面，涉及的事物或问题各不相同，使建议书的内容十分繁复，具有多项性的特点。

（四）建议书的类型

1. 建议书按表现形式分类

建议书按表现形式分类为会议建议书、张贴建议书、媒体刊登建议书、电子文本建议书、传阅性建议书等。

2. 建议书按内容分类

建议书按内容分类为学习建议书、商务活动建议书、义务劳动建议书等。

3. 建议书按对象分类

建议书按对象分类为政府建议书、团体建议书、单位建议书、个人建议书等。

（五）建议书的结构

1. 标题

一是以文字作为标题，如《建议书》；二是以事由加上文种组成标题，如《关于暂缓××工程的改造建议书》等；三是以建议者名称、事由加上文种组成，如《××公司关于节约用电的建议书》等。

2. 称谓

称谓，即称呼，顶格写明建议书的受文对象，如“××领导”“××公司”等。

3. 正文

正文的主要内容有具体说明建议的原因、理由、目的；说明建议的事项或问题，提出自己看法或主张，指出具体步骤等。重点在于建议内容的清楚说明，有一定的分析来证明自己看法或主张的正确。

4. 结束语

结束语一般可以另起一行概括地提出一些希望，进一步照应建议书的主题；同时，附上祝颂语。

5. 署名

署名，即写明建议者名称，如单位、团体名称或个人姓名。署名写于右下方，署名下再写明年、月、日。

（六）建议书的写作要求

1. 突出主题

提出自己具体的看法或主张要具体明确，突出主题，交代阐述要清楚明白、有层次，建议的内容切忌空泛，缺乏可操作性。

2. 语言简明扼要

表意要准确无误，语气注意委婉，商讨恰如其分；要言简意赅，篇幅不宜过大，即分条列款，逐一表明自己看法或主张。

［范文］

建议书

尊敬的校长：

我校近来卫生状况堪忧，一些同学随地扔果皮废纸、随意吐痰等，已造成了明显的校园环境污染。鉴于此，特向您建议如下：

一、建议加大卫生宣传力度，利用广播、网络、校刊等对全校师生进行广泛宣传，从我做起，强化环保意识，树立环保新风，营造校园卫生的环境。

二、学校要进行一次卫生大检查并设立卫生监督机构，制定和强化卫生规章制度，设置专门工作人员随时进行检查。同时，在各系、各班设立卫生监督员进行配合，使责任到位，监督到位，从而形成长效的卫生监督机制。

三、加大学校卫生设施投入，增设垃圾桶、废物箱等，特别是在教室、大楼过道增加废物箱。

四、有效增加校园绿化面积，划分一定区域至每个班，实行绿化、卫生责任双负责，定期进行检查。

五、实行奖励制度，对优秀班级、优秀宿舍以及优秀个人进行表彰、奖励，并纳入期末考核。

以上建议，望采纳。

××大学经济系经济学专业一班

2019 年 3 月 6 日

三、申请书

（一）申请书的概念

申请书是单位、团体或个人因工作等需要向上级组织、领导、团体等提出请求以获得帮助的应用性文书。申请书使用广泛，专用性很强。

（二）申请书的功能

1. 表达愿望

申请者请求帮助就是一种愿望的表达。有这样的愿望，申请书才可能具有申请求助的理由与前提。

2. 请求帮助

申请者通过申请，提出具体的请求而获得帮助是写申请书的根本目的和根本作用。

（三）申请书的特点

1. 广泛性

申请书使用十分广泛，涉及各个部门、行业、系统等，有极高的使用频率，具有极大的广泛性。

2. 针对性

申请书内容繁多，但一事一申请，即提出某个请求，则解决某个请求的特征突出，有明显的针对性。

3. 具体性

申请者必须对所请求的事项等有完整清晰的叙述，有明确的请求目的与具体的请求内容，才可能获得预期的帮助以解决实际问题。

（四）申请书的类型

1. 申请书按表现形式分类

申请书按表现形式分类为手写申请书、打印申请书、电子文本申请书等。

2. 申请书按内容分类

申请书按内容分类为行政复议申请书、请求执行申请书、生活补贴申请书等。

3. 申请书按对象分类

申请书按对象分类为团体申请书、单位申请书、集体申请书、个人申请书等。

（五）申请书的结构

1. 标题

一是以文种作为标题，如《申请书》；二是以事由加上文种组成标题，如《关于增加生活补贴的申请书》等。

2. 称谓

称谓，即称呼，在第二行顶格写明申请书的受文对象，即办理申请事项的主管部门，如“××局”“××办公室”等。

3. 正文

正文主要内容有写明申请的理由，再具体说明申请的事项。如有可能，还应当说明自身申请具备的条件或优势等。申请的理由要充分，申请的事项要具体清楚，并且直截了当地提出请求的具体要求。

4. 结束语

结束语一般可以另起一行再次提出请求的希望，同时附上致敬语。

5. 署名

署名，即写明申请者名称，如单位、团体名称或个人姓名。署名写于右下方，署名下再写明年、月、日。

（六）申请书的写作要求

1. 申请具体

申请书的写作尤其要注意突出：第一，有必要的说明；第二，有具体的请求，要直入主题，不可含糊隐晦、模棱两可。

2. 求助明显

申请书用语要扼要简明，表意准确，语气不卑不亢，既不低三下四，也不先声夺人，尤其注意语气、语句给人留下的印象。

［**范文**］

申请书

尊敬的校领导：

我是管理系 2018 届工商管理专业二班学生××，因我家地处偏远农村，父母均在农村务农，家庭经济十分困难，现特申请本年度助学金。按学校相关规定，我符合申请条件，敬望批准。

此致

敬礼

工商管理专业二班学生××

2019 年 4 月 10 日

第七节　讲话稿

一、讲话稿的概念

在各种场合发言时所用的事先准备的讲话文稿就是讲话稿，又称发言稿或演讲稿。讲话稿使用频率高，通用性强，是重要的日常应用文体，在日常工作、生活以及各种社会事务中发挥着重要作用。

二、讲话稿的功能

（一）促进沟通与交往

讲话是沟通实现交流与往来的重要形式。通过讲话，彼此可以增进理解，相互启发、帮助、支持、激励，达到思想、精神、行动等的一致，加深联系各种不能交往、提高交往的质量。

（二）强化指导或指示

讲话目的明确，用意清楚，传达或宣传自己的主张明显，阐述鲜明的观点、新颖的看法等常常贯穿始终。讲话稿会以相关的内容、步骤、程序等展示其重要性，突出讲话的指导或指示作用。

（三）塑造形象或树立威信

讲话者通常以自己的情感、语调、举止、形象等来提高讲话的感染力，将相关内容、目的等明确表现出来。讲话者利用各种要素综合表现自己能力、技巧，从而塑造形象，让听众感悟到其魅力所在。

三、讲话稿的特点

（一）真实性

讲话必须依靠真实的人、事、情、理，才能使人信服，产生共鸣；讲话真实，才有个人形象的真实、威信的真实，进而产生积极作用。

（二）通俗性

讲话要力求要做到深入浅出、通俗易懂。精彩的讲话妙语横生，事例生动，内容实在，易懂中听，叫人理解快捷，把握得当。

（三）情感性

有情感的讲话最容易潜移默化地使自己与听众实现沟通，引发共鸣，形成默契。通过情感的交流，双方进而达到信息、思想、认识等的交流，可以取得互动，见解一致。

（四）鲜明性

讲话稿强调新颖、有创意、有特色。讲话稿更多的是以实际的声音表达效果来影响听众，因此讲话稿要富有个性，形象鲜明。

四、讲话稿的类型

（一）讲话稿按内容分类

讲话稿按内容分类有经济类讲话稿、法律类讲话稿、行政类讲话稿等。

（二）讲话稿按讲话性质分类

讲话稿按讲话性质分类有个人讲话稿、集体讲话稿、部门讲话稿、单位讲话稿、特定的讲话稿等。

（三）讲话稿按形式分类

讲话稿按形式分类有兴表态的讲话稿、成文的讲话稿等。

五、讲话稿的结构

讲话稿形式自由，一般由标题、称谓、正文三部分构成。

（一）标题

讲话稿的标题一般有五种情况：一是直接以文种表示，如《讲话稿》；二是由会议名称加上文种构成标题或由相关媒体编辑等在发稿时冠以标题，如《×××在经济改革会议上的讲话》等；三是直推讲话主旨、中心、内容等作为主题，同时以副标题形式加以阐释，如《推陈出新　面对未来——在××经济工作座谈会上的讲话》等；四是将标题形象化以吸引听众的标题，如《美感是艺术的灯塔》等；五是不推出讲话全文而摘取要点的标题，如《××会议讲话要点》等。

（二）称谓

一是以礼貌性称谓表示对听众的重视或尊重；二是在不同场合与不同对象的前提下，称谓用语有所不同；三是可以在讲话稿各段落之首反复出现称谓，暗示讲话内容的转承，意在加强效果等。

（三）正文

讲话稿一般包括开头、主体、结束语三部分。

1. 开头

讲话稿的开头一般有中心、主题、背景、目的等内容提示，是围绕讲话对听众做出的言简意赅、话题专一的必要交代。

2. 主体

讲话稿紧紧围绕讲话中心，论点、论据、论证应充分到位，要重视条理、层次，使论据充分、论证严密，达到观点鲜明突出的效果。

（1）渐进式，即递进式，就是按讲话主旨，把中心逐层展开，由浅入深安排内容，形成梯形或连环式逐一阐述，使主旨清楚，重点突出。

（2）对比式，即将同一问题或事物等进行比较，以不同的看法、不同的结果来影响听众，使听众明辨是非曲直，从而受到启发教育。

（3）并列式，即同列式，就是把讲话稿分几个有机部分，冠以小标题分别议论阐述，提出意见看法或结论，使内容排列有序，关键明晰。

（4）演绎式，即以多项事物进行分析，从中归纳出从一般到特殊，再从特殊到一般的议论，利于听众把握正确结论。

（5）反证式，即倒证式，就是通过对反面论点、事件等的否定来证明自己论点或结论正确的方法，通过鲜明的对证，推出讲话者的观点等。

（6）例证式，即举例式，就是用典型的人或事来证明自己论点、议论、结论的正确，使听众明晓事理，知其所以然。

3. 结束语

一是直接宣布讲话或会议结束；二是简单概括、回顾或总结以结束全文；三是提出要求，展望未来；四是提出意见或安排；五是引用名言、成语、典故等强化讲话效果；六是哲理式，即用名人名言结尾；七是祝愿式，即以祝愿、关怀等语句结尾。

六、讲话稿的写作要求

（一）突出主题

讲话稿不同于一般的文稿，讲话者的讲话带有相当的综合性，如口语、表情、神态等的运用。过度强调某些内容，旁征博引时引发思路的转移等，最容易出现讲话离题的情况。因此，讲话稿要有针对性，做到有的放矢，主题明确，切忌面面俱到。

（二）用语生动

讲话是一门艺术，通过生动的语言来感染听众，引发共鸣。讲话稿要注意用语贴切、表意准确，注意书面语言的大众化；恰当运用口语可以增加语言表达色彩；力求语言简洁明快，新颖不俗，利于听众理解。

（三）结构有致

讲话稿强调结构有致：一是结构按主体要求进行组合与调配，要突出其实用性；二是结构灵活，不为文体所限制；三是结构模块之间始终要贯穿讲话主线，从而构成一个有机的整体。

（四）注意篇幅

首先，讲话稿太长，就可能偏离中心，造成跑题；其次，听众在一定时间内不可能接收和消化大量信息；最后，讲话稿太长，难避呆板、枯燥、乏味之嫌，会影响讲话的效果与质量。

［**范文**］

南京大学校长在2018学年开学典礼上的讲话

第八节　求职信

一、求职信的概念

求职信又称自荐信（书），是求职人向用人单位介绍自己情况以求得录用的专用性文书。求职信是新的应用类文体，使用频率极高。

二、求职信的功能

（一）沟通交往，意在公关

通过一定的沟通，在相互认识、交流的基础上，实现相互的交往，是求职信的基本功能。实现交往，求职者才可能展示才干、能力、专长、技能等优势，求职信的自我表现力非常明显，有相当的公关特色。

（二）表现自我，求得录用

实现自己的求职目的，必须充分扬长避短，突出自身优势，以求在众多的求职者中崭露头角，以自己的某些特长、优势、技能等吸引用人单位。表现自我，意在录用，是求职信的又一基本功能。

三、求职信的特点

（一）针对性

求职信目的明确，定位清晰，有极强的针对性。求职信必须要让用人单位充分认识求职者、了解求职者、最终录用求职者。求职者也需要了解用人单位情况，求职者对自身条件有比较清醒的认识和客观的评价，才可能脱颖而出。

（二）自荐性

求职者要推荐自己，恰如其分地包装，积极主动地表现、介绍和推荐自己，从而获得录用。自荐性是求职信的重要特点。

（三）竞争性

要在竞争中得到好的职位和好的任用，就必须毛遂自荐，证明自己的优秀，突出自己的能力，表现自己的强势地位，在竞争中占据个人优势，在竞争中出类拔萃。

（四）真实性

求职信要真实地展现内容，客观地进行自我评价，全面地反映自己的基本情况，最忌讳过度包装或粉饰。求职信可以凭借其真实性，有效地与用人单位建立联系。

四、求职信的类型

（一）求职信按成文角度分类

求职信按成文角度分类为自写的求职信、他人推荐而写的求职信等。

（二）求职信按内容或行业分类

求职信按内容或行业分类为技术性求职信、销售性求职信、演艺性求职信、医疗性求职信等。

（三）求职信按求职时间分类

求职信按求职时间分类为短期性求职信、中期性求职信、长期性求职信等。

（四）求职信按求职要求分类

求职信按求职要求分类为基本要求的求职信、有具体要求的求职信等。

五、求职信的结构

求职信一般由标题、正文、结尾、落款、附件五部分构成。

（一）标题

标题一般有两种表现方式：一种直接以文种作为标题，如《求职信》或《自荐书》；另一种以求职单位名称加上文种作为标题，如《参加××公司工作的求职信》等。

（二）正文

正文一般由开头和主体组成，构成求职信的主要内容。

1. 开头

求职信的开头一般由称谓、问候语、个人概况、求职缘由或目的等内容组成。

（1）称谓。称谓有两种基本形式：一是泛称或直称用人单位负责人等，如“××公司总经理”“尊敬的王总经理”等；二是为适应工作节奏，可以适当简称，如“尊敬的李总”等。称谓要注意讲究礼貌和恰当。

（2）问候语。问候语在称谓之下，另起一行，空两格起笔。问候语是礼节性的敬语，宜短小精炼，表意贴切，表现多样，是否使用可自行确定。

（3）个人概况。个人概况，即简洁清楚地介绍自己的基本情况，如学历、专业、成绩、个人特长等；或者干过何种工作、什么岗位等概括性内容，从而进行自我举荐，建立初步印象，引起用人单位的注意。

（4）求职缘由或目的。此部分要清楚地说明以下内容：一是交代自己求职的缘由；二是交代看重用人单位的原因或理由；三是明示自己的潜力，引起用人单位的重视。

2. 主体

这是求职信的核心部分。第一，强调自我，突出自己的特长以及整体优势，是对开头的个人概况、求职目的等的深化；第二，明确提出求职条件或具体要求，如适合自己的岗位、发展的基本条件等；第三，指出自己的潜在优势，可能做出的贡献等；第四，简单提出一些对用人单位发展的建设性意见、看法等，突出自己的综合能力。主体部分同样可以不拘于形式，但要突出自己的“闪光点”。

如果个人的附件内容丰富翔实，不乏相关的证明材料，已经具有很强的说明性或提示性，主体部分的内容可以更为简洁。

（三）结尾

求职信的结尾是求职者可以进行“画龙点睛”的地方。结尾单独成段，一般内容有：强调自己求职的愿望和要求；提出自己新的期待和留有录用空间；带有总结意味，再次深化自己的形象；进行祝愿，表示对用人单位或相关负责人的敬意。

（四）落款

落款，即写明自己的姓名、成文时间，除此之外还需要另行写明自己的通信地址、电话号码等必备内容，便于用人单位联系。

（五）求职信的附件

附件是求职信重要的证明和支持材料，证明作用非常明显，最具说服力。附件要选择最具证明性、最能代表自己水平的材料，如必要的个人简历、优异的学习成绩、个人特长及证明材料、个人表现评价、各种获奖情况介绍（证书）和其他有关材料。

六、求职信的写作要求

（一）明确目的，清楚缘由

求职目的必须明确，不能含糊摇摆、模棱两可，给用人单位留下求职可有可无的印象；要清楚交代求职的缘由与求职的背景，明确指出自己求职的理由和工作动机，使用人单位对自己有清晰的了解。

（二）扬长避短，条件务实

求职信应善于扬长避短，针对目标，通过不同形式、方法等来展现自身优势，突出专长，重在“人无我有”，进行完美的表述，切忌华而不实的“镀金”或“包装”。提出求职条件或要求，目的在于利于工作安排和个人能力发展，忌讳明确提出薪金或具体工作待遇等。在求职难的情况下，求职者应适当降低期望值，更注重今后的个人发展。

（三）内容实在，中心突出

求职就是为了获得工作。围绕这个中心进行内容安排，应该注意内容实在，真诚恳切，目的、要求清楚明确；内容不能给人有好高骛远的不实之感；职位的要求要符合自身条件，切记把握好求职的中心。

（四）表述清楚，用语恰当

求职信的语言表达非常重要，是个人能力的重要体现。求职信要注意表述清楚、得体、完整，有内容、有层次、有条理，目的清楚明白；要注意语意准确、朴实、简洁，措辞严密，脉络清晰。

（五）情意适度，书写工整

求职信是带有在朴实中蕴含情感的文书，但不宜随意抒情，带有“学生腔”或“浪漫味”，使人感到求职者的浅薄。求职信最好手写，“字如其人”的感觉会引人注目，容易增加“印象分”。

［范文］

求职信

尊敬的领导：

您好！感谢您在百忙之中抽时间看的我自荐信。我是××大学的一名应届本科毕业生，所读专业是市场营销，从网上得知贵单位正在招贤纳才，我真诚期望通过求职加入贵公司。

我得知贵公司是一家极有发展前景的公司。我不仅是为了找一份工作，更多的是期待能与志同道合的同事们一道敬业、务实、勤奋、拼搏，从而实现共同的理想。如能进入贵公司，我会踏踏实实做人，在工作中再学习，在学习中再提升，为贵公司的发展壮大做出我的贡献。随信附有我的个人简历。如能得到面试机会，我将十分感激。

此致

敬礼

自荐人：××

2019年3月18日

［思考与练习］

一、简述欢迎词、欢送词、答谢词的特点和功能。

二、开幕词、闭幕词有哪些写作要求？

三、表扬信、感谢信、慰问信有何特点和功能？

四、指出证明信、推荐信的基本功能。

五、倡议书、建议书、申请书的基本格式的相同点有哪些？

六、不限题材，不限字数，写一篇发言稿。

七、请你根据自己的求职情况写一份求职信。

八、填空题

1. 欢迎词、开幕词属于（　　）类应用文书。

2. 开幕词有（　　）、（　　）和（　　）三个特点。

3. 感谢信是个人或群体的事迹、（　　）和（　　）等进行表扬的信件。

4. 证明信是常用的（　　），指单位、团体或个人用来证明身份或（　　）真实情况的准用书信。

5. 推荐信必须（　　），成为对方决策等的直接依据。

6. 倡议书、建议书内容都不存在（　　）和（　　）。

7. 申请书正文应先说明申请的（　　），再具体说明申请的（　　）。
8. 讲话稿主体层次有（　　）、对比式、（　　）、演绎式、（　　）和例证式。

九、选择题

1. 会议开幕词正文的结束语常用（　　）。
A. 祝大家身体健康　　B. 谢谢大家　　C. 预祝大会圆满成功

2. 欢迎词是迎接宾客和集会时面对听众发表的（　　）。
A. 命令性讲话　　B. 表示欢迎的讲话　　C. 应酬性讲话

3. 关于致辞称呼的顺序表达正确的是（　　）。
A. 先主方后客方　　B. 先男士后女士　　C. 先女士后男士

4. 开幕词有对上级的关怀、来宾的支持表示（　　）的意思。
A. 尊敬和感谢　　B. 尊敬和服从　　C. 心情

5. 讲话稿（　　），是重要的日常应用文体。
A. 使用频率高，通用性强　　B. 通用性强　　C. 简易性好

十、判断题

1. “对你的到来，我深表感谢”是欢送词的标题。（　　）
2. 在一定条件下，欢迎词、欢送词的称谓可有可无。（　　）
3. 欢迎词和欢送词的内容比较自由，没有具体的特定要求。（　　）
4. 祝酒词结尾的祝语必须说“干杯”。（　　）
5. 在欢迎宴会上，主人致的祝酒词和欢迎词是相同的。（　　）
6. 在宣读开幕词时，一般不念标题、署名和日期。（　　）
7. 开幕词是对上级关怀、来宾支持表示尊敬和感谢。（　　）
8. 证明信重在证明，内容必须真实。（　　）
9. 自荐信和求职信有一定的内容上的关联。（　　）
10. 倡议书结尾可以使用意思明显的祝颂语。（　　）
11. 建议书有强制性和执行力的要求。（　　）
12. 申请书不能几件事同时在一份申请书里申请。（　　）

参考答案

第五章　信息类文体

第一节　经济考察报告

一、经济考察报告的概念

经济考察报告就是对经济领域内有关经济情况、现象、事件、问题、成果等进行深入细致的考察、研究和分析后所写成的真实反映考察结果的书面报告。

经济考察报告是考察报告的一个分支，虽然不是公务文书，却常常作为公务文书的重要附件出现，运用广泛，是一个很重要的文种。经济考察纪实、经济考察汇报、经济情况反映等也属于经济考察报告的范畴。

二、经济考察报告的功能

（一）考察与研究作用

考察是考察报告的第一要素，是形成经济考察报告的关键所在。考察的范围大、对象多，方法多种多样。考察要将观察的局部与调查的全面相结合，以点接面，以面布点，形成考察的整体形态。研究则是实现考察结果的要素之一，对考察获得的材料等进行分析研究，反映考察实际目的的作用非常明确。

（二）指导与决策作用

经济考察报告也是一种经济研究的指导和决策基础。政府经济部门、企事业单位等都把经济考察报告作为重要的参考资料和决策依据，视为经济工作中不可缺少的重要内容。报告反映的经济事件、现象、成果、问题等，具有的前瞻性、预测性、可行性等，足以引领政府经济部门和相关的企事业单位实现正确决策，保证经济健康发展。因此，经济考察报告对经济的指导与决策作用非常明显。

（三）传播与应用作用

报告蕴涵的信息多、质量高，包括经济事件、现象、成果、人文、地理、市场、产销、消费等种种信息，并能通过书面、口头、网络、电话、电子文本、大数据等进行传播，实现交流、研究、参考、决策等，使用功能特别强，超过了不少同类文本。

（四）反映市场与供求

经济考察报告必然要反映市场供求和市场流通的现状，反映的需求、供给、购买力、品种类别等，给国家经济部门进行宏观经济规划、经济项目投资与建设，经济学家研究经济运行势态等，提供了重要的依据和必要的参考。

（五）揭示营销状况

经济考察报告可以帮助生产者了解不同时期的生产计划和生产规模；反映市场价格和消费模式；提供各种信息，增强市场竞争力；强化营销，为经营方式、内容等提供新的模式，利于经营者整合营销策略以适应市场需求。

三、经济考察报告的特点

（一）针对性

考察是有目的、有计划并按一定步骤进行的，必然要紧紧抓住考察对象和经济情况进行考察，针对性极强。例如，针对顾客忠诚度与企业利润关系的调查表明，提高顾客对企业的忠诚度，可以保证企业的市场得到稳定和发展，进而保证企业的销售与利润，企业每减少 5%的顾客流失率，带来的利润就可以增加 25%以上，最高则可达 85%。

（二）真实性

经济考察报告要反映经济运行的各种情况，提供大量的考察信息，为政府经济部门等提供重要的参考和决依据，就必须要真实反映考察的内容和结果。没有真实性，报告写得越好，其危害越大。

（三）借鉴性

借鉴性是经济考察报告的一个特点。事实上，上级经济部门或单位、被考察的相关地区或单位，都要把握相关信息，注重研究过程，抓住调查结果，依据报告进行纵横对照以取长补短，即上级经济部门通过借鉴来指导工作，相关单位通过借鉴来促进自身发展。

（四）实用性

经济考察报告反映很多经济内容，有研究、决策、指导等明显的实用性与可操作性，经得起经济实践的检验。实用性决定了经济考察报告实用、可用、好用的特性和优势，也是衡量报告价值的一个重要标尺。

四、经济考察报告的类型

（一）经济考察报告的分类方法

经济考察报告的类型众多，分类方法各异，与调查报告基本相同。常用的经济考察报告有以下几种分类方法：

1. 五步平行法

这是按考察的面和被考察对象来决定采用的类型。经济考察报告主要分为经济基本情况考察报告、经济问题考察报告、经济经验考察报告、经济新事物考察报告、经济历史考察报告。

2. 四类定型法

第一类有经济专题考察报告和经济综合考察报告；第二类有经济评述性考察报告和经济资料性考察报告；第三类有经济评述性考察报告和经济报道性考察报告；第四类有经济典型考察报告和经济经验考察报告。以上类型有较明显的交叉和连接关系。

3. 两类三分法

第一类有经济经验考察报告、经济问题考察报告、综合经济考察报告；第二类有经济专题考察报告、经济典型考察报告、经济综合考察报告。

（二）常用的经济考察报告类型

1. 经济情况考察报告

这种报告又叫经济资料性考察报告或经济基础考察报告，具有“让经济事实说话”的特点，主要作用是客观、真实地提出相关经济情况，为有关经济部门、企事业单位了解情况、分析问题、指导决策和制定措施等提供依据。经济情况考察报告围绕经济情况进行选择、归纳，不需要作者去阐述看法、见解，提出明确的意见和措施。同时，经济情况考察报告必须以最新的经济情况作为报告的立文之本。经济情况考察报告与经济情况报告、经济情况通报等在内容上有相似之处，但仍有区别，应注意区分。

2. 经济经验考察报告

这种报告又称经济典型考察报告，因其与经济经验考察报告非常相似，有的人将它们合二为一，便于使用。经济经验考察报告的主要作用在于介绍和推广经济工作中的新经验、新见解、新突破、新规律，带有比较明显的指导性和政策性。经济经验考察报告常常是由第三方，即外来人员所写，可以在考察时同时动笔，比较灵活自由。

3. 经济问题考察报告

经济问题考察报告是反映经济某一方面或某个问题的报告，如《关于××地区商品价格问题的考察报告》。经济问题考察报告针对性很强，有具体的考察，并在分析中表现出作者的观点。其反映的问题有两类：一类是带澄清性的问题，另一类是带揭露性的问题。这样的报告使用频率很高，反映深刻，广泛关注度、经济与社会价值和意义突出。

4. 单位（地区）经济考察报告

单位（地区）经济考察报告是反映单位经济状况的考察报告。这种报告文体不大、篇幅不多，反映的经济情况单一且不复杂。随着经济发展的不断深化，这种报告的地位将进一步提高，作用将进一步增强。这样的考察报告反映的经济状况综合性好，内容包括经济的前期状况、现状和对未来或近期发展趋势的估计与预测，其中现状是主体。

五、经济考察报告常用的考察方法

（一）普遍考察

普遍考察也叫普遍调查或称普查，是在一定范围内对所有对象进行逐一考察的方法。普通考察获得的结果比较全面、真实，带有普遍性，但这种方法耗时耗力，不宜多用。

（二）典型考察

典型考察是对典型的经济情况和经济人物的考察。这种方法能以小见大，显示其深刻性和影响力。在具体使用时，我们可以细化出走访考察、个别考察、开会考察、口头咨询等多种形式。

（三）抽样考察

这种方法以部分反映全体，以点带面，投入少、见效快，但要注意其真实性和可信度。抽样考察细化开来，有座谈会、电话、问卷、网上设问抽样等考察方法。

（四）现场考察

现场考察比通常的考察更细，耗时更长，目的在于通过多看、多问、多听、多记录，详细把握第一手材料，加深认识，提高考察质量。现场考察有现场询问和笔录、现场巡回和蹲点、现场多点观察等。

（五）书面考察

书面考察就是以书面形式围绕经济情况进行的考察，有收集书面材料进行考察和使用考察表、考核表等的传统考察两类。书面考察比较真实、客观，被广泛用于考察民意、经济人员考核、考察经济项目等。收集的书面材料包括：一是与考察者有关的述职报告、经济工作总结等材料；二是相关报纸、杂志等相关材料；三是单位的计划、报表、档案等材料；四是民众反映的问题和提供的相关材料。

（六）询问配套法

询问是面对面的考察，直接、真实，细节表现突出，有快、真、准的优势。常用的询问有座谈会询问、走访询问、面对面问答等。

（七）观察组合法

观察方法多，主要有设点观察、多点观察、对比观察（比较观察）、专项观察和综合观察等。运用观察组合法应注意不同方法的组合，要有的放矢，做到主旨突出。

（八）实验论证互动法

在考察中，无论采用哪一种方法，都离不了求证的过程。通过实验辅助考察结果的求证非常必要，是提升报告价值的有效手段。

六、经济考察报告的结构

经济考察报告的结构大体上同调查报告，在使用中要加以注意，多用一般的常用结构。

（一）标题

标题一般由考察对象、内容范围和文种名称等内容，也可以直接揭示主题，标题包括正、副标题组成的多行标题等。常用的标题如下：

1. 公文式标题

这种标题格式稳定，一般用于较大的经济考察报告，如《云南省中草药资源考察报告》《浙江省温州市经济考察报告》等。

2. 新闻式标题

这种标题有单标题和由正、副标题组成的多行标题。如《部分高校收费情况的考察报告》《江南又一春——无锡民运经济情况考察》等。

（二）正文

1. 开头

开头又叫前言、导语、总述。开头的方法很多，有说明式开头、引用式开头、对比式开头、提问式开头等，没有固定的格式。开头可以偏重于提出问题或主旨；说明考察的目的、时间、方法、对象、过程；介绍概要情况，点出行文根据等，比较自由。

2. 主体

主体是经济考察报告的核心。这部分应有考察的基本情况、分析评价、对策、建议等内容。其中重点在考察基本情况，要围绕被考察的对象展开：一方面在基本情况之上进行分析评价，另一方面则提出对策、建议，表达作者的看法、意见。

常见的表达结构有纵式结构、横式结构和纵横交叉式结构。

（1）纵式结构。纵式结构是经济考察报告常用的结构之一，即按照事物发展的先后顺序安排材料以确定叙述的次序，体现事物的阶段性特点，脉络比较清楚。

（2）横式结构。横式结构，即按照事物的性质和特征对材料加以归类，从不同角度反映问题、说明问题。这种结构可以较好地体现逻辑关系，条理性较强。横式结构根据材料的不同从不同侧面、不同角度分成几个部分来阐述，比较适用于内容较丰富、涉及问题较多的经济综合考察报告。

（3）纵横交叉式结构。这是纵式结构和横式结构的混合结构，常以一种结构形式为主，兼用另一种结构形式，包括事物的发展脉络和事物的分类特征，层次清楚，表现灵活。无论采用哪一种结构形式，都要重视“结构死、内容活”的基本要求，做到用好结构、用活结构，写好主体。

3. 结尾

结尾的方法有很多，可以不拘一格：明确观点的总结式结尾、提出措施等的指导式结尾、提出引人思索或发人深省的启发式结尾、展示前景或未来的号召式结尾、首尾照应突出主旨的结尾以及画龙点睛、锦上添花的结尾等。

4. 署名

个人署名于文尾右下方或报告标题之下，单位署名则放于标题之内或标题之下。报告时间放于文尾右下方。

七、经济考察报告与调查报告的区别

第一，文体不同。经济考察报告是信息类文体，调查报告是机关事务类文书，具有一定的行政效力。第二，内容范围不同。经济考察报告范围和内容在经济领域，调查报告不仅限于经济领域，内容更多、范围更广。第三，人称相同但有差别。两种报告都用第三人称，但经济考察报告的作者多是经济学者、相关领导，调查报告的作者除以上人员外，还有记者和其他人。

八、经济考察报告与考察报告的区别

第一，文本不同。经济考察报告内容丰富，事务性的应用特征非常突出；考察报告重在考察查验，主要是对某人、某事进行调查，得出结论。第二，目的不同。经济考察报告重在实地观察与了解；考察报告主要是对某事进行实地观看，验证资料正确与否。第三，内容不同。经济考察报告重在获得信息，把握事实，真实反映被考察对象的相关情况，带有综合性；考察报告注重对某人、某事具体实际情况的表现状态进行核查来获知情况，进行对比。第四，指向不同。经济考察报告指向的对象是相关地区、行业、系统和单位等；考察报告是用一定的标准以考核、检查的方式来对相关人或事核查评价，得出结论。

九、经济考察报告的写作要求

（一）深入考察，广收材料

没有深入的考察，就难以获得大量材料进行写作。考察有深度，就能得到有价值的第一手材料，实现考察与写作的互动。我们要注意用多种考察方法收集材料。材料丰富，可以扩展思路，扩大写作空间，增强写作能力，又可以建立自己的文档和材料库，为下次写作奠定基础。

（二）分析整理，提炼主旨

使用材料是为主旨服务。写作者要对到手的材料进行必要的筛选、分类、选取和安排。分析整理材料一般把直接材料和相关资料分门别类，提高筛选精度。写作者要对哪些材料表现力最强、怎么样用最恰当等，做到心中有数。写作者要提高材料的质量，使确立的主旨更鲜明、突出、集中。

（三）用语平实，表述清楚

经济考察报告通常用第三人称进行叙述，语言除简洁、准确之外，还要注重语言的平实，在平实中见朴素，让人感到恳切、自然，不掩饰、不造作，有亲和力。同时，经济考察报告要注意表述得体，逻辑明晰，语意准确，叙述清楚，让人一看就懂。

（四）突出真实，建议得体

经济考察报告对客观真实地反映内容有严格的要求，这是写作的重中之重。报告提出的建议、意见、对策等要具体清楚，写法合文体，行文合主题，提法合事理，操作合实际，效果有好评。

［**范文**］

关于县域经济发展的外出考察报告

第二节　经济预测报告

一、经济预测报告的概念

预测就是预先推测或测定，是一种做出评估以调节自己的行为的方法。经济预测报告是在经济调查的基础上，运用科学的方法和经济理论对已掌握的经济数据、资料和情报进行分析研究，从而判断、预测未来经济发展进程情况和发展趋势所写成的书面报告。

二、经济预测报告的功能

（一）制定宏观经济战略的依据

制定宏观经济战略需要经济预测报告提供依据已是一种必然。宏观经济涉及国民经济发展的庞大的计划，经济预测报告的预测广度、深度作用十分明显。事实证明，国民经济规划、社会发展和经济发展等众多实施规划或方案等，都要通过科学预测，提出可行性指标，如《国民经济计划预测报告》等。

（二）有利于经济实体实现跨越和提高效益

经济预测报告含有大量的信息，如供求情况、销售现状、商品流通、价格走向、消费趋势、经营管理、员工素质等综合性信息。经济预测可以为各经济实体提供经济变化的各种资料和预测数据，使之调整生产与销售结构，提高竞争力，提高效益。

（三）有利于促进商品的供需平衡

经济预测报告通过反映商品的供需关系可以直接反映出生产者与消费的关系。生产者着眼于需求，以需求来指导供给，从而满足需求，获取效益，促进自身发展。

三、经济预测报告的特点

（一）科学性

经济预测报告的科学性具有普遍的指导意义和先进性。经济预测报告材料真实，结论经过分析论证，可以反映经济领域的一些发展规律。经济预测报告运用的方法经得起实践检验，科学性十分鲜明。

（二）预见性

预见性是经济预测报告的重要内容之一。经济预测报告可以对未来经济的发展趋势做出判断，对其发展和变化趋势进行科学预测，阐述预测对象的种种经济现象、特征及其经济运行规律，以科学地做出具有指导性的预测。预见性作用越大，报告作用越明显。

（三）系统性

经济预测本身就是一种综合性的新兴研究系统和科学。其没有系统性，经济预测报告无法完成预测。系统性还表现在经济预测报告必须利用系统化来实现预测的多样化和科学化，并凭借优势来实现预测的目的，达到预测的准确。

（四）时效性

时效性是指经济预测报告的内容和预测结果存在时间性要求。预测涉及的调查、研究、分析、判断的过程需要时间，得出最后的结论及结论在实践中的验证等，都有时间的限制。此外，经济预测报告从构思到写作的完成也有时限的要求。

四、经济预测报告的类型

（一）经济预测报告按范围分类

经济预测报告按范围分类为宏观经济预测报告和微观经济预测报告。微观经济预测报告可以细化出常见的经济预测报告，如新技术、新材料、新产品的技术发展预测报告，新产品市场的销量报告等。

（二）经济预测报告按预测对象分类

经济预测报告按预测对象分类为经济需求预测报告、经济占有率预测报告、市场预测报告、商业销售预测报告等。

（三）经济预测报告按预测时间分类

经济预测报告按预测时间分类为长期经济预测报告（预测期限超过 5 年）、中期经济预测报告（预测期限 2~5 年）、短期经济预测报告（预测期限 1 年左右）、近期经济预测报告（预测期限不到 1 年）等。

（四）经济预测报告按预测方法分类

经济预测报告按预测方法分类为调查分析预测报告、数据分析预测报告等。

（五）经济预测报告按不同的经济部门和行业分类

经济预测报告按不同的经济部门和行业分类为工业经济预测报、农业经济预测报告等。

五、经济预测报告预测的方法和一般程序

经济预测报告类型多，预测的方法也不少，目前国内外使用的预测方法已多达上百种。

（一）预测的方法

常用的预测方法有定性预测法、定量预测法和综合预测法。

1. 定性预测法

定性预测法又叫直觉经验法、判断预测法、经验判断法，是凭借预测者掌握的知识、专业工作的丰富经验和分析判断能力，对资料进行综合性判断、演绎推理，从而测定和推断预测对象未来发展的性质及趋势的方法。例如，我们通常进行的经济数据、性质等的定性预测法，以市场调查、产品销售等形式进行的定性预测法等。定性预测法常用于长期、中期预测报告和宏观经济预测报告。

2. 定量预测法

定量预测法又称客观分析法、统计预测法或数学分析法，是运用一定的数学方法，对掌握的大量历史和现实的资料、信息以统计公式或数学模型进行定量分析或图解，模拟预测对象，揭示变量之间规律关联的方法。这种方法的目的在于预测未来经济发展变化的趋势，揭示发展变化的规律。

（1）时间序列预测法。时间序列预测法又叫动态数列预测法，是以时间顺序为准，把构成时间关系模式排列起来的一组某项经济统计指标的具体数据记录下来，根据数据从过去到现在的变化，分析、推算、预测经济的某一方面的变动情况和发展方向。同时，变动情况和发展方向可以从现在最新数据的分析、预测上延伸，连接过去和未来，构成过去、现在、未来的整体性预测。时间序列预测法细分起来，还有简单算术平均法、算术移动平均法、指数平滑法、直线趋势延伸法等。

（2）回归预测法。回归预测法是与时间变化无直接关系的预测，是一种根据收集到的有关经济方面的实际数据资料运用数学模型，对事物发展变化的相互关系进行预测的方法。回归预测法建立的是因果关系的模式，类型较多，如一元线性回归分析法、多元线性回归分析法等。

3. 综合预测法

综合预测法是将定性预测法和定量预测法结合起来使用的预测方法。综合预测法先进行定量预测，根据定量预测计算获得的结果，再进行定性分析。这种预测以取长补短的手段，使预测的可靠性、真实性明显增加，减少了在预测活动中不可控因素的影响。

（二）预测的一般程序

预测程序表现的方式较多，呈多样化特征。常用的有以下程序：

1. 确定预测目标

预测的第一步是确定预测目标，即要表现的目的和主张，并通过目标显现预测的核心。确定预测目标是基础，决定了预测的步骤。确定目标要联系客观实际，量力而行，其目标才有可行性和可操作性。

2. 预测的基本原则

（1）连续性原则。连续性原则，即对过去、现在和未来的变化，进行关联性的预测，用连续性保证预测的整体性，突出预测的重点。例如，我们对某市场过去、现在和未来的连续性预测。

（2）相关性原则。预测总是相互联系、相互依存、相互制约的，一种因素的变化会引起其他因素的变化。相关性预测就是在相关因素的变化中进行判断、分析、筛选来实现预测的方法。

（3）类推性原则。类推性原则，即人们可以根据模式类推某个预测目标的原则。模式的多样性决定了类推方法的多样性，没有类推就无法进行预测。

（4）评估性原则。评估性原则，即对预测结果进行评估，目的是总结预测经验，为今后的预测做更好的准备，是提高预测水平的必要手段。

3. 收集整理资料

收集资料要深入调查，获取第一手材料，也可以查阅文献，得到第二手资料，占有资料应当广泛。整理资料就是分别归类，细心选取，加工整理，去伪存真，精益求精地使用材料。

4. 选好预测方法

选用最能表现预测目标的方法主要包括选用自己常用的方法、选用读者熟悉的方法选用有创意的预测方法、选用容易表示的方法等。

5. 进行有效预测

有效的预测能真实反映情况，精确度高，可信度会大大增强，决策者可以举一反三，达到决策准确的效果。有效预测主要有选题、选材、分析、判断等的有效预测。其中，对预测的预期效果（结论）的预测尤为重要，关系到预测的成功与否。

6. 分析评价预测结果

分析评价是对预测结果的验证。常用的验证有互相验证、对比验证和专家验证。

（1）互相验证，即用不同的方法对一个预测对象进行验证并将其不同的结果进行比对印证。

（2）对比验证，即利用相同的预测对象，将自己预测的结果和他人预测的结果进行对比，从中分析预测结果的不同之处并找到共同点。

（3）专家验证。这种验证具有权威性、可靠性，表现形式常为专家座谈会、讨论会以及专门的专家鉴定等。

六、经济预测报告的结构

（一）标题

1. 完整式标题

完整式标题由预测时限、预测范围、预测目标和文种四要素构成，如《2021—2030年中国农村金融经济发展预测报告》等。

2. 新闻式标题

新闻式标题又称消息式标题，可分为单标题、双标题（主标题、副标题）两种形式。单标题，如《运输产业发展预测报告》《抑制房地产过热势在必行》等；双标题，如《就业形势严峻 政策宽松解难——高校毕业生就业市场展望》等。

3. 准齐式标题

准齐式标题的要素不全，或者只有目标和文种，或者只有目标、文种、时限，如《2019年民营经济发展趋势预测报告》等。

（二）开头

开头又叫前言，常见的开头有总述预测结果，有利于把握行文的主张和目的；说明预测目的、原因（背景）、方法，可以清楚表明行文脉络；交代预测时间、地点、范围、对象等，便于了解全貌，解读预测结果。此外，经济预测报告也可以不要前言部分，直入主题。

（三）主体

1. 说明现状

这部分是预测的依据，要用有代表性的资料和数据回顾过去，说明现状，为后面的预测打好基础。这部分要重点突出，确保资料真实可信。

2. 预测分析

这是预测报告最核心的部分，要对资料进行分析、综合、比较、评判和预测经济的发展趋势；要充分利用数据做好定性、定量分析；分析推导要清晰，综合比较要合乎逻辑；预测要力求准确，从中找出经济发展变化的趋势和规律，使提出的对策更为牢固坚实。

3. 对策分析

对策主要是为决策机关和相关经济实体决策提供的重要参考。对策和建议一般采用条列式，要体现两个基本点：一是提议、设想要切实可行；二是提出的对策要具体化，有措施、方案或行动计划，有利于决策。对策分析应有针对性，内容具体、明确，要有所突破和创新。

（四）结尾

结尾又叫尾部，与开头形式呼应。结尾部分的作用主要在于归纳，对正文的观点进行强调和重申。结尾也可以不要，直接用报告的对策部分收尾。

七、经济预测报告与经济考察报告的区别

（一）目的不同

经济预测报告通过分析过去和现状，预测未来的变化和发展；经济考察报告是通过调查分析掌握经济的过去和现在的状况。经济预测报告是分析过去、综合现状、预测未来，经济考察报告是了解过去、考察现状、强调应用。

（二）方法不同

经济预测报告有调查，但主要是用科学方法建立预测模式，如回归分析法的因果关系模型、投入产出法的结构关系模型等，是对有关资料和数据进行研究和预测；经济考察报告则采用抽样调查、典型调查的方法去收集资料写出报告。

（三）要求不同

经济预测报告在调查的基础上，通过预测提出对策或建议供决策之用，提示预测的内容；经济考察报告则无严格要求。

八、经济预测报告的写作要求

（一）资料丰富，分析周密

写作靠材料，材料靠分析，分析靠周密。预测必须要有大量的材料，由直接材料和间接材料共同形成资料库。资料丰富，选取空间大，容易形成资料优势。经济预测报告还要对资料进行周密的分析，哪些资料最好用或最能说明问题，都要经分析、判断，以真实可靠的资料供预测使用。

（二）预测准确，措施可行

经济活动不确定或突发性的因素较多，加上预测者形成的不易改变的预测习惯和思维方式等，都将影响预测的精度。预测首先要准，力争做到全面、合理、科学。对策、建议、方案、计划等，要多方听取意见，在分析、判断和预测上多下功夫，在实践中注重实际效果。

（三）语言严谨、准确、朴实

经济预测报告使用各种专业术语、数据很多，写作要严谨、准确、朴实。严谨指用语谨慎，数字和一些模糊语言不能带有随意性和个人的主观性。用语要干净利落，不粉饰、不渲染、不铺陈、不夸张。

［**范文**］

经济蓝皮书：2018 年中国经济形势分析与预测

第三节　可行性研究报告

一、可行性研究报告的概念

可行性研究报告是对拟建项目或科研项目等可能采用的实施方案进行反复研究，从而确定方案是否可行所写出的书面报告。

可行性研究报告最早出现在 20 世纪 20 年代的美国。我国从 20 世纪 70 年代开始应用可行性研究报告，20 世纪 80 年代确立该文种并作为建设项目审批的依据，也将其作为专项制度固定下来。目前，可行性研究报告的应用极其广泛，已成为经济应用文中的必不可少的重要文种。

二、可行性研究报告的功能

（一）项目审批和投资决策的重要依据

任何一个项目都有审批的重要环节。项目能否通过审批，取决于项目的规模、产生的效益、建成的时限等项目审批的决策者必须对可行性研究报告中的确切资料、科学数据进行多方面的研究、分析后，才能进行审批。投资者必须了解项目实施的步骤、建设条件等，才能进行有效投资。因此，可行性研究报告具有的决策依据作用不可替代。

（二）编制国民经济计划的重要依据

国民经济规划关系国家经济的发展与走向，意义十分重大。特别是国家级的经济规划投资规模宏大，必然要进行可行性研究和多方面分析，通过深入论证，最后形成可行性研究报告作为国民经济战略实施和决策的依据，这也是报告价值的根本所在。

（三）申请贷款和多渠道融资的重要依据

保证资金投入就离不开可行性研究报告。相关政府、上级部门、银行等是否拨款、贷款，要依据可行性研究报告进行审核、评估，要从全局上分析社会效益、经济效益、投资数额、效益回报情况、项目执行者的信誉和资金偿还能力等，才能做出正确的决策。

（四）设计与实施项目的重要依据

可行性研究报告无论是报告前的初步设计，还是报告后的最终设计，都必须按可行性研究的结果来引导设计，达到技术上先进、经济上合理的目的。项目实施后，相关人员可以凭借报告对项目的实施全过程进行监督以保证项目的圆满完成，如资金来源、建设速度、质量保证等。

三、可行性研究报告的特点

（一）科学性

可行性研究报告要运用科技手段和原理、经济理论等来说明项目的必要性、先进性和科学性；同时，还要运用大量真实的数据来具体说明项目在技术上、经济上的种种优势，保证可行性研究报告的科学含量，力争反映当前先进技术水平，突出其创新性和引领作用，这些都是其科学性的充分体现。

（二）论证性

可行性研究报告是集思广益的论证结果，涉及宏观的和微观的、现实的和长远的、政治的和经济的、表面的和深入的、一般的和特殊的等论证方法和论证手段。因此，可行性研究报告的论证性特别突出。

（三）多学科性

可行性研究报告的内容涉及不同领域的不同学科，多学科相互协作而成的特点突出。拟建一个项目往往会涉及建筑学、金融学、环保学、工程学、管理学、社会学等多学科，还涉及人口、治安、医卫、教育、生活设施、公用事业等部门或机构的通力协作，多学科性特点十分明显。

（四）预测性

预测性是可行性研究报告的必备要素，预测是可行性研究报告的一种重要的研究手段。可行性研究中的预测依据是实在的项目，预测更准确、具体，可变因素和不可控因素少，更容易从预测中推导出具体的结果。

（五）系统性

可行性研究报告涉及多科学、多领域、多部门、多单位，决定了其多系统协作和组合的特点。

（六）真实性

可行性研究报告决定项目是否可行，真实性是最基本的保证。这就要求资料、数据、分析论证等整体的真实，才能成为真正可靠的依据，为决策出谋划策。没有真实性的可行性研究报告，就不可能完成优秀的项目，更不可能有良好的社会效益和经济效益。

（七）及时性

可行性研究报告有时限的要求。明确时限可以节约人力、物力，提高先进技术和先进设备的效率，促使项目尽快完成，实现效益回报，促进经济更快发展。因此，可行性研究报告的调研、编写、审批、落实特别要体现出时限要求。

四、可行性研究报告的类型

可行性研究报告使用范围广、类型多。常见的分类如下：

（一）可行性研究报告按内容分类

可行性研究报告按内容分类为高速公路建设可行性研究报告、机电产品出口可行性研究报告、文化产业发展可行性研究报告等。

（二）可行性研究报告按范围分类

可行性研究报告按范围分类为国民经济规划实施可行性研究报告、重点项目可行性研究报告、地区经济发展可行性研究报告等。

（三）可行性研究报告按目标分类

可行性研究报告按目标分类为单目标可行性研究报告、多目标可行性研究报告等。

（四）可行性研究报告按涉及的地区分类

可行性研究报告按涉及的地区分类的国外经济建设可行性研究报告、国家经济技术开发区建设可行性研究报告、地区经济建设可行性研究报告、本地经济可行性研究报告等。

五、可行性研究报告的主要研究方法

（一）系统研究法

系统研究法是指运用系统的理论来分析研究事物各功能和整体动态性的方法。系统研究法有相对独立的研究体系，各体系又形成主要和次要体系，这就需要进行各系统的连接、协调来构成整体可行性研究。可行性研究报告必须有系统的研究方法，借以扬长避短，为我所用。

（二）比较研究法

比较研究法是指把两个或两个以上的研究对象在同一基础上进行分析比较从而择优选择的一种研究方法。该方法在可行性研究报告中运用极为广泛，如不同方案、不同经济指标、国内外同类项目的纵向横向比较等。

六、可行性研究报告的结构

（一）标题

标题有两种形式：一种由建设单位名称、项目名称和文种构成标题，如《北京市地铁扩建可行性研究报告》等。另一种由项目名称加上文种构成标题，如《财产保险相关项目可行性研究报告》等。

（二）正文

正文包括总论、主体、结论三部分，一般带有附件。

1. 总论

总论又叫前言，是全文的总括和大纲。总论的内容包括概述拟建项目的背景和投资的必要性及经济意义，简单说明可行性研究的依据、范围、要求等。

2. 主体

主体是可行性研究报告的核心，是对项目可行性的分析论证，最终要得出项目是否可行的结论。主体由以下五个部分构成：

（1）经济调查。经济调查是可行性研究的第一环节，即通过对经济现状和未来的调查，包括对国内外经济需求、价格、竞争力等的调查做出分析判断。经济调查的结论是肯定的，就说明拟建的项目是可行的。

（2）技术研究。技术研究在经济调查的基础上进行，内容比较多，如原材料及资源配备、技术和工艺流程、机构和人员准备、项目实施方案、工程设计、设备安装和调试、工程施工和验收、投产时间、环境评估等。

（3）资金来源分析。资金来源目前主要有政府拨款、银行贷款、建设单位自筹以及其他方式的筹资四种途径。投资数额估算、资金到位情况、流动资金安排等是资金来源分析的内容要素，关系重大。

（4）经济效益分析。经济效益分析又称盈亏研究或财务分析，主要是研究项目盈亏情况和评价项目应用后的经济效益情况。可行性研究报告对收支能否平衡、盈利多少、亏损如何解决等一系列问题都要进行透彻的分析，要事前准备、事中调整、事后汇总，并要有风险意识，做到留有余地。

（5）社会影响研究。项目建设的社会影响是项目最终能否通过评审的一项硬指标。如果项目对所在地区造成环境破坏、资源和能源供应紧张等问题，浪费财力、人力，不合民意，又违反经济和社会发展的客观规律，即得不偿失。

3. 结论

结论是对可行性研究报告的概括和总结。结论要强调三个方面：一是在突出社会效益和经济效益时，要重在指出项目投资回收的方式、时限以及项目收益的增长幅度；二是搞好经济的总体评估，重在指出项目在国民经济中的地位和作用；三是用评价的真实性提升结论的价值。

4. 附件

附件是可行性研究报告正文结束后附带的论证材料，如图表资料、实验数据等。附件说服力和参考价值很强，不能掉以轻心。附件多时则加注编号，并在正文部分有关位置加括号说明。

七、可行性研究报告与其他文种的区别

（一）可行性研究报告与项目申请报告的区别

1. 用途不同

可行性研究报告是由具有资质的单位完成的用于批准立项的书面依据，有对项目的市场、进度、规模、财务等方面进行的全面分析；项目申请报告是项目申报单位向有关项目管理部门提出的项目申请。

2. 侧重点不同

可行性研究报告注重建设方案和投资，是需要国家相关部门进行评审批准的；项目申请报告注重对环境、资源、社会、国民经济、区域经济的影响，一般属于自建自投的项目。

3. 具体内容不同

可行性研究报告和项目申请报告的具体内容差异明显。

（二）可行性研究报告与调查报告的区别

1. 时间要求不同

可行性研究报告带有期限性，调查报告强调及时性。

2. 内容侧重点不同

可行性研究报告分析经济运行指标，重点在于分析某种经济情况的产生及应对策略；调查报告内容更广泛，形式更灵活多样。

3. 表述方式不同

可行性研究报告一般与数据有关，有表格、数据的分析说明，有数学公式，要运用数学公式演算；调查报告用事实说话，阐明道理，观点表述常常以叙述为主，兼有说明和议论。

（三）可行性研究报告与市场预测报告的区别

可行性研究报告侧重于对过去与当前经济发展进行分析，立足过去、当下，重在展望未来，尤其突出其可行性。市场预测报告以调查为主，拥有大量数据，重在对眼前实际现状的认识、分析与把握，进而反映出相关问题，提供重要依据或事实。

八、可行性研究报告的写作要求

（一）调查研究，深入分析

可行性研究报告强调调查，获取全面、准确、可靠的资料，才能进行可靠的研究。调查可用不同的方法对项目投资、建设步骤、技术要求、效益回报等进行深入研究。可行性研究报告还要对已分类、选取的材料做出分析，对各项指标进行认真核算，从而真实体现出项目的优势。

（二）材料真实，论证充分

材料真实是实现可行性研究的基本原则。论证就是要做到事理结合以证明结论的正确。可行性研究报告要注意选好不同的论证方法，进行充分的论证。论证以“议”开始，要议深议透，借此证明观点的正确。论证要用好材料，推敲重点，达到“非我莫属”的效果。

（三）结构完整，表达准确

可行性研究报告论证性、专业性强，篇幅较大，结构完整性要求很明确。做到结构完整的方法有：提纲先行，定好结构框架，选出最实用的结构；议论、说明等的表达要充分、准确，论证实在；分类说明不顾此失彼，定义有明确说明，诠释不含混。总体来说，就是结构好、表达准、意思明、有根有据、纲举目张。

（四）用语简练，说服力强

可行性研究报告对专业术语的解释、说明等，往往会让人难解其意。可行性研究报告的写作要用语简练，多用短句，表意准确，术语注意进行形象化处理，达到通俗易懂、鲜明生动的效果；多举例，多比喻，使论证深入浅出，说服力强，从而更有利于读者接受。

［**范文**］

绿色食品展示交易中心建设项目可行性报告

第四节 经济决策方案报告

一、经济决策方案报告的概念

经济决策方案报告又称经济决策方案，是智囊团、咨询机构、有关部门等为实现经营目标，依据科学的资料和可靠的预测，提出若干个切实可行的实施方案，供决策者决策时选出最佳方案的书面报告。

决策是现代管理学的重要概念和重要内容之一，决策就是决定策略和办法。从经济学的角度看，决策的最大功能是选用最佳方案，以最少的投入获得最大的效益。

二、经济决策方案报告的功能

（一）科学决策的重要内容

科学决策是经济决策方案报告的精髓。科学决策在报告中呈多元发展，形成了更多学科在报告中的决策形态。经济决策方案报告的多功能定向决策内容，更为专业化，体现了这种报告的内容优势，成为重大决策的重要动力。

（二）实现决策的重要前提

决策变为行动，是抓问题、定目标、选方案、作评估、求实施的过程。这种过程是实现决策行动的必要前提。没有这个前提，决策者就无法实施决策。此外，实施方案的时间、对象、范围、步骤和内容等，也是决策的必备前提。例如，我们利用某地区多年人均收入的数据变化以及消费状况对比为前提，就可以提出新的相关决策性意见或决策依据。

（三）优化管理的可靠形式

优化管理必须要有三种创造力，即发明新理论和技术的创造力，应用新技术开发新产品的创造力、市场营销的创造力。美国哈佛商学院教授、世界著名管理大师西蒙在其著作《管理行为》中指出：管理的中心是经营，经营的中心是决策。决策贯彻管理的全过程，管理就是决策，也是创造性地制定决策并实施的过程。因此，实施决策就是优化管理的可靠形式。管理多种多样，都有具体、明确的目标和模式。实现管理的科学化、人性化、现代化，决策起着决定性的作用。好的决策就有好的方案，好的方案就带来好的管理，这已经被大量事实证明。

三、经济决策方案报告的特点

（一）真实性

经济决策从方案的制订到实施都是经济行为的真实体现。没有真实的经济事实和数据，经济决策方案的目标难以确定，就是有了方案，因为不真实，执行也只会偏离目标。

（二）指导性

指导性贯穿于整个决策过程中，是经济决策方案报告的重要体现。经济决策多种多样，指导性决策常常含有他人的决策智慧和经验，可以保证自身决策的可信度。因此，决策的指导性对提高决策的意义重大。

（三）基础性

决策也是一切经济活动的基础。经济决策研究报告的决策是在一定经济基础上进行的有价值、有目标的决策，基础扎实，在反映经济现象、揭示本质或规律上占有很大优势。

（四）严谨性

决策是一项极为严肃的工作，必须按科学的原则和经济规律进行决策。如果出现内容、方案等指导性的错误，会导致方案与实际不符，难以实现决策者愿望。正是由于经济决策研究报告特别强调决策的严谨性，因此其作用在日趋扩大。

（五）科学性

经济决策方案报告从制作到运行的整个过程都与相关的科学原理、数据、定律等息息相关，是一种充满科学性的“结晶体”。经济决策方案报告要大量使用相关的科技手段，参考相关的科技例证，必然会充分体现出相关的科技含量和实际科技水平，进而体现出经济决策方案报告的科学性。

四、经济决策方案报告的类型

经济决策方案研究报告涉及的范围广、类型多。常见的分类有以下几种：

（一）经济决策方案报告按决策范围分类

经济决策方案报告按决策范围分类为宏观经济决策报告和微观经济决策报告等。

（二）经济决策方案报告按决策性质分类

经济决策方案报告按决策性质分类为确定型决策方案报告、不确定型决策方案报告、风险型决策方案报告和竞争型决策方案报告等。

（三）经济决策方案报告按目标分类

经济决策方案报告按目标分类为单目标决策方案报告、多目标决策方案报告等。

（四）经济决策方案报告按时限分类

经济决策方案报告按时限分类为长期经济决策方案报告、中期经济决策方案报告、短期经济决策方案报告、近期经济决策方案报告等。

（五）经济决策方案报告按内容分类

经济决策方案报告按内容分类为金融研究决策方案报告、商业经济决策方案报告、城市建设决策方案报告等。

五、经济决策方案报告的结构

（一）标题

经济决策方案报告的标题有两种形式：一种是目标加文种，如《高速公路建设决策方案报告》等；另一种是公文式标题，这种标题由单位、时间和事由构成，如《江苏省关于林业资源近期规划方案的决策报告》等。

（二）正文

经济决策方案报告的主体有确定决策目标、研究决策资料、制订实施方案、比较论证、推导结果几部分内容。

1. 确定决策目标

确定决策目标就是确定决策要达到的结果。决策目标可自成一段，常放在正文的开头。目标的基本要求如下：一要明确、具体、可行；二要有目标估量与结果的相关标准；

三要有明确的时限；四要有确定实现目标的责任者。

2. 研究决策资料

决策的材料很多，有数据资料、统计资料、计划资料等。首先，我们要对资料进行归类、整理、研究，构成自己的决策资料库或平台。其次，我们要按决策目标的量化标准决定如何研究资料、选择资料；再次，我们要按问题的关键所在确定使用资料的范围；最后，我们要联系实际，用好材料。

3. 制订实施方案

制订实施方案必须与实际相结合，与决策者的要求相结合。制订实施方案要体现以下四个要点：一是掌握大量信息，运用资料充分；二是选好决策类型，推出制订方案的要求与标准；三是写出提纲，明确步骤，抓住要素，制订方案；四是运用系统分析的方法，有两个以上的系统方案供决策者选择使用。

4. 比较论证

比较论证是对已制订的两个及以上可供预选的方案经过分析、对比、论证以选出最佳方案的过程。比较论证运用数据和事实可以真实客观地反映方案内容以减少风险。当然，投资少见效快，可获取最大经济利益的方案应是首选。

5. 推导结果

推导是一种预测，必不可少。我们应从实际出发，注意可变因素，如政策变化、资金链断裂等，估计出最终实现的结果是怎样的。同时，方案制订者也可以从推导结果中总结经验，吸取教训，从而制订出更好的方案。

（三）结尾

结尾包括习惯用语、署名、日期。常用结束语有“以上仅供领导决策参考”“以上方案请选择”等。

六、经济决策方案报告与议案、提案、工作方案的区别

（一）经济决策方案报告与议案的区别

议案是由法律规定的机关、人民代表向全国人民代表大会和各级人民代表大会提出的“议事原案”。经济决策方案报告提出的决策方案是一种出谋划策的“计策”，由咨询机构、智囊团体等提出，供决策者选择。

（二）经济决策方案报告与提案的区别

提案是各级人民政协会议、职工代表大会等代表提交会议讨论决定的建议，与经济决策方案报告性质不同，提出者不同，提出的内容及目的也不同。

（三）经济决策方案报告与工作方案的区别

工作方案属于工作计划范畴，是领导机关向所属单位布置一定时期的工作、提出要求等的书面材料，与经济决策方案报告文种不同，目的不同，运用的方法也不同。

七、经济决策方案报告的写作要求

（一）撰写步骤

一要找对象、看要求。经济决策方案报告的写作要了解决策对象的性质、特征、状态、发展趋势以及要求等基本情况，从而做具体的决策。二要提问题、定目标。经济决策方案报告的写作要善于发现问题、研究问题，这样研究才有新颖性和独创性。三要抓资料、重分析。经济决策方案报告的写作要在资料的广度、深度、可信度、使用度上下功夫。四要定方案、求完备。经济决策方案报告的写作要做到方案完备，条目清楚，内容一目了然。五要重论证、多比较。重论证就必须用多个方案进行比较，比较谁最实用、谁最创新等，这些都要通过论证比较来实现。六要重推导、看结果。经济决策方案报告的写作要从推导与结果上注重实效，使决策报告更新鲜活泼，富有生机。

（二）具体写作要求

第一，符合法规要求。经济决策方案报告涉及不少相关法规，在写作前，写作者要做到心中有数。第二，重调查、集资料。收集的资料要真实、深入，实在。第三，善于发挥创造性思维。创造性思维就是要以超常规表现进行创造性的思维开拓，凭借灵感实现创新性的突破。第四，预测准、设计好。决策中有预测的影子，预测中有决策的形象，因此要善于预测。使用预测要恰当且有分寸，重在利用预测的结果，精心推出最佳设计方案。第五，观点鲜明，论证有力。经济决策方案报告要结合具体的内容和具体的论证，用最好的方案为决策者的决策提供参考。第六，进行多方案比较，选出最好的方案。

［**范文**］

证券投资资产配置及决策方案

第五节　经济活动分析报告

一、经济活动分析报告的概念

经济活动分析报告是企业、政府部门、科研单位等就某一经济状况进行分析后写出的书面报告。经济活动分析报告是一种常用的专业文书，又称经济活动总评、经济活动分析、经济状况分析、经济情况说明。

二、经济活动分析报告的功能

（一）把握规律，为经济决策提供依据

经济活动分析报告是在了解一定时期的经济现状、找出经济问题、预测未来发展趋势等基础上形成的综合分析报告，可为决策提供依据。这些决策依据既包括确定经济问题、分析成因、对主要经济矛盾和难点等提出多种解决方法，又包括预案和方案可行性预测、组织和投入等综合配套以及对各项指标进行效果对比等。

（二）提高管理水平，增强竞争力

经济活动分析报告提示现代管理的新体系，丰富管理的多元化、立体化模式，必然会增加经济实体的竞争力。

（三）有利于政府部门发挥职能作用

通过经济活动分析报告，财税、金融、统计等部门可以了解各种经济实体的现状等情况，做出宏观经济分析，掌握经济的运行状态，采取措施促进国民经济协调平衡发展。经济活动分析报告又为政府部门对国民经济的宏观调控提供了重要依据和最直接的监管保证。

（四）了解经济动态，积极采取对策

经济活动分析报告预测经济变化，能真实地反映经济现状和动态，揭示经济发展趋势。经济实体可以将经济活动报告作为导向，不失时机地采取相应对策，提升经济持续健康发展的能力。

（五）便于互通信息，促进经济交流

信息互通是经济发展的重要动力。经济活动报告可以打破封闭状态，激活各种经济要素，促进交流，带来经济进步。各相关单位可以在经济活动的形式、方法、对策等要素中相互融合，取长补短，创新模式，形成规模经济的发展势头，推动经济的更高质量发展。

三、经济活动分析报告的特点

（一）纪实性

经济活动分析报告是对某一经济状况进行分析后所写的报告，记录的是真实的经济情况，运用的数据是真实的数据，反映的是真实的经济事实，这些都充分显示了经济活动分析报告的纪实性特点。

（二）指导性

经济活动分析报告反映各经济要素，对经济行为等具有较强的指导性。经济活动分析报告可以引导经济实体改善管理、增强竞争力，可以引导金融、财税等政府部门进行有效的监督和管理，利于对国民经济运行、发展状况的进一步分析。

（三）评估性

经济活动分析报告要对生产、经营、发展等在一定时期总体态势和经济活动的现状进行评估。经济活动分析报告具备的评估性，是反映经济活动不可缺的环节，没有评估性，经济活动分析报告仅仅是一种经济情况的汇编而已。

（四）及时性

同其他经济类应用文种一样，经济活动分析报告也有及时写、及时报的要求。因为经济发展变化迅速、不以人的意志为转移，及时性的要求特别高。及时反映问题、及时采取举措、及时介入、及时改变，已经成为经济活动分析报告重要的实用特征。

（五）综合性

经济活动分析报告要依靠大量的信息进行分析、判断，反映经济活动的本质和一定的经济规律。由于信息涉及大量经济数据、指标等，对其进行综合考量已成为必然。此外，经济活动本身也需要用不同的方法、手段来完成分析研究，综合性始终贯穿于报告全过程。

四、经济活动分析报告的类型

（一）经济活动分析报告的分类

1. 经济活动分析报告按时限分类

经济活动分析报告按时限分类为长期经济活动分析报告、中期经济活动分析报告、短期经济活动分析报告、近期经济活动分析报告等。

2. 经济活动分析报告按范围分类

经济活动分析报告按范围分类为宏观经济活动分析报告、微观经济活动分析报告等。

3. 经济活动分析报告按行业分类

经济活动分析报告按行业分类为工业经济活动分析报告、农业经济活动分析报告、商业经济活动分析报告等。

4. 经济活动分析报告按内容分类

经济活动分析报告按内容分类为财务活动分析报告、经济动态分析报告、销售情况分析报告、商品促销活动分析报告等。

（二）常用的经济活动分析报告

1. 经济综合分析报告

经济综合分析报告，即综合分析报告、系统分析报告、全面分析报告，是以某一部门或单位一定时期内的经济活动作为一个整体，根据各项主要经济指标进行综合分析和全面总结所写的书面报告。这样的报告常用于年度或季度经济活动的定期分析，主要依据会计报表及其他有关资料，具体通过对资金、费用、成本、利润等关键环节做出分析和评价，提出设想。经济综合分析报告要抓住关键和普遍性问题，进行分析总结，再形成报告。

2. 经济专题分析报告

经济专题分析报告简称专题分析报告，是对经济活动中某个突出的问题进行调查分析后所写的书面报告。经济专题分析报告有两个不同的侧重点：一是以当前中心工作中的业务变化、薄弱环节等作为专项分析对象；二是实体内部职能部门的专题分析，如销售、资金等的单项分析。经济专题分析报告内容专一，针对性强，应用广泛。

3. 简明经济分析报告

简明经济分析报告简称简明分析报告，又称定期分析报告，多用于基层单位，一般是围绕几个主要的经济和技术指标，或者抓住一两个重点问题进行分析以观察经济活动的趋势和工作进程。简明经济分析报告多在年终、季末、月底结合报表进行编写。

五、经济活动分析报告常用的分析方法

（一）比较分析法

比较分析法又称对比分析法、指标分析法，是将两个以上具有可比性的资料加以对比，根据对比结果来研究经济活动状况的方法。比较分析法在定量分析中最为常用，可比性是其基本特征。比较分析法可以从以下几个方面来进行：

1. 比计划

比计划是把本期的实际完成数与计划数相比较，说明计划的执行情况，确定分析的主要方面，找出计划完成或未完成的原因。

2. 比历史

比历史是以本期的实际完成数与上期或同期的完成数相比较，或者与同行、本单位历史上最好或最差的水平相比较，借以反映经济活动的发展变化，以便进一步搞好经济工作。

3. 比先进

比先进又称类比法，是以本期实现数与先进单位的实现数相比较，或者与国外先进的同行、同类产品相比较，从中发现问题、找到差距，从而促进自身的转化。

4. 总体与部分比较

这种比较是指将部分经济指标与总体经济指标进行比较，通过计算构成的比率来说明指标的变化，如部分经济指标与总体指标的比较等。

5. 不同性质的指标比较

这种比较就是用性质不同却又相关的指标进行比较，如用生产员工的人数与生产成果的比较来反映生产效率等。

6. 不同时期的同类指标比较

这种比较是将同类指标放在不同时期的状态中比较，从中计算出动态比率，借以反映这项指标的增减情况和发展方向。

（二）因素分析法

因素分析法又称连锁替代法，是对某一经济指标是否完成的诸多原因进行分析后，从中找到根源所在，进而解决问题的方法。因素分析法可以选取各项因素变化的数据，了解其对综合指标产生的影响；可以在各项因素分析中找到主要因素，再进一步找到问题的关键所在。运用因素分析法要注意：第一，在分析因素时，要抓住反映本质的、起决定作用的主要因素，分析要抓住本质，反映结果。第二，抓好倾向性因素做预测分析。对有明显倾向性、有可能发展成为主要因素的因素进行预测分析，目的在于引起领导和有关部门的重视，利于制定对策。第三，抓好分析的主观因素和客观因素。因素变动有主观和客观两个原因，我们不能以客观原因掩盖主观因素，反之亦然。从抓好主要因素做重点分析看，过分依赖主观判断或客观条件会出现经济活动的估计偏差。人们对经济活动的选择同样存在倾向性、偏好性等主观原因，又会影响到对客观原因的准确把握。

（三）预测分析法

预测分析法又称动态分析法、趋势分析法，是通过对经济活动发展趋势的分析和判断，来研究某种经济活动或现象出现变化与未来前景的分析方法。预测分析法是按分析对象的特点和分析目的，将有关经济指标或反映发展的动态指标，按时间顺序排列为动态序列加以分析。这种分析法关键是积累和掌握各时期统计资料，编制动态数列，用增长量、发展水平、增长速度等有可比性的指标进行分析。预测分析法又可分为统计分析法、经验预测法、计划预测法。

统计分析法，即用过去的实际统计资料，分析其发展趋势，以此预测未来的方法。

经验预测法，即用以前在经济活动中取得的成就、经验和教训，对遇到的新问题进行预测和判断的方法。

计划预测法，即参照国民经济计划和上级主管部门制定的指标或指导性计划来预测经济发展的趋势和变化，或者据此制订计划。

（四）综合分析法

综合分析法又称综合评价法，是对各项指标的执行情况进行对比、计算和评价的方法，整体上权衡得失，全面判断分析，然后得出高效、低效、无效、最佳、一般、低劣等综合性评议或选择建议。这种分析方法要注意次要因素和主要因素、偶然因素和必然因素的区分，进而避免分析的主观性和片面性。

（五）调查分析法

调查分析法是通过个别交谈、座谈会、电话调研、网上查询等形式，收集必要的数据资料结合实际情况进行分析研究的方法。调查分析法易于了解经济运行和发展的实际状况，资料来源真实，被广泛使用。

经济活动分析报告的分析方法还有结构分析法、比率分析法、指数分析法、平衡分析法、概算分析法等。在实际写作中，写作者可将多种分析法同时使用，但不宜使用太多方法。

六、经济活动分析报告的结构

经济活动分析报告的形式具有多样性，有前部分文字分析，后部分数字图表说明的“前文后图”式；有以文字分析为主，数字图表穿插其中的“文中插图”式；有以数字图表为主，文字分析作为数字图表的解说附在后面的“数字图表说明”式；有文字分析后再加上数字图表说明，如此循环排列的“文图递进”式。不管何种形式，其基本结构一般都包括标题、开头、主体、结尾、落款及日期等部分。

（一）标题

经济活动分析报告的标题比较灵活，常用的有报告式标题、论文式标题和新闻式标题。

1. 报告式标题

报告式标题带有汇报性质，一般由单位名称、时限、对象、文种构成，如《2019 年上海市建设银行年终资金分析报告》等。有时标题可以省去一两个要素，如《2019 年燃气供求情况分析报告》省了单位名称，《××集团公司经济情况分析报告》省了时限。要注意，标题中省去的要素，在正文中必须要交代清楚。

2. 论文式标题

论文式标题又称简要式标题。这种标题与论文标题相似，常用于在报刊上发表的分析报告。论文式标题常常是通过一个观点鲜明的判断句以表明分析报告的主要内容、建议和有倾向性的意见，如《对经济活动方式的几点思考》等。分析报告可以加上副标题，如《宏观调控重在力度——房价上涨与回落透析》等。

3. 新闻式标题

以新闻式标题作为经济活动分析报告的标题主要是因为其醒目、简要、有吸引力。新闻式标题有单标题、双标题之分。单标题，如《经济指标的虚高为何屡禁不止》等；双标题，如《百姓说物价在涨，政府说物价在降——听专家道出个中缘由》等。

经济活动分析报告为使层次清楚，可以采用小标题形式。小标题按内容制定，但要注意与全文总标题的照应。

（二）开头

开头又称前言、导语、引言。从经济活动分析报告基本情况、评估分析、建议对策三部分内容来看，开头部分是基本情况的介绍。这部分主要包括分析对象、目的、意义、内容等要素。开头部分主要是有针对性地提出问题，交代基本情况。

（三）正文

正文是主体，是经济活动分析报告的核心。这部分可以按分析报告的类型、目的和要求来安排分析的内容。一般来说，正文要以总体指标完成情况、综合经济效益分析为主进行分析、比较和说明。写作者可以分出各项重要的经济指标，逐一分析，形成一个分析的面，然后再抓住一两个主要指标进行重点分析，从而构成一个典型的点。分析要点面结合，脉络清楚，突出重点。从总体来看，经济活动分析报告旨在阐释经济活动“怎么样”“为什么会这样”“应该怎么办”的问题。

经济活动分析报告类型不同，对简要分析报告，一般只抓主要的指标进行重点分析；对专题分析报告，则抓住专题分析的对象，进行有针对性的分析。

（四）结尾

结尾是安排建议和对策的内容之处，大体有分析的结论，改进意见或建议，具体的措施、办法、要求等内容。这部分要清楚表明建议和对策等以突出重点。

七、经济活动分析报告与相关文种的区别

（一）经济活动分析报告与调查报告的区别

第一，时间要求不同。经济活动分析报告时间性较强，带有定期性，即在年终、季末、生产与经营告一段落后写成；调查报告则要及时发现、调查，及时写出，时间上可不定期。第二，内容侧重点不同。经济活动分析报告重在对各项经济指标的分析，提出建议和对策；调查报告内容广泛，不仅限于经济活动。第三，表述方式不同。经济活动分析报告有指标、数据、表格的分析说明，常用经济或专业术语、数字演算等；调查报告形式和内容更灵活多样，叙述为主，兼有议论和说明，语言生动，可使用一些修辞手法。第四，人称不同。经济活动分析报告可用第一人称或第三人称；调查报告一般是站在第三者角度来写。

（二）经济活动分析报告与经济预测报告的区别

第一，内容侧重点不同。两者同是以调查分析为基础，同样要使用大量的数据和资料。经济活动分析报告侧重于对过去和当前的经济活动分析；经济预测报告则重在预测未来。第二，表达方式有所不同。经济活动分析报告重分析、议论、评价和说明；经济预测报告重在预测、说明、测算和评估。应该注意的是，两种报告在文体上可以合二为一，称为经济活动分析与预测报告。

八、经济活动分析报告的写作要求

（一）目的明确，准备充分

经济活动分析报告的写作首先要明确写作目的，从经济活动“怎么样”到“为什么会这样”，再到“应该怎么办”的过程，始终要从分析入手，围绕目的进行相应的写作准备。经济活动分析报告的写作要做到明确内容、清楚要求、保证时间、做好调查、汇总资料、撰写提纲等。

（二）运用资料，掌握数据

收集资料的方法有很多，经济活动分析报告的写作要收集已有的资料，如会计核算资

料、上年同期资料等；还要注重调查，深入实际，获得新材料，同时验证已有资料的内容和真实程度等。经济活动分析报告的写作要掌握数据，要结合调查得来的数据，经筛选、归类、综合，建立数据资料文档以备运用。运用数据要善于在变化中找出问题，进行分析；运用数据要慎重，审核要严格。带有保密性质的数据等，不能草率运用。经济活动分析报告的写作切忌数据的堆砌。

（三）提出措施，研究结果

提出措施，就是提出意见、建议、看法、对策等，是经济活动分析后的结果表现形态。分析深入、精准，提出的措施才能切实可行。提措施，要有具体对策而不空泛；要突出主要措施和对策的“点”，把握好对“面”的深化；要对措施和对策部分进行分析、研究和预测，确保措施行之有效。

（四）结构明晰，语言简明

经济活动分析报告的写作要结构明晰，如开头安排基本情况，正文（主体）安排具体分析等；用语要准确和朴实。经济活动分析报告一般篇幅较长，使用平均数、百分比、绝对数、相对数专用术语等情况比较多，分析的频率较高，容易造成表意不清，这些都要靠语言简明、表意准确等手段来解决。

［**范文**］

电力公司上半年经济活动分析报告

［**思考与练习**］

一、简述经济考察报告的主要考察方法。

二、经济考察报告和调查报告在内容与形式上的区别是什么？

三、什么是市场预测报告的系统性？

四、简述可行性研究报告的系统性作用。

五、经济活动是否“可行”，要尊重客观经济规律和客观实际，依据条件，量力而行。谈谈你对这句话的看法。

六、什么是决策？决策的主要条件是什么？

七、选择题

1. 常用的经济考察报告类型有经济情况考察报告等（ ）种。

A. 4　　B. 7　　C. 5

2. 经济考察报告与考察报告的区别有文体不同等（ ）项区别。

A. 6　　B. 4　　C. 3

3. 经济预测报告的（ ）是指它反映的经济本质的特征。

A. 前瞻性　　B. 科学性　　C. 超前性

4. 正文是经济预测报告展开（ ）、对策内容要素的部分。

A. 预测　　B. 分析、判断　　C. 现状、预测

5. 可行性研究报告涉及（ ）、多部门、多单位，决定了它多系统协作和组合的特性。

A. 多方面　　B. 多学科　　C. 多科学、多领域

6. 经济决策报告源于真实的（ ），也是经济行为的真实体现。

A. 经济模式　　B. 经济现状　　C. 经济指数

7. 可行性研究报告的（ ）是可行性研究报告的重要研究方法。

A. 综合研究法　　B. 目标研究法　　C. 系统研究法

8. 经济活动分析报告的形式具有（ ）式、文中插图式、数字图表说明式和文图递进式。

A. 前文后图　　B. 数据递进式　　C. 经济图表式

八、判断题

1. 经济考察报告运用广泛，本身就是公务文书。（ ）

2. 考察是考察报告第一要素，是形成报告的关键所在。（ ）

3. 市场是指商品交易的场所或商品行销的区域。（ ）

4. 经济考察报告的分类方法有五步平行法等 5 种。（ ）

5. 经济考察报告常用的考察方法有普遍考察等 8 种。（ ）

6. 经济预测报告的主要功能有 6 种。（ ）

7. 经济预测报告常用的预测方法有定性预测法、定量预测法和综合预测法。（ ）

8. 经济预测报告预测的基本原则有连续性原则等 4 大原则。（ ）

9. 经济预测报告预测结果常用的验证方法有互相验证、对比验证和一般验证。（ ）

10. 预测分析是经济预测报告最核心的部分。（ ）

11. 可行性研究报告是对已经采用的实施方案进行反复研究，从而确定方案是否可行所写出的书面报告。（ ）

12. 可行性研究报告主体由经济调查、技术研究、资金来源分析和经济效益分析构成。（ ）

13. 可行性研究报告与调查报告的区别主要有时间要求不同、内容不同、表述不同。 （　）

14. 经济决策方案报告从经济学的角度看，决策的最大功能是选用最佳方案，以最少的投入获得最大的效益。 （　）

15. 实施决策就是优化管理的可靠形式。 （　）

16. 经济决策方案报告的主体有确定决策目标等 5 个部分。 （　）

17. 经济活动分析报告是分析经济状况后写出的报告。 （　）

18. 经济决策方案报告涉及的相关法律、法规不多。 （　）

19. 经济活动分析报告的功能有把握规律等 5 个功能。 （　）

20. 从总体来看，经济活动分析报告旨在阐释经济活动“怎么样”“为什么会这样”以及“应该怎么办”的问题。 （　）

参考答案

第六章　经济传播类文体

第一节　经济新闻

一、经济新闻的概念

新闻是对新近发生的事实的报道。经济新闻又称经济消息，是对经济领域新近发生的具有新闻价值的经济活动或经济工作事实的报道。

经济新闻有广义和狭义之分，广义的经济新闻包括经济消息、经济通讯、经济调查报告、经济时事评论、经济特写等文种；狭义的经济新闻专指经济新闻。本节所讲的经济新闻是狭义的经济新闻。

二、经济新闻的功能

（一）增强宣传与教育

经济新闻及时报道国内外经济领域的各种事件、情况、经济理论及研究的动态和成果；宣传国家的经济方针政策，反映国民经济的发展状态；报道各种热点问题，反映人民的意见、要求、呼声；揭露经济领域存在的各种问题；宣传经济领域新事物、新理论、新技术、新人物、新成果等，宣传与教育作用尤为明显。

（二）促进信息传播与交流

经济新闻在当今知识经济社会发展中成为事实上的信息生产者、传播者和使用者。经济新闻传播或报道的新技术、新材料、新能源、新品种、新观念、新思维、新思想愈发明显。信息是资源，是财富，经济新闻融于此中，一条信息可以救活一个市场，这样的例证已不鲜见。

（三）有效互动以促进经济发展

经济新闻以大量的有效信息，依靠传播者与使用者的信息互动来反映经济走向、流通状况，分析供求现状，促进经济协调发展。经济新闻可以对国家乃至世界经济进行宏观性报道，也可以对一个市场、一个流通环节情况等进行传播，成为经济发展的“排头兵”。

三、经济新闻的特点

（一）真实性

美国心理学家勒温最早在《人际关系》一书中提出媒介的“把关”概念。他的助手怀特的调查表明，一家报社在一周内收到稿件 11 910 份，结果使用了 1 297 份，90%的稿件没有使用，其中对来稿真实性的考虑因素最为突出。这说明经济新闻报道的真实性要求是一项根本原则。经济新闻必须真实、客观地反映经济事实和经济的客观规律，决不允许违反真实的原则去搞假新闻、伪新闻。

（二）及时性

及时性反映出的时效要求，是经济新闻必不可少的要素。经济新闻的时效高于任何文体，传播必须争分夺秒，尤其是对重大事件的报道。报道越快就越可以掌握报道的主动，不仅赢得受众，还提高自身的知名度，提高了新闻效率，赢得了大众的青睐。

（三）简明性

短而精是经济新闻简明性的具体表现。经济新闻的主题鲜明、准确，导语简单明了；内容删繁就简，一事一报；形式紧凑集中，篇幅短小，利于编发和传播。读者可以在最短的时间内获得信息，这些都体现了经济新闻的简明性特征。

（四）情报性

经济新闻传播大量有价值的信息，具有极大的情报价值，是生产者、经营者、消费者、经济工作者（领导者）以及信息或经济情报研究机构、经济科研机构等迫切需要的东西。经济新闻具有的情报性，可以揭示出信息的价值取向，也是人们看重经济新闻的一大原因。

（五）生动性

经济新闻表达灵活多样，篇幅短小精悍，内容生动活泼，常常引人入胜，是经济新闻生动性的具体表现。经济新闻必然要贴近生活和大众，主题鲜明，标题精巧，导语精彩，内容新颖，才能赢得大众，将经济新闻视为必读、必看、必听、必讲的“经济大百科”。

四、经济新闻的类型

（一）经济新闻按写作重点分类

经济新闻按写作重点分类为动态经济新闻、简明经济新闻、综合经济新闻、经验性经济新闻、述评性经济新闻等。

（二）经济新闻按内容属性分类

经济新闻按内容属性分类为经济政策新闻、经济技术新闻、市场经济新闻、经济成果新闻、经济预测新闻。

（三）经济新闻按写作时间分类

经济新闻按写作时间分类为及时性新闻、发展性新闻、持续性新闻等。

（四）经济新闻按写作计划分类

经济新闻按写作计划分类为计划性新闻、非计划性新闻、专题性计划新闻等。

（五）常用的经济新闻类型

1. 动态经济新闻

动态经济新闻是最常见、用途最广的新闻文体。动态经济新闻反映及时，能迅速准确地报道国内外重大经济事件，或者一个部门、一个系统、一个单位经济活动中的新动向、新成就、新问题等。动态经济新闻的特点是一事一报、篇幅短小、内容单一、文字简洁以及占有重要地位。

2. 综合经济新闻

综合经济新闻是将若干个动态经济新闻进行综合报道，即将一地多事或多地一事综合起来进行报道的新闻文体。综合经济新闻反映一个时期带有全局性或代表性的经济情况、经济成就、经济动向、经济问题等，涉及面广、内容完整。一地多事带有“点”的特征，如记者对浙江义乌小商品市场的报道；多地一事带有“面”的特征，如记者对江苏省多地纺织业发展的报道。

3. 简明经济新闻

简明经济新闻又称简讯、短讯、快讯、一句话新闻、标题式新闻。简明经济新闻没有完整结构、具体情节、细节描写，仅几句话或一句话就简要报道一件事实，或者突出事实的某个部分或某个侧面。标题式新闻则是以一句话既作标题又作内容的新闻，与一句话新闻常常互用，合二为一。

4. 经验性经济新闻

经验性经济新闻又称经济典型新闻，是对某地区、部门、单位在经济工作中取得的经验进行的报道，如新经验、新做法、新体会等。经验性经济新闻有一定的指导性，针对性强，引导作用明显。

5. 评述性经济新闻

评述性经济新闻又称评述性经济消息，介于新闻和评论之间，既报道新闻又评述内容，叙事第一，评析第二，且两者位置不可颠倒。评述性经济新闻一方面报道新闻事实，另一方面又进行分析和评论，叙事重概括，评析有深度，很有个性化特色。

此外，我们还要注意对常用的经济新闻素材的选择、加工与类型的关联性。麦奎尔在《大众传播模式论》中指出了美国学者盖尔顿和鲁治提出的九种对外国新闻选择和加工的影响要素，即时间跨度、事件强度、明晰性、文化接近性、预期性、出乎意料性、连续性、组合性、社会文化价值性。这些影响要素无疑对经济新闻类型的确定与相应素材的选用存在着密切的联系。例如，时间跨度可以确定经济新闻的及时性经济新闻、发展性经济新闻、持续性经济新闻的类型；事件强度会影响经济新闻的动态经济新闻、简明经济新闻、综合经济新闻的类型划分；等等。

五、经济新闻的五要素

美国著名政治学家、社会学家、传播学者拉斯韦尔在《传播在社会中的结构与功能》一书中提出了著名的“5W”宣传模式，即拉斯韦尔公式。新闻五要素缘于此。新闻五要素是新闻文体不同于其他文体的显著标志。五要素是指何时（When）、何地（Where）、何人（Who）、何事（What）、何故（Why）。五要素英文单词的第一个字母都是“W”，于是人们便称之为“5W”。新闻事实的结果怎样是读者关心的，于是又用英文单词“How”来表示“怎样、结果”，便又出现了“5W”加上“H”的形式。

以上要素具有重要的作用，但不是绝对的公式。在一篇报道中可全部使用五要素，可部分使用五要素，应依据具体的写作情况和实际要求来确定。一般来说，五要素首先要用于经济新闻的导语中。

六、经济新闻的结构

经济新闻的结构主要有一般结构（包括标题、导语、主体、背景几个部分）和“金字塔”结构、“倒金字塔”结构等。

（一）经济新闻的一般结构

1. 标题

经济新闻的标题是新闻的眉目，对读者具有重要的吸引力。标题写得好，新闻就成功了一半。标题容量大，表现灵活，可分为引题、主题和副题。引题又称肩题、眉题，一般用来交代背景、说明形势、烘托气氛以引出主题。主题又称正题、母题，是标题的中心，对新闻主要事实或观点进行概括。副题又称子题、辅题，用于对主题的补充，或解释主题，或说明主题的根据，或点明主题的结果，或交代来源。标题有单标题、双标题、多标题三种形式。

（1）单标题。单标题又称单行标题，即标题中只有主题。这种标题常用于篇幅与内容都短小的经济新闻，如《我国钢产量居世界第一》等。

（2）双标题。双标题又称双行标题、虚实标题。双标题有引主式和主副式两种。

①引主式标题，例如：

智能化 信息化 网络化（引题）

全球现代知识经济社会发展方兴未艾（主标题）

②主副式标题，例如：

战略性能源建设任重道远（主标题）

国家能源机构战略性能源建设规划出台（副标题）

（3）多标题。多标题又称三行标题，包括引题、主标题、副标题三部分，容量大、信息多，常用于对重大经济新闻的报道。例如：

我国企业技改工作进入新时期　（引题）

国债技改项目成效显著　（主标题）

近三年共安排国债专项资金255.4亿元，技改项目880项　（副标题）

2. 导语

导语是经济新闻开头的部分和特有的形式，有特定的含义，也是经济新闻区别于其他文种的一个标志。导语写法多样，形式活泼，常用一句话或一段话揭示主题，展示最重要的内容，以新颖、简明、生动的语言和灵活、精巧的形式吸引读者，是新闻中最精华的部分，最容易让读者一见倾心。导语一般要写出时间、地点、人物、事件、原因、结果等做必要的交代和概述。好的导语一看便知内容梗概和新闻的始末，用不着再读全文，很适合人们的快节奏生活。

（1）导语的分类。导语写法多样，形式活泼，纵横交叉，分法多样，已有几十种表现形式。

①导语按新闻元素分类，有单元素导语、多元素导语等。

②导语按表达方式分类，有叙述式导语、描写式导语、说明式导语、评论式导语、解释式导语、抒情式导语、评价式导语、鉴定式导语、悬念式导语、数据式导语、设问式导语、对比式导语、引语式导语等。

③导语按文学文本分类，有诗词式导语、歌曲式导语、散文式导语、故事式导语、述奇式导语等。

④导语按特定要求分类，有公告式导语、号召式导语、特写镜头式导语等。

⑤导语按特性不同分类，有硬式导语、软式导语、点指式导语等。

⑥导语按内容多少分类，有浓缩式导语、复合式导语、概述式导语等。

（2）常用的导语。经济新闻常用的导语主要包含在直接性导语和间接性导语之中。

①直接性导语。直接性导语开门见山，表达明确，叙述直接，语言简练，简明扼要地突出表现最新鲜、最重要的事实，或者最有个性特色、最具新闻价值的内容。直接性导语适用于时效性较强的事件性新闻。直接性导语又可以分为叙述式导语、结论式导语、总结式导语等。

②间接性导语。间接性导语又称延缓性导语，风格与直接性导语不同，强调事件结果，或用一段情节开头，或引用报道对象的讲话以造成一种气氛。主要事实不是一开始就报道出来，往往放在导语的后半部分。这种写法生动，引人入胜，给人以轻松、舒展之感。间接性导语可分为描写式、引用式、对比式、设问式等。

（3）具体细化看，最常见的导语的基本形式如下：

①叙述式导语。叙述式导语又称概述式导语，即直接概述最重要、最精彩的新闻事

实，揭示内容开门见山、直截了当，读者容易把握概况，了解新闻事实的基本过程。例如，《人民日报》2019 年 1 月 10 日题为《河北抚宁、吉林蛟河、浙江衢江、山东潍坊、新疆哈密抽水蓄能电站开工》（记者冉永平）的报道的导语：国家电网有限公司董事长、党组书记寇伟 8 日在北京宣布，河北抚宁、吉林蛟河、浙江衢江、山东潍坊、新疆哈密抽水蓄能电站工程开工建设。5 座抽水蓄能电站总投资 387 亿元，总装机容量 600 万千瓦，计划于 2026 年相继投产发电。

②结论式导语。结论式导语又称论述式导语、评论式导语，是对某个观点、某个问题、某项工作进行评论或论述，表明立场，再做结论，观点鲜明，针对性强，有事实的叙述，有精到的评论，体现了新闻的价值，又便于探究评论、结论的深层意义。例如，《北京青年报》2018 年 12 月 24 日题为《预计 2019 年我国 GDP 增长率为 6.3%》的报道的导语：今天（24 日），“2019《经济蓝皮书》发布暨中国经济形势报告会”在北京举行。蓝皮书指出，2018—2019 年，中国经济运行将在合理区间，就业、物价保持基本稳定。根据中国宏观经济季度模型预测，2019 年我国 GDP 增长率为 6.3%，比今年略减少 0.3 个百分点。

③总结式导语。总结式导语往往先对某个经济观点、数据、事件等的评论或论述结果进行提示，即先交代结果，后在正文中说明原因。总结式导语容易引起悬念，使读者产生阅读欲望，利用“知道这样”到“为什么会这样”的过程来提升导语价值。例如，《人民日报》2019 年 1 月 10 日题为《2018 年，运营里程突破 13 万公里——中国铁路又添新速度》（记者陆娅楠）的报道的导语：全国铁路营业里程达到 13.1 万公里以上，高铁总里程占世界 2/3，“八纵八横”高铁网建设全面展开；全国铁路完成旅客发送量 33.7 亿人次，运量接近全球人口的一半；“复兴号”试验列车以 350 公里时速飞驰，试验中启动了自动驾驶系统，实现在车站和线路区间自动停靠、启动、运行；14 个集中连片特困地区、革命老区、少数民族地区、边疆地区累计完成铁路基建投资 4 139.6 亿元，占全国铁路基建投资的 77.6%；6 300 中欧班列共开行 6 300 列，同比增长 72%。

④描写式导语。描写式导语突出主要经济新闻的事实或一个有价值、特色、意义的侧面（场景），通过简洁、生动的描写渲染气氛，增加表现力和生动性，使读者有身临其境之感。例如，《人民日报》2019 年 1 月 10 日题为《湖南凤凰县菖蒲塘村——硕果满枝销路广 农旅结合有奔头》（记者杨彦、侯琳良）的报道的导语：时值冬日，武陵山深处，天寒地冻，脚下的炭盆恨不得抱在怀里。身穿蓝色工作服的田儒兵，手拿一把银色剪刀，走路带风，“就聊一会行吗？等下要去果园修剪猕猴桃枝”。

⑤设问式导语。设问式导语又称疑问式导语，是把要说的事实、问题用设问句提出来引起读者注意或兴趣，然后再对事实或问题做出解答。设问式导语可以在导语中一问一答，以示醒目；也可以只问不答，放在主体部分解答以造成悬念。例如，《新华日报》2019 年 1 月 10 日题为《摘帽后，再促产业上层楼——河南新县如何确保不返贫》（记者朱佩

娴）的报道的导语：脱贫摘帽之后，怎么保持后劲？能否确保不返贫？河南新县在探索这道题的解法。去年 8 月摘帽后，新县依托龙头产业建设合作社，延长特色农产品产业链、提高附加值；帮扶有劳动能力的贫困户走上自力更生的好路子；按照不同的贫困类型进行分类管理，确保效果不反弹；出台行动方案，引入金融活水，促进产业持续发展。

⑥对比式导语。对比式导语又称比较式导语，即把两个不同的事实或不同的观点等进行比较，突出其中有个性的特征，来增加吸引力以引起读者兴趣。对比的方式很多，正反、大小、新旧、时间、数据、事件、问题、指标等都可以构成对比。例如，《光明日报》2019 年 1 月 10 日题为《科学普及多彩》（记者詹媛）的报道的导语：2018 年 9 月，中国科学技术协会发布了第十次中国公民科学素质抽样调查的最新结果。结果显示，2018 年我国具备基本科学素质的公民比例达 8.47%，比 2015 年第九次调查的 6.2%提高了近 2.3%。这次调查显示出，我国具备基本科学素质的公众比例整体已相当于欧盟 21 世纪初的水平，北京、上海已达到美国 21 世纪初的水平。从其发展规律来看，我国公民科学素质提升已进入快速增长的阶段。

⑦引语式导语。引语式导语又称引用式导语，是引用名人名言、文件、科学原理、诗词、典故等来增强导语效果，达到别开生面的效果，引人入胜，给人留下深刻的印象。例如，《天津日报》2019 年 1 月 10 日题为《“石头村”绽放幸福花——走进蓟州区渔阳镇西井峪村》（记者陈忠权）的报道的导语：石墙、石碾、石槽、石头广场，在蓟州城区府君山背后，隐藏着一座古老而安静的石头村——西井峪村。青色的石板路、黄色的叠层石墙、村口高悬的大红灯笼……冬日里的西井峪村依然很美，吸引了不少游客前来欣赏冬日里的别样美景。“冬天，我们村也很美，空气清新，村庄安静，尤其是下雪后，登上山顶俯瞰四面群山，银装素裹，分外妖娆，吸引很多摄影爱好者拍照呢。”村民周健笑着说。

3. 主体

主体是经济新闻的主要部分，紧接导语之后，更具体、详尽地表述内容，对导语概括的事实做进一步的展开和说明。主体要对导语提到的问题、事实详细化、细节化，并补充一些在导语中未提到，而对读者来说又需要了解的材料深化导语。这部分要紧扣主题，展开的具体事实要充分、典型，要注意表现方法，避免出现对导语的简单复制和放大，使导语说过的话又在主体中重现。

经济新闻的主体部分主要使用以下结构：

（1）时序结构。时序结构又称时间顺序结构，即按时间发展的先后顺序安排材料和层次，反映新闻事实的整体和发展过程。这种结构适用于时间跨度小、事件发展快的经济新闻。

（2）空间结构。空间结构以不同的层面和角度来报道新闻事实，恰似影视作品中的蒙太奇分镜头表现方法，即让事实以一个层次连接一个层次出现，从而构成有机的整体。

（3）纵横结构。纵横结构又称纵横交错式结构，即以新闻事实的连贯性为纵，以新闻事实的各层面为横，进行交错写作的方法。

（4）逻辑结构。逻辑结构是按新闻事实之间或内在联系来安排层次，以增强说服力。逻辑结构常用对比、因果、并列、递进、主次、点面等关系来表现。

4. 结尾

经济新闻结尾无严格要求，是否需要结尾应以内容和写法要求来确定，如需要结尾，可以用概括式结尾、引语式结尾、展望式结尾、启发式结尾等。

（二）经济新闻的“金字塔”结构

“金字塔”结构是按新闻事实发生的始末，把最重要、最精彩的内容放在后面，按时间顺序依次叙述的一种结构形式。事实的开始和结束，就是新闻的开头和结尾。“金字塔”结构适用于前后时间跨度比较小，或者有比较完整、曲折的情节，或者有生动细节的新闻事件，多用于非事件性新闻。这样的结构刚好与“倒金字塔”结构相反，可以具体化为时序式、因果式、并列式等结构形式。“金字塔”结构把结果放在报道最后，节奏平缓，旨在发人深省，耐人寻味，一般用于较大篇幅的报道，在现代生活快节奏上不及“倒金字塔”结构。

（三）经济新闻的“倒金字塔”结构

“倒金字塔”结构也称“倒三角”结构，起源于美国南北战争和电报的运用，是消息写作中最常用的一种结构方式，一直占据主导地位。“倒金字塔”结构以事实的重要性程度或受众关心程度依次递减的次序，先主后次地安排消息中各项事实内容，把最重要的材料放在开头，以此排列，把最不重要的放在最后，犹如倒置的金字塔或倒置的三角形，因而得名。

“倒金字塔”结构的优势在于：一是这种结构便于阅读，可以让读者在任何地方停止阅读都能获得对新闻事实较完整的认识。二是便于写稿，只需按重要程度将材料组织在一起，结构就算安排妥当，无须创造性构思，出稿更为快捷。三是便于编辑。采用这种结构形式写消息，编辑容易，不必大费周折。四是符合经济新闻求快、求新、求短、求精和适应社会快节奏的发展。五是一段只写一个事实，陈述事实清楚明白，并且记者不发表议论，内容更为客观真实。但“倒金字塔”结构单一，欠缺灵活生动，缺少文采个性，结语力度不够。

（四）经济新闻的其他结构

1. 菱形式结构

菱形式结构是一种“两头小、中间大”的结构。因为新闻的主要内容比较复杂，所以导语中容纳不下，也不能概括表达，适于在主体中分段叙述。

2. 并列式结构

并列式结构，即把众多主要事实并列叙述。并列式结构适合报道事实各部分的重要性相等或相似的新闻，多见于公报式新闻。

3. 车辐式结构

车辐式结构以一个中心事件或事物为纲，其他事实像车辐一样辐射出去。车辐式结构宜于报道比较松散的事件。

七、经济新闻的背景材料

背景材料就是有关新闻事实的历史、环境和其他说明性的材料。背景材料可以贯穿于导语和主体之中，主要是对新闻事实发生的来龙去脉、前因后果进行必要的补充。例如，我们谈到当今的电子媒介发展就可以采用一些这样的背景材料：1837 年莫尔斯发明了电报；1844 年，第一条电报线路开通，莫尔斯发出了世界上第一条电报；1858 年，横跨大西洋的海底电缆宣告竣工，以电报为基础的国际通讯社成为全球又一种新的重大媒介形式；19 世纪 50 年代，英国路透社、法国哈瓦斯通讯社与德国通讯社建立了“环球联盟”；19 世纪末，美联社、合众社加入联盟，是世界电子媒介基本形式的标志；等等。又如，我们谈到“新媒体”概念，提及数据传播新技术发展就可以考虑一些这样的背景材料：1946 年，世界上第一台模拟计算机在美国宾夕法尼亚大学诞生；1971 年，英特尔公司推出第一代电脑芯片，宣布了集成电子新时代的到来；20 世纪 60 年代提出的“新媒体”概念深入人心，已涵盖了通信卫星、光缆电视、移动电话、计算机及国际互联网等一切信息传播的新技术，为新媒体数字化奠定了坚实的基础；等等。

我们应该注意，也有以“新闻链接”“新闻附件”等形式将背景材料作为独立部分，放在新闻的最前面或全文的最后，对新闻内容进行补充、说明的情况。一般说来，背景材料有如下三种：

（一）对比性背景材料

对比性背景材料有正误对比、前后对比、左右对比、今昔对比等，运用这些材料，可以突出经济新闻事实的价值和意义。

（二）说明性背景材料

说明性背景材料主要用于说明经济新闻事实产生的原因、条件、环境等，如政治背景、历史状况、社会习俗等，使反映的经济事实更为全面深刻。

（三）注释性背景材料

注释性背景材料是对科技项目涉及的专业术语、产品的性能、特点、基础知识等加以注释和说明，可以帮助读者了解内容，解决疑惑，增长知识。

八、注意新闻的“新闻源”问题

新闻报道必须坚持真实性原则，对所报道的人和事必须客观、真实、公正，充分体现信息的公共性、共享性、客观性和真实性。但实际情况常常不是这样，而是表现为：一是新闻活动具有高度计划性、预置性，如预先约定的采访等，使新闻的新颖性、自发性和创造性受到制约。二是信息提供者与媒介接收者存在不平衡现象，如提供者常利用组织的权威性等要素来吸引媒介，出现提供者“一边倒”的情况。三是媒介的“鼓吹”出现了信息提供者或消息来源之间存在同化现象，如一些媒介与一些组织的关系密切，一些记者与一些官员的接近，使客观发布消息受到炒作、压迫或操纵。四是一些媒介组织片面追求经济效益，出现“有偿新闻”的状况。五是客观存在一些政府部门对新闻的控制和干预，影响了新闻源的客观与中立。六是个别媒介从业人员存在素质、职业道德等问题，导致报道虚假、新闻失实。因此，在进行新闻采访、组稿、编发、发布的各个环节中，新闻源是新闻发布的最大“把关口”，我们必须要有充分的认识，才能切实提高新闻业务，写出更多、更精彩的好新闻。

九、经济新闻的写作要求

（一）抓好事实，精制标题

用事实说话是经济新闻的基本原则和写作的基本要求。在进行报道的时候，事实必须真实清楚、准确无误。标题是新闻的眉目，必须清楚、简明，力求新颖生动，有个性、力度、创意，避免标题一般化、共性化和公式化。

（二）提炼导语，明晰主体

导语是经济新闻的精华和灵魂。导语部分要用最重要、最精粹的事实以吸引读者，要有多种导语的提炼手法，选好角度，注重创新，达到导语一语既出，便先声夺人，简练而不冗长，实在而不空泛的效果。主体不是导语的复制和等比性扩大，而是对导语内容的具体展开，在写法上应注意细化主体新闻事实，有必要的材料补充，变换角度，避免重复，紧扣主题展开叙述，达到线条清晰、层次分明的效果。

（三）灵活结尾，用好背景

结尾方式较多，结尾有利于深化主题，发人深省。展望式结尾，有言已尽而意无穷的效果；概括式结尾，有总结意味，能加深读者印象；等等。结尾可以不拘一格，但要避免程式化和空泛化且内容不重复。用好背景，即利用相关背景来烘托报道主旨，达到陪衬得体、提示有力、铺垫及时的效果，以此避免内容的空洞模糊。

（四）语言简练，及时报道

经济新闻语言要简练朴实，通俗易通，平易近人。篇幅较大的新闻，多用简单句，可在平实之中增加一些描写式语言，适当运用一些修辞手段，使语言生动活泼，语意明朗，避免语句单调。经济新闻快写、快编、快发的要求很高，新闻“早晨是金，中午是银，晚上是垃圾”的说法不无道理。因此，抓新闻事实要特别注意采写及时、编发及时、报道及时。

［范文］

贵州：厚植生态底色 培育绿色动能

第二节 经济通讯

一、经济通讯的概念

经济通讯是通讯的一个分支，是以报道经济领域的人物、经济事件、经济工作为内容，集叙述、描写、议论、抒情表达于一体，反映典型人物的风貌、揭示事件的实质以及探讨经济工作得失的新闻体裁。

二、经济通讯的功能

（一）反映新人、新事、新生事物

经济通讯重在反映经济活动中的典型人物、事件和经济工作，表现人物的精神风貌、经济事件的典型经验以及宣传经济工作中的成效。经济通讯反映新人、新事、新生事物，展示经济领域的新面貌、新风尚、新格局、新发展、新飞跃，表达及其充分。经济通讯还善于抓住新闻要素的典型性、新颖性、前瞻性、启发性和指导性，被称为经济新闻报道的一颗明珠。

（二）鞭挞经济消极现象以弘扬正气

揭露和鞭挞经济领域一些消极现象是经济通讯的又一重要作用。经济发展必然会出现一些利用权力巧取豪夺、疯狂敛财、行业垄断、赚取暴利等情况，经济通讯可在相当程度上予以鞭挞和揭露，从而弘扬正气。

三、经济通讯的特点

（一）真实性

经济通讯具有必须真实的基本特征，其报道典型、生动、鲜明，不能有人为的虚构和夸张。无论赞扬的、揭露的，必须实事求是，既不夸大也不缩小，更不能自下定论。

（二）形象性

形象性又称文学性、具体性。经济通讯的报道要用事实说话，通过叙述、描写等表现形式，可以用虚构以外的文学创作手法塑造形象。这种形象不是文学形象的翻版，是建立在真实基础上，以情节和人物描写的具体可感来完成形象塑造，使之更具感染力和形象感。

（三）完整性

经济通讯用典型化来反映人物、事件、经济工作的完整性。反映人物有生活经历、思想活动、个人风格等来表现形象的丰富与感人；反映的经济事件有事件的成因、发展、结果等完整的过程；反映经济工作有工作的范围、重点、进展、实绩等完整的交代。

（四）及时性

经济通讯反映的及时性与新闻的及时性基本一致。经济通讯的及时性表现在它不仅具有新闻基本特征和突出的及时性，而且对人物、事件、经济工作的报道更强调择机而动的及时报道。

（五）典型性

经济通讯的人、事、经济工作的典型性由形象体现出来。这种典型是真人真事以及真实工作的典型，来源于实际生活又高于生活，有极强的感召力和深刻的启发性，最容易引起社会的广泛关注。正是这种典型性使经济通讯日新月异，在读者心中具有无穷的魅力。

（六）客观性

报道客观，不随意拔高或贬低，是经济通讯的一个原则，也是真实性的重要体现。用事实说话，不随意加入个人的见解或定论，使报道的人、事、相关经济工作等保持原貌，不走形变样，是经济通讯的重要原则。

（七）生动性

经济通讯常常带有一定的生动性，可以借用一些文学创作的手段，进行一定的描写、抒情、对话、比喻等以增加其表现力，人物或事件的形象性、立体感和现场感很强，亲切感和生动性油然而生。

（八）评论性

经济通讯会经常性地运用夹叙夹议的方法，即通过一定的描写、叙述、抒情等表达手段进行一些精短的议论，从而对人或事做出直接的评论。经济通讯的评论不同于议论性文体的论证，是一种简短和必要的评价。

四、经济通讯的类型

（一）基本类型

1. 经济通迅按涉及对象分类

经济通迅按涉及对象分类为经济人物通讯、经济事件通讯、经济工作通讯、经济新闻小故事等。

2. 经济通迅按篇幅大小分类

经济通迅按篇幅大小分类为长篇经济通讯、中长篇经济通讯、中篇经济通讯、短篇经济通讯、经济简讯等。

3. 经济通迅按涉及的不同行业分类

经济通迅按涉及的不同行业分类为工业经济通讯、农业经济通讯、商业经济通讯等。

4. 经济通迅按涉及的不同地域分类

经济通迅按涉及的不同地域分类为国外经济通讯、国内经济通讯、异地经济通讯、当地经济通讯、特别地区经济通讯等。

（二）常见的类型

常见的经济通讯有经济人物通讯、经济事件通讯、经济工作通讯、经济概貌通讯、经济新闻小故事。

1. 经济人物通讯

经济人物通讯以报道经济领域内的先进人物为主，记叙人物活动，反映其精神风貌和先进思想、动人事迹以及所做贡献，由此启发、教育、鼓舞人们，有较强的舆论引导作用。这种通讯根据中心要求，写作与报道自由灵活，可以写个人，也可以写群体；以正面人物为主，也可以揭示反面人物，鞭挞丑恶与落后的现象。

2. 经济事件通讯

经济事件通讯以具有新闻意义的典型经济事件为报道对象，既可以歌颂新生事物，也可以揭露经济领域内的丑恶现象。经济事件通讯根据事件的发生、发展和结果进行叙写，重在挖掘思想价值和典型意义，以叙述和描写显现事件本质和作者态度。以事为主，力求典型是经济事件通讯的一大要求，而人在事件中如何处理、要占多大篇幅，是写好经济事件通讯的关键，也是经济事件通讯的构思和写作的难点。

3. 经济工作通讯

经济工作通讯以叙述和剖析某地区、某单位的经济工作实绩、问题为主，记事中有分析、有评价，在全文中贯穿作者的鲜明观点。这种通讯以剖析经济工作为主，用典型指导一般，特别是对经济工作中的新课题、新问题进行的探讨、研究和报道，带有普遍的积极意义，启发性和指导性很强。

4. 经济概貌通讯

经济概貌通讯主要反映某地区或某单位的经济建设情况或经济概貌，展示新变化、新风尚。这种通讯以点带面，点面结合，既概括又具体，没有贯穿于始终的人物，在概括中明晰概貌，达到效果上的鲜明和完整。经济概貌通讯表现形式也有“散记”“纪实”“见闻录”等常用的报道形式。

5. 经济新闻小故事

经济新闻小故事也称经济小通讯，其篇幅短小、情节生动、故事性强、有可读性和感染力。经济新闻小故事不反映事件全程或完整刻画人物，而是反映事或人的一个侧面，以小见大，揭示有价值、有意义的人和事。

五、经济通讯的结构

经济通讯一般由标题、开头、正文和结尾构成。

（一）标题

经济通讯的标题与经济新闻的标题相似，可以有单标题、双行标题、三行标题等形式。双标题一般是主标题加上副标题，使用引题的不多。经济通讯的标题力求要做到准确、生动、简洁、鲜明。

（1）单标题直接由主标题构成，如《小商品登上大雅之堂》等。

（2）双行标题，例如：

欧盟禁飞 93 家航空公司　（主标题）

“黑名单”上多为非洲公司，中国航空公司无一上榜　（副标题）

③三行标题：

购车显示方向　（子标题）

小排量电气混合型轿车展现市场　（主标题）

原因在于低税、环保、经济实用　（副标题）

在三行标题中也有一种很新的用法，即用很像一段内容提要的话作引语，放在全文前，再加上主标题、副标题作为三行标题的情况，此时的引语部分可视为引题。

（二）开头

经济通讯的开头可以多种多样，如用悬念开头吸引读者；用诗歌、典故、童谣、神话等开头以增添文采和感染力；用知名人士、权威人士等言论开头以表现权威性；用情节、细节开头渲染内容；等等。正如李渔在《李笠翁一家言》中所言：“开卷之初，当以奇句夺目，使之一见而惊，不敢弃去。”

（三）正文

经济通讯围绕典型人、典型事、典型工作展开，是正文的主要内容。从结构上看，经济通讯常有以下结构：

1. 纵式结构

纵式结构是一种发展、延伸、推进地组织材料的结构方法。一是按时间顺序安排段落、层次；二是按事物的先后发展顺序或作者认识变化过程安排段落、层次；三是将以上两种结构结合起来使用，形成穿插照应，用于长篇经济通讯中；四是自始至终按事件发生、发展的顺序展开情节，首尾一贯，一气呵成。五是由浅入深，按作者思维来组织材料，也就是以主体为线索。

2. 横式结构

横式结构有两种选择：一种是用地点变化来组织段落，选出重点事件围绕主题写作，这是空间变换的结构方式；另一种是围绕主题，并列写几个不同侧面，构成各侧面重要性与基本相似的并列结构来共同表现主题。这种并列的结构容易混淆主次，要慎用。

3. 纵横式结构

用时空的变换来组织结构，即以时间串联不同地点发生的事件，形成纵横式结构。结构的主线一定要清楚，主线就是要表现的人、事、相关工作的线索和贯穿全文的主题。

（四）结尾

结尾方法较多，可灵活运用。常用的结尾方法有首尾呼应、对话点题、依托寓理、类比烘托、引用陪衬等。

六、经济通讯与经济新闻的区别

（一）内容不同

经济通讯讲述人、事或相关经济工作的“故事”，善于描述新闻全貌；经济新闻注重传递信息，注重告知新闻发生。

（二）结构不同

经济通讯的结构随机应变，结构较多，使用导语不多；经济新闻的结构有严格限定，是一种严格的几何结构，几乎都有导语。

（三）表达不同

经济通讯的表达方式和表现手法较多，常用描写、议论、抒情，兼有修辞手法的表达；经济新闻一般以叙述方式展现新闻事实。

（四）材料安排不同

经济通讯选材广泛，使用比较严格，过程完整；经济新闻的材料是按其新闻重要性进行排列，重要的在前，次要的在后加以使用。

（五）标题不同

经济通讯的标题一般较虚，追求形象、具体、生动，无严格要求；经济新闻的标题强调务实，含有一定的新闻要素。

（六）结尾不同

经济通讯结尾有首尾呼应、对话点题等，灵活多样；经济新闻结尾无严格要求，结尾要以内容和写法要求来确定。

（七）时效性不同

经济通讯的时效性慢于经济新闻，经济新闻报道更追求时效性。

（八）人称运用不同

经济通讯人称均可以使用或混用，经济新闻一般都采用第三人称进行叙述。

（九）主体表现不同

经济通讯以事实为主题服务，非常强调整体的烘托作用；经济新闻以事实为展开新闻要素服务，标题和导语的决定作用明显，主体往往只是对导语或标题进行拓展。

七、经济通讯的写作要求

（一）深入调查，写出典型

调查是经济通讯写作的首要条件。没有深入的调查，难以写好经济通讯。调查要明确重点，亲临现场，找到关键所在。写作时，要分析人物、事件等是否具有典型意义；要在调查的材料中提炼出典型材料，发现典型的价值所在，进而推出典型形象。

（二）依据事实，提炼主题

事实就是真实的材料和真实的事件。在确立主题之前或之后，都要从大量的事实中找到最重要、最关键的事实，用其来构思和确立主题，使其更鲜明、集中。提炼主题要准备好典型材料或事实，并用典型材料或事实提炼出有创意和典型意义的主题。

（三）巧用数字，用语准确

经济通讯中使用数字由繁复、枯燥变为简明、生动很重要。其一，数字不能罗列堆砌，要用最关键或必不可少的数字。其二，用“换算”方法使数字简洁明了，一读就懂。例如，一份资料讲到沙尘暴危害时说：“沙尘暴每年向我们逼近 20 米，如不采取措施，敦煌将成为第二个楼兰，河西走廊将成为第二个罗布泊。”这里不用数字来说明沙暴的严重危害，时空距离一远一近，说明环保已到了刻不容缓的地步。

（四）多种表现，形象真实

经济通讯写人记事要求形象生动、可读可感，表现的方法非常多，如细腻的描写、完美的抒情、内在的刻画、情感的渲染、环境的烘托等。经济通讯还可以适当借鉴影视艺术、绘画等多种技法表现人物和事件以更好地突出形象的具体、生动，达到形象的真实。

［**范文**］

经济人物通讯

经济事件通讯

经济工作通讯

经济概貌通讯

经济新闻小故事

第三节　经济评论

一、经济评论的概念

经济评论是评论的一个分支，是针对当前经济领域内的各种经济活动、经济管理、经济规划、经济问题等进行评论，从而表明自己意见、看法的议论性文体。依据经济理论、政策，对经济情况进行边评边议，是经济评论的根本特征所在。

二、经济评论的功能

（一）评述经济状况，评价经济政策

经济评论对经济现状的评述是一个基点。评论现状，可以了解过去，预知未来，实现评论，表现主题。例如，经济活动现在怎么样、经济政策是否符合民意、经济管理是否到位等，都可以从评述中揭示出带规律性的见解和新的认识。

（二）引导经济舆论，诠释热点问题

经济评论常常代表政府或公众提出对经济工作的意见和评价，舆论引导作用非常明显。经济评论告诉人们现在的经济状况，指出问题或新的经验，反映其原因和本质，引起社会广泛关注。同时，经济评论要提升评价的价值，就要关注一些热点问题，针对人们的疑惑、呼声，诠释政策，进行解说，鼓舞人心。

（三）指导经济工作，促进经济发展

经济评论常常又是国家机关或政府观点的一种体现。这种代表性言论有明显的权威性、指令性和指导性，通过言论指导经济工作的特征突出。评论时可展示经济发展的近况、决策模式、政策措施等，预示经济的发展方向。

三、经济评论的特点

（一）理论性

经济评论必须依据经济理论来实现评论。经济评论有新闻事实但不在于报道，而是以事实为根据进行评述，站在理论的高度分析经济，目的在于指明是非、点出要害，在评述与分析中认识规律，在理论上给人们以启示和教育，提高人们的理论和认识水平。

（二）政策性

经济评论在评论之中常有某些政策性的提示，并且经济评论在评论时也有严格的政策界限。评论不仅要符合评论标准，还要合法，要站在正确的立场上，用党和国家的经济政策作为评论的标准和评论的尺度，不能标新立异，超越政策，自行其是。

（三）新闻性

评论的新闻性主要表现在及时性和依附性上。评论要用经济新闻中最新的事实作为评论的基础，讲究事实的新和评论的快，如果时过境迁，没有及时性，评论的价值将大打折扣。

（四）针对性

评论以事实立论，必须做到有的放矢，有明显的针对性，否则评论是没有意义的评论。评人、议事、评问题等，都应紧扣评论主题，要以明显的针对性来体现主题的鲜明和结论的准确。

四、经济评论的类型

（一）经济评论按作者不同分类

经济评论按作者不同分类为官方型经济评论、编者型经济评论、读者型经济评论等。

（二）经济评论按评论方法不同分类

经济评论按评论方法不同分类为经济述评、经济小言论、经济述评随笔、经济短论等。其中经济短论中又有编者按、编后、编前、按语等不同形式。

（三）常用的经济评论类型

1. 官方型经济评论

官方型经济评论包括经济社论、经济评论员文章、专家特约评论、特约评论员文章等。官方型经济评论区别于其他评论之处在于：第一，带有明显的权威性、指导性和指令性，要体现官方的观点、意志、目的；第二，作者常常是国家经济部门的权威人士、经济专家、新闻发言人或专门的经济评论员，并经常代表官方进行评论。

2. 编者型经济评论

编者型经济评论是依附于经济报道的小型评论，常以编者按、编后语等面目出现。这种评论的作者多为报刊或电视的编辑或特约的编采人员。其突出特点在于抓住要害，一语中的，以小见大，简短精致。

3. 读者型经济评论

读者型经济评论有经济评论、述评、经济小言论等，作者主要是经济工作者、读者、记者。这种评论有新人、新事等赞扬性经济短论，有反映不良经济倾向和风气的批评式经济短论，有对各种经济问题进行告诫、提醒等的随感式经济短论等。

五、经济评论的结构

经济评论主要由标题、开头、正文、结尾四部分组成。

（一）标题

经济评论的标题要力求简洁、生动、鲜明。简洁，即语意集中，一看就懂；鲜明，即有明确的针对性；生动，即有形象感、表现力。例如，《经济考核不是唱戏》《谈指标不是切蛋糕》等标题。

（二）开头

开头是经济评论的引子部分，多以名言、小故事、典故等引出事例、提出问题，再引出正文。开头与标题相互映衬，烘托主题，又承上启下，为正文进行必要的铺陈。开头的用语要精，读者一看即明。

（三）正文

正文是经济评论的核心和主体。正文要引出问题进行分析，展开评论。正文可以选当前的经济热点问题，人民群众最关心而又有疑惑、有争议、反映强烈的问题等为论题，运用论点、论据、论证三要素展开具体评论。评论可以采用对比法、引证法、演绎法、归纳法等，在评论中要抓住主要矛盾，一事一议，集中观点，或比喻说理，或对比说理，评出特色，论有效果。在语言上，评论可以适当运用成语、原理、数字变化等来突出表现力，为评论增色。

（四）结尾

结尾是经济评论表明观点、照应结论的地方，或提出希望，指明方向；或发出号召，催人行动；或再点主题，强调结论；或深化主题，发人深省。根据主题要求或议论方式等不同，结尾可以多种多样。

六、经济评论的写作要求

（一）用好论点、论据、论证“三要素”

经济评论是议论文体，论点、论据、论证不可少。写作时应注意：一要确定论点和论题，做到鲜明、集中。二要用有价值的、充分的事实或相关材料作为论据。三要议论充分，突出重点，论证严密可靠，同时“三要素”可以适当“浓缩”，不需要过多的论据。

（二）注重写作步骤

经济评论的写作步骤一般如下：第一，选好论题，即选出要评论的问题，注意其典型性、代表性。第二，标题应简洁、鲜明。第三，可用典故和定理等写好开头，自成一体。第四，要说理透彻、评论深入，运用如对比法等多种方法，或者援引史实等，使评论有深度和个性。第五，在议论中应坚持一事一议、一理一评，力求评论主题突出。

［**范文**］

官方型经济评论　　编者型经济评论　　读者型经济评论

［**思考与练习**］

一、请根据经济新闻的概念谈谈你的看法。

二、为什么要特别强调经济新闻的真实性？

三、简述新闻的倒金字塔结构。

四、读下面一段话，再回答问题。

一位记者听说了一件与经济新闻有关的事，根据别人的述说，马上写了一篇报道，但没有被刊登出来。这是为什么？

五、有人说：“经济新闻最容易被写成‘有偿新闻’。”请谈谈你对此的看法。

六、依据你身边的事，写一篇500字以内的经济新闻，要求有双行标题（子题加主题或主题加副题）和简短的导语。

七、简述经济通讯与经济新闻的区别。

八、经济通讯中的人物不同于文学作品中的人物，其区别在何处？

九、经济评论针对性很强，请自选一个热点问题进行评论，限500字以内。

十、选择题

1. 经济新闻报道要有（　　）。

A. 真实性　　B. 技巧性　　C. 报道性

2. 舆论监督也是经济新闻的（　　）。

A. 重要使命　　B. 法定权利　　C. 中心任务

3. 搞“有偿新闻”与职业道德（　　）。
A. 没关系　　B. 有关系　　C. 关系不大
4. 报道不及时，新闻成旧闻（　　）。
A. 还有价值　　B. 价值不大　　C. 没有价值
5. 记者的力量在于说真话。这种观点（　　）。
A. 基本正确　　B. 完全正确　　C. 不正确
6. 经济通讯的特点有（　　）。
A. 新闻性、形象性、完整性、及时性、典型性
B. 生动性、及时性、典型性、客观性
C. 及时性、客观性、完整性、典型性
7. 最常用的经济通讯有（　　）。
A. 商业经济通讯、工业经济通讯、经济概貌通讯
B. 经济人物通讯、经济事件通讯、经济工作通讯、经济概貌通讯、经济新闻小故事
C. 经济短论、经济述评、经济新闻
8. 常用的经济评论有（　　）。
A. 官方型经济评论、编者型经济评论、读者型经济评论
B. 编者型经济评论、经济短论、经济述评
C. 经济短论、经济述评、经济新闻

十一、判断题

1. 经济新闻是新闻的变通而不是一个分支。（　　）
2. 新闻要真实提法不对，因为我看到了与事实不符的新闻。（　　）
3. 新闻的形象可以使用文学形象虚构的创作方法来塑造。（　　）
4. 导语写得好，看了导语就知道新闻的下文或结果了。（　　）
5. 记者是非常好的职业，可以在写新闻的时候适当收费。（　　）
6. 经济通讯介于文学和新闻之间，是报告文学的分支。（　　）

参考答案

第七章　商务类文体

第一节　产品说明书

一、产品说明书的概念

产品说明书是一种常见的说明文，是生产者向消费者全面、准确地介绍产品名称、用途、性能、原理、构造、使用、保养、维护等内容而写的简明的文字材料。

二、产品说明书的功能

（一）宣传产品，指导消费

宣传产品以引起消费者的购买欲望，使消费者认识产品，进行对比，从而实现购买；指导消费，促进商品流通，是产品说明书的基本属性。产品说明书可以突出产品特色、质量、式样、价格等，扩大产品知名度。

（二）扩大信息，促进销售

扩大信息，促进销售是产品说明书的重要属性。产品说明书在普及科学文化知识，在信息传播、交流、利用、反馈等方面，作用十分重要，是生产、交换、分配、消费四个环节中的交换和消费的重要连接。

（三）传播知识，创造品牌

产品说明书的内容常常涉及知识的普及、宣传，被人们广泛传播、吸收。产品说明书又是创造品牌的一个不可缺少的要素或构件。消费者从产品说明书来认识品牌，往往有形象、直观的效果。

三、产品说明书的特点

（一）真实性

产品的使用关系到广大消费者的切身利益，必须保证产品的名称、商标、使用、性能、价格、服务、安全等的真实。

（二）科学性

产品是科学与生产实践的产物，在一定程度上体现了当代的科技水平。产品的科学性还表现在产品说明书上的内容准确、实事求是，对有关特征、操作、注意事项等表达无误以及对产品的科技含量和领先水平等的提示。

（三）条理性

因为地理、生活、环境等的不同，人们对产品说明书的内容还存在着认识和理解上的差异。产品说明书在陈述产品时，要由浅入深、循序渐进，对产品的性质、特点、用途、使用方法等，有恰当的安排，以富有条理性的层次使消费者实现更好的消费。

（四）通俗性

由于很多消费者没有专业知识，产品说明书要用通俗浅显或喜闻乐见的语言，清楚明白地介绍产品，使消费者了解得清清楚楚，使用起来得心应手，注意事项心中有数，维护维修方便快捷。

（五）实用性

很多产品，特别是一些同类产品，它们的功能、特性、用途等常常大同小异，互补性很强。此时，产品是否实用，常常成为消费者购买比较的参照物。产品说明书强调产品的实用性，目的在于突出产品优势和利于消费者使用产品，进而扩大销售市场。

四、产品说明书的类型

（一）产品说明书按对象、行业不同分类

产品说明书按对象、行业不同分类为工业产品说明书、农产品说明书、金融产品说明书、保险产品说明书等。

（二）产品说明书按形式不同分类

产品说明书按形式不同分类为条款（条文）式产品说明书、图表式产品说明书、条款（条文）和图表结合式产品说明书、网上购物产品说明书、音像型产品说明书等。

（三）产品说明书按内容详略不同分类

产品说明书按内容详略不同分类为详细产品说明书、简要产品说明书等。

（四）产品说明书按语种不同分类

产品说明书按语种不同分类为中文产品说明书、外文产品说明书、中外文对照产品说明书等。

（五）产品说明书按性质不同分类

产品说明书按性质不同分类为特殊产品说明书、一般产品说明书等。

五、产品说明书的结构

产品说明书通常由标题、正文和落款三个部分构成。

（一）标题

产品说明书的标题通常由产品名称或说明对象加上文种构成，如《海尔冰箱说明书》

等。有的标题省略文种，如《雀巢咖啡伴侣》等。标题一般放在说明书第一行以增强视觉效果，可有不同的布局设计。

（二）正文

正文是产品说明书的主体部分，是介绍产品的特征、性能、构造、用途、使用方法、注意事项等内容的核心所在。不同的产品，其说明或介绍的内容有不同的侧重点。常见的主体部分有以下内容：

1. 概述

概述又称前言、致用户等。其主要内容有企业简介，如发展历史、技术水平、产品产量、质量等级、获奖情况等；产品概述，如产品名称、技术指标、性能特点、规格尺寸等；市场前景，如销量、市场反馈、发展前景等。

2. 指标

指标，即用数据详细说明产品的规格、技术范围、型号、具体性能、成分、参数等。技术指标要清楚、具体地加以说明，突出产品的严谨性、科学性和实用性。

3. 结构

结构，即说明产品的总体结构、部件名称、示意图等。结构部分常以图文并茂的形式进行说明，力求增加产品的直观性、可比性来突出其优势或特性，给消费者留下深刻的视觉印象。

4. 特点

特点主要突出产品的功能状况，如省时省力、安全方便、操作简单、用途广泛等，在说明和介绍中提升消费者的购买欲望，从而实现消费者购买该产品。

5. 方法

方法是指说明产品如何使用的方法，如使用程序、步骤的逐一介绍，先用什么、后用什么，怎样实现正确的使用。方法的说明必须准确无误。

6. 配套

配套指与本产品配套的其他产品或部件。产品说明书应有准确无误的配套产品或部件名称、数量、规格等的文字说明。

7. 事项

在使用过程中应注意的事项是产品说明书的重点。例如，产品的适用范围、最大负荷、禁忌对象、必要措施、有效期限、保存方法等。事项部分的目的在于让消费者在使用产品时更安全、更有效。

8. 保养

保养指产品的一般保养、维护、维修的注意事项，如基本保养、一般故障及处理办法等。产品的保养介绍或说明也是产品说明书的一个重点所在，必须要清楚、简洁地告诉消费者保养相关事宜。

9. 责任

责任部分主要有售前、售中、售后服务的配套；产品退换的前提和条件；具体的维护和维修地点、维护和维修条款、维护和维修保证；生产者或商家销售要承担的赔付责任等内容。

（三）落款

落款要写明生产者和经销单位的名称、地址、电话、邮政编码、电子邮箱等内容，为消费者进行必要的联系等提供方便。

六、产品说明书与广告的区别

（一）目的不同

产品说明书对产品的名称、性能、成分、特点、用途等进行全面的详细说明和介绍，是“就事说事”，重在告诉消费者“怎么用”；广告也有产品的说明，但属于“就事说理”，重在突出产品的质量、价格等某些方面的特点，告诉消费者“怎么买”。前者重在说明产品，后者重在推销产品。

（二）内容不同

产品说明书内容具体完备，广告内容简明多样。前者强调科学性、实用性、普及性，后者强调传播性、艺术性、感染力。

（三）形式不同

产品说明书形式比较单一，多为印刷品；广告形式多样，不拘一格，广播、电视、报纸、杂志、路牌等都可以作为表现平台。产品说明书语言平易朴实，清楚明白，呈平面性；广告善用修辞，巧妙构思，形式新颖，富有立体感。

（四）表现不同

产品说明书一般依附在产品上，与产品配套，消费者在购买时才阅读；广告则可以利用音乐、画面、语音等手段，在巨大的时间和空间范围内进行广泛的宣传和渲染。产品说明书可由销售商等在一定范围内赠送和散发，广告一般通过媒体介绍产品和塑造形象，表现手段不同。

七、产品说明书的写作要求

（一）内容真实，要素齐全

产品说明书具有科学性特点，必须以客观的态度，真实地反映产品的使用价值，不允许夸大其词，弄虚作假，要将消费者需要了解的事项全部写入，不能有任何遗漏。

（二）突出个性，有所侧重

产品说明书要强调该产品的独特之处，说明它“不同凡响”的实用价值。写作时应注意，有的侧重于介绍用法，有的侧重于说明保养方法，有的对质量易变的产品侧重于介绍存放的方法和保存的时间等。

（三）语言准确、通俗、简明

产品说明书使用的概念要准确，用语要深入浅出，对每种产品要准确地加以说明。产品知识往往有较强的专业性，产品种类也不计其数，而消费者又存在文化差异，不能用语出错而误导消费者。

（四）文图并重，形象直观

图片可以增加直观感，可以表现文字无法说清的内容，还可以纠正文字冗长呆板的毛病。因此产品说明书有时要图表文字并重，使其更形象、更简洁、更醒目，以方便消费者理解和使用。

三精牌葡萄糖酸锌口服液产品说明书

第二节 商业广告

一、商业广告的概念

广告，即广而告之，源于拉丁语，本意是“我在大喊大叫”，并以此吸引人们的注意。广告有广义和狭义之分，广义的广告泛指目的明确的公众性传播活动，如公益广告；狭义的广告是指以获取利润为目的的商业广告。本节讲解的商业广告就是狭义的广告。

商业广告是为了某种需要，广告制作者或相关单位有计划地通过各种媒介，向社会公众传播商品等各种信息的传播手段，也是达到影响舆论和扩大销售的一种实用性文体。

二、商业广告的功能

（一）传播信息，刺激需求

广告的根本作用是传达信息，实现交流与互动。企业借此传播商业信息，如商品品牌等，向消费者进行广泛传播；消费者可以获取大量信息，做出能动性反映，选其所需，择其所好，实现商品的购买。

（二）倡导消费，开拓市场

广告传递到千家万户，核心是倡导消费。广告以形象化的手段告诉人们如何消费，消费者通过广告知晓信息，从认知广告到认知购买，也促进了流通，拓展了市场。

（三）激发兴趣，引导观念

广告的表现力强，可以通过新颖、生动、形象的形式来吸引消费者的注意，激发需求，实现购买。广告也会对消费者构成心理暗示和意念引导，使消费者在潜移默化中接受广告观念，改变消费习惯。

（四）促进竞争，塑造形象

广告宣传就是竞争，是生产者对消费资源的占有。生产者和经营者进行大量广告宣传的目的，除了扩大产品销售外，还要通过广告来参与竞争，扩大自身优势和市场占有率，进而塑造自身形象。

（五）陶冶审美，丰富生活

广告是一种形象化的媒介性产品，带有明显的艺术元素，创意作用突出。广告可以美化生活，给消费者带来精神享受，使消费者身心愉悦。广告在助力丰富生活情趣、实现和谐消费之时，可以陶冶审美，丰富生活。

三、商业广告的特点

（一）真实性

广告必须真实可靠，不得含有虚假的内容而误导和欺骗消费者。因此，广告的制作者和发布者必须要遵守国家的相关法律法规，把真实性作为广告的立足之本，做到诚信、守法，取信于民。

（二）审美性

广告常常采用描写、抒情、幽默、对比等手段，结合音乐、美术、影视、体育等表现形式，以多种现代艺术的表现手段展示形象性、生动性，让大众在喜闻乐见、轻松愉快的氛围中接受广告，实现购买。

（三）简明性

“浓缩的就是精华”是广告简明性的形象写照。广告作为一种高速传播的信息，要在有限的时间和空间内，达到最佳的传播效果，就必须突出重点，展现要旨，以少胜多，以精动人，突出广告的简明性。

（四）创造性

广告由策划到发布的过程，就是创造性提升广告价值的过程。广告以创造性的发挥让人过目不忘，不断以崭新的形式和内容来吸引公众，以崭新的形象来唤起人们潜在的消费意识，从而实现广告的目的。

（五）通俗性

广告要做到雅俗共赏、人人都乐于接受，就必须在语言、内容、表现、发布等采用的形式和手段上，达到通俗易懂，使人们在解读、认识、把握、欣赏广告的同时，尽快认知广告的内涵所在。

（六）综合性

广告涉及音乐、舞蹈、影视、美学、文学、心理学、信息学、营销学等领域，有描写、抒情、夸张、拟人等多种表现手段，有制作者、代理人、形象代言人、发布单位等不同行业人士，有不同的时间、空间、背景、场面要求等。正是这种综合性使广告绘声绘色、新颖别致，容易形成超前的独特风格。

（七）效益性

商业广告不同于公益广告，是一种具有效益需求的商业性活动，是一项资金等投入比较大的商业性活动，制作成本较高，客观上存在效益的赚取要求，因此其效益性的特点非常突出。

四、商业广告的类型

（一）商业广告按目的不同分类

商业广告按目的不同分类为商业广告和公关广告等。

（二）商业广告按媒介不同分类

商业广告按媒介不同分类为电视广告、报纸广告、杂志广告、广播广告、网络广告、户外广告、车船广告、路牌广告、招贴广告、灯箱广告、邮寄广告等。

（三）商业广告按表达方式和体裁不同分类

商业广告按表达方式和体裁不同分类为陈述式广告、问答式广告、证明式广告、描写式广告、幽默式广告、抒情式广告、说明式广告、故事式广告、戏剧式广告、曲艺式广告、诗歌式广告、对联式广告、布告式广告等。

五、广告的定位策略

广告的定位是指在广告宣传中突出产品的新价值，强调产品的不同之处而采取的一种广告策略。

（一）品质定位

品质定位是以产品品质定位为目标，依据产品良好的品质，进行有一定创意的定位策略。品质定位是产品谋求市场化的基本手段，也是为创造并展示一个产品优秀品质的最基本要求。

（二）功效定位

功效定位是指以同类产品的定位为基点，突出某些独特的功效以增强竞争力的定位策略。功效定位选择有别于同类产品的优越性能，从功效出发，突出其在同类产品中的品质优势，从而引起消费者的注意。

（三）市场定位

市场定位是指在进行市场细分后，对产品的目标市场进行定位，通过广告宣传，突出产品在目标市场上的各种优势，将其定位在有利的市场位置上的定位策略。

（四）价格定位

价格定位是指为扩大相似的同类产品销售或市场占有率，通过广告宣传进行的的定位策略。价格定位以价格优惠等为手段，使产品具有竞争优势，借此吸引更多的消费者以扩大潜在销售市场。

（五）质量定位

质量定位是以产品质量进行定位的定位策略。质量定位包括产品的品质再现、技术、性能、期限、实用、安全、保障、维修等内容。这种策略在产品具有质量保证的基础上，很容易给消费者真实的感受。

（六）商标定位

商标定位又称品牌定位，是在广告中突出商标的名称、设计、图案、涵义、意义等，突出与同类产品的区别的定位策略。商标的内涵丰富，质量、信誉、企业形象等都包含于其中。

（七）造型定位

造型定位是指突出产品的造型优势，以产品新颖别致的造型吸引消费者，引发其情感倾向和产品的视角享受，激发消费者的购买欲望的定位策略。

（八）色彩定位

色彩定位是指利用不同地区、不同消费者对色彩的认识差异，促进消费者的购买行为的定位策略。色彩定位要明确色彩在不同目标市场上的功效与作用，突出色彩对消费者的潜在影响，由此促进产品销售。

（九）服务定位

服务定位是指强调生产者的产品具有优质的服务体系或措施，可以提供完备周详的服务来解除消费者的后顾之忧的定位策略。

（十）心理定位

心理定位是指着眼于产品带给消费者的某种心理满足和精神享受，从而使消费者产生心理愉悦，引发购买的定位策略。

（十一）逆向定位

逆向定位是指借助于有名气的竞争对手的声誉来引起消费者对自己的关注、同情和支持，以便在竞争中占有一席之地的定位策略。逆向定位通常采用反向宣传的手段，故意突出自己的短处来换取同情与信任。

（十二）是非定位

是非定位是指从观念上人为地把产品市场加以区分的定位策略。

（十三）效益定位

效益定位是指通过广告的具体资金等投入，到广告完成并在传播后所产生的广告经济效益的比较的定位策略。

（十四）策划定位

策划定位又称整体定位，是指广告从构思、制作到传播等全部过程的策划思考与执行，是决定广告形态、色彩等的总体性设计的定位策略。

六、商业广告的结构

（一）标题

商业广告的标题分为直接标题、间接标题和复合标题。

1. 直接标题

直接标题直接将商品的名称、用途、特点等重要情况清楚明白地介绍给消费者，使消费者实现购买，如“中国的五粮液，世界的五粮液”等。

2. 间接标题

间接标题用委婉迂回的手段表达广告的内容，具有很强的吸引力，能激起消费者的求知欲和兴趣，从而去阅读广告的正文。如某银器广告——“发光的不全是金子”等。

3. 复合标题

复合标题把直接标题和间接标题结合起来，互为补充，使广告既清楚明白，又新颖风趣，能增强吸引力。如“出差旅行的必备食品，××牌方便面”前一个分句是间接标题，后一个分句是直接标题。

（二）正文

正文是广告的核心部分，要对标题揭示的主旨或概括的基本内容做出简要而又具体的说明，一般具体地写明商品名称、用途、特点、产地、价格、出售方式、接洽办法等。这些内容亦可酌情灵活运用，目的在于引起消费者对商品的兴趣，使消费者产生购买欲望。正文通常由发端语、中心语和结束语三部分组成。

1. 发端语

发端语紧接标题，对标题概括的商品内容或提出的问题做扼要的解说，以便引出后文。

2. 中心语

中心语主要说明有关商品信息的特殊细节和事实依据，用最有说服力的材料来宣传本商品的优点和特征，从而激发消费者产生购买动机。

3. 结束语

结束语通常用简洁有力的语言激发消费者产生购买心理，敦促消费者采取购买行动。

（三）正文不同的表达方法

1. 直陈法

直陈法又称陈述法，直接介绍商品情况，能使消费者对商品产生信任感，增强广告宣传效果。例如，某名牌洗衣机广告——“让妻子从繁忙家务中解脱出来，这是每个丈夫的职责”。

2. 对话法

对话法，即通过人物之间的问答来介绍商品。这种方法平易近人，形式活泼，给人一种亲切感，使人在不知不觉中接受了宣传内容。

3. 证书法

证书法又称证书引证法，是利用曾获得的荣誉称号、专家鉴定以及名人见证来强调商品质量的可靠的方法。

4. 幽默法

幽默法，即用风趣幽默的语言在谈笑风生中宣传商品的方法，这种方法引人入胜，让人经久不忘。例如，伦敦地铁广告——“如果您无票乘车，那么请在伦敦治安法院站下车”。

5. 报道法

报道法，即用类似新闻报道的形式来宣传新产品的方法。这种方法向消费者提供最新事实，提供新鲜的以及大家感兴趣的、想了解的东西。但这种方法容易与新闻混淆，出现违规的“有偿新闻”。

6. 描写法

描写法是运用文学笔法对广告进行生动的描写，寓知识性、趣味性于形象之中的表现手法。描写法可分为两类：一类是细写式，以生动细腻的描绘和刻画见长；另一类是白描式，在描写时不加修饰和烘托，以简洁的文字，抓住广告特征，淡淡几笔便勾勒出形象。

7. 论说法

论说法偏重于“晓之以理”，以道理说服与动员消费者实现购买，是针对消费者的理性购买行为而使用的一种广告表现方法。例如，米其林轮胎的广告——“任阁下的坐驾如何先进不凡，要使汽车性能发挥得淋漓尽致，仍需依赖优秀的轮胎。享誉世界车坛的‘米其林’，素以性能卓越、安全耐用而赢得车主垂青，独领群‘轮’”。

8. 抒情法

抒情法重在“动之以情”来激发消费者的购买欲望，是针对消费者的情感性购买行动而采取的广告表现方法之一。例如，某名牌涤棉蚊帐广告——“如烟似雾；玉洁冰清。飘飘然使你如入仙境，甜蜜蜜伴君美梦。借问蓬莱人何处寻？就在那××蚊帐中”。

9. 故事法

故事法就是用一个情节较为简单的故事来显示广告信息，以故事情节引发读者兴趣，以故事内容来显示商品特性和加深读者印象，从而把读者转变为消费者的表现手法。

10. 对联法

对联法就是运用对联传递广告信息的表现手法。对联法用词贴切，对仗工整，新颖别致，常用于商店、餐馆、茶楼等。例如，某酒店的对联——“酿成春夏秋冬酒，醉倒东西南北人”。

此类表现方法很多，如戏剧法、曲艺法、诗歌法等，在使用时要注意分清方法，巧妙运用。

11. 名人法

名人法是指利用一些影视明星、行业专家、经济人物、企业家等具有相当知名度的人士或社会名流等作为广告的形象代理而进行的各种广告宣传的表现手法。

（四）广告语

广告语又称广告标语、广告口号，是为了加强公众对企业、商品或服务的印象，在相当长的一段时期内反复使用的固定宣传语言。广告语的主要作用是概括地介绍商品特点或企业经营的指导思想，加强公众的记忆，树立企业的信誉或某种消费观念。举例：

“挡不住的诱惑!”（可口可乐广告语）

“味道好极了!”（雀巢咖啡广告语）

“车到山前必有路，有路必有丰田车。”（丰田汽车广告语）

（五）随文

随文是广告的补充说明，主要包括企业名称、品牌、商标、厂址、电话、传真、电报、邮政编码、银行账号、电子邮箱地址等。

七、商业广告的写作要求

（一）主题鲜明，形象突出

广告必须有一个集中、鲜明且突出的主题，从标题到正文都要围绕主题来考虑内容和形式，做到有的放矢，塑造完美的形象，以便给消费者留下鲜明且深刻的印象。

（二）内容真实，形式活泼

撰写广告必须坚持实事求是的原则，不得以任何形式做虚假宣传、蒙骗消费者。广告的语言文字应该是规范的、健康的、易懂的、新颖的。要吸引大众，广告必然还要用各种生动活泼的表现形式，充分体现其内容。

（三）新颖独特，通俗易懂

写广告要有较强的综合能力。广告一般采用文学、戏剧、音乐、美术、电影等形式，形式多样、新颖别致，形象生动地表达内容，以增强宣传效果，抓住目标消费者。同时，广告还要做到通俗易懂，利于大众接受、消化和吸收，成为真正意义上的消费者。

（四）语言精妙，篇幅短小

广告在特定的场合、短暂的时间内给人们留下了深刻的印象，就要力求文字、画面等的简洁与美感，使人们迅速获得有关信息或广告享受。广告用语精妙是人们认识广告，从而实现消费的重要因素。因此，重视广告用语，才能达到篇幅短小、精彩动人的效果。

［范文］

北京房地产：CBD 传奇演绎，穿越国贸的欧式生活街区

第三节　商务信函、电函

一、商务信函

（一）商务信函的概念

商务信函是反映商务活动的，主要是通过邮政系统递送的，在商务活动中交流信息、联系业务、洽谈贸易、磋商和处理各种商务问题的信件。

（二）商务信函的功能

1. 传递信息

传递各种信息是信函的首要作用，是它的基本功能。信函可以让人们彼此认识、传递信息、保持密切的关系，意在促进业务交往，创造条件促使商务活动进一步发展。

2. 处理商务

处理商务是商务活动进入实质性阶段的具体表现。由于业务种类多、涉及面广，商务信函始终贯穿于建立关系、推销业务、问价报价、还价订购、检验装运等整个商务活动过程，是商务活动的核心所在。

3. 沟通关系

商务信函含有明显的公关要素，要通过建立关系、发展友谊、促进了解来进行相关的商务活动。商务信函可以进一步巩固人际关系，扩大相应的商务活动，提高商务质量。

4. 商务依据

信函对当事人在客观上存在一定的约束力，是签订协议、合同的要素之一，因此信函又是签订协议、合同的一种依据，其商务依据作用十分明显。

（三）商务信函的特点

1. 联络性

商务信函同其他信函一样，具备联络性的基本特点。认识、交往、询问、磋商、洽谈、合作等，都离不开必要的联络，离不开联络性在其中发挥重要作用。

2. 商务性

商务信函的根本目的是为了交朋友、谈生意，无论商务活动成功与否，都始终贯穿着商务性的基本属性，并且必然要反映在商务活动的各个环节之中。

3. 准确性

商务信函的内容多与双方的利益有着直接的利害关系，要完整、精确地表达意思，乃至标点符号都要做到准确无误，以免造成麻烦。

4. 简洁性

在准确、周到的前提下，商务信函应以最少的文字表达真实的意思。

5. 具体性

商务信函所要交代的事项必须具体明确，尤其要注意需要对方答复或会对双方关系产生影响的内容，绝不能模糊不清。

6. 礼貌性

商务信函要采用礼貌、得体的文字表达方式，这样才利于双方保持良好的关系。

7. 体谅性

商务信函要学会换位思考，能够站在对方的立场上思考问题。这样容易获得对方的认同，有利于双方实现有效的沟通。

8. 凭据性

商务信函的凭据性表现在交友往来、洽谈业务、协商合同、彼此合作等多个依据方面，特别是出现经济纠纷的时候，商务信函可以追根溯源，知道纠纷的来龙去脉，利于问题的妥善解决。

（四）商务信函的类型

1. 联系式信函

联系式信函是一种基础性信函，常常用在建立业务关系的始端，主要是以已知晓的商务信息和自身的需要为内容，向对方表示建立业务关系的愿望。

2. 咨询式信函

咨询式信函是一种询问相关的商务信息或商务活动的信函。咨询式信函除有咨询、了解作用外，更多的是促使双方通过相互询问和了解，进行信息的互换、复制、反馈和利用。

3. 谈判式信函

谈判式信函是双方商洽、谈判相关商务事宜而往来的信函，是一种谈判、协商的书面形式。通过这种形式，双方可以确定能否继续进行更深入的商务往来以及进程和具体谈判的内容、方式等，凭证作用比较明显。

4. 购销式信函

购销式信函是买方与卖方，即推销者和订购者进行商务往来的信函，有推销信函和订购信函两种形式。推销信函的内容有品种、数量、质量、规格、价格、订购、付款、验收交货、责任承担等内容。订购信函是推销信函的回复形式，主要依据来函内容做出相应答复。答复要具体明确，说明详细，各种数据、要求等有准确的核实和回应。

5. 催索式信函

催索式信函是双方中的任何一方向对方提出处理有关违约、相关经济纠纷等问题，以书面形式进行交涉的信函。其主要作用在于澄清事实，明确责任，提出条件，尽快处理双方存在的问题。在双方通过法律途径解决问题时，这种信函的证据作用十分明显。

（五）商务信函的结构

商务信函一般由称谓、正文、祝盼语和落款组成。

1. 称谓

称谓就是对收信者的称呼，包括对单位和个人的称呼，有用语恭谨、严肃恰当等要求。

2. 正文

正文是商务信函的主体部分，分为开头语和主体两部分。

（1）开头语。开头语是商务信函的起始部分。在主动发信时，开头语要简述缘由，表明希望，说明主旨，体现意图；回复来信时，开头语要简要说明何时收到信函，已知相关内容，用语可承上启下，进入下文。

（2）主体。主体是商务信函的主要部分。无论是发信或回复，都要注意内容充分具体，陈述清楚明白，用语简要，措辞恰当，表意完整，重点突出。主体部分要从实际出发，明确表达意思，又要留有空间和余地，还要考虑公关的要素，利于对方接受相关的内容或要求。

3. 祝盼语

祝盼语是商务信函完成后向对方表示祝贺、问候、期盼、希望、要求等的用语。用语要根据对方的身份、职务等恰当地使用。一般用语有“即请函复”“专此函告”“特此复函”“盼复”等。

4. 落款

落款就是结尾，应写明写信者或复信者的姓名，包括单位和个人两种形式的落款。落款是个人时，应在姓名前写明其职务。名称下方则写明写信的日期。

如果商务信函存在价格表、订货单、发货单、备忘录等附件，要在落款左下方注明“附件”字样，接下来写明附件件数与名称。

（六）商务信函的写作要求

1. 主题突出，目的明确

首先，商务信函要明确把握洽谈的主体实质，使之尽快成为双方的共同主题；其次，商务信函围绕主题和最终目的，应对具体步骤、计划、措施等进行清楚明白的阐述；再次，商务信函要注意主题的专一与目的取得效果的关系，要有主观谋划和客观审视；最后，商务信函要利于对方把握主题，以便及时进行处理。

2. 内容完整，逻辑清楚

商务信函的内容一定要清楚明晰，表意完整，交代事项要全面详尽。在写作时，商务信函要注意遣词造句的准确，无涂改，无差错，格式规范；层次、语句条理清楚，逻辑严密，无疏漏之处，经得起推敲。

3. 以诚相待，商洽灵活

以诚相待、平等协商是商务洽谈重要的前提和合作的重要基础。要建立密切的关系，达到互利和双赢，就必须要在商务信函的写作中注意诚意和态度，商务信函要写得恰当得体，谦逊而有风度，礼貌而不失原则，在共同点上做文章；要注意商洽方案的选择，实施方法的机动灵活，对最终结果始终留有余地以提高成功的概率。

［**范文**］

联系函

××营销公司：

承蒙多年惠顾，合作成效令人满意。但近半年来，双方合作中出现的一些问题，本公司经多次提出后，至今未见有较大的改变。据我方统计，贵公司多次未经协商，改变我方采购订单的发货数量和交货时间。甚者，三次以无货为由，退回了我方订单，同时要求提高价格，导致了我方工作中的混乱。为避免此类事件再度发生，特发此信函，恳请贵公司在接到本信函后，尽快来人与我公司进行进一步协商，或尽快回复，由我方来人与贵公司洽谈与协商。

盼望回复

××商务有限公司（盖章）

2019 年 3 月 21 日

咨询函

××学院培训部：

知悉贵部拟在寒假期间举办中级财务人员培训班，现联系贵部，欲了解培训班招收人数及培训基本内容、培训费用等情况。请尽快回函。

此致

××集团人才培养中心（盖章）

2018 年 12 月 6 日

谈判函

××商务用品公司：

贵公司2018年12月20日所发我公司定制服装100件（箱）已收到，其中23件（箱）出现规格不符问题。对此，我公司特提出：一是退回规格不符定制服装；二是查阅订单规格，尽快补发定制服装；三是延缓部分应付货款。但贵公司认为规格不符系我公司责任。请贵公司销售负责人尽快来我公司洽谈以求得共识，促进双方业务发展。

此致

××商务集团有限公司（盖章）

2019年2月16日

购销函

××机械有限公司：

我公司欲购贵公司××牌汽车清洗机数台。请贵公司尽快提供该产品价格、规格、功能、具体联系人等详细说明书电传我公司，并考虑予以价格上的一定优惠。谢谢！

此致

××集团有限公司（盖章）

2019年1月22日

索催函

××集团公司财务部：

我公司账面尚有贵公司欠款50万元整（伍拾萬圆整）。依据双方2018年10月20日协议约定，贵公司应当在2018年12月31日之前支付上述款项，但我公司至今仍未收到上述款项。因此，现特请贵公司在近期内及时向我公司支付上述款项。

此致

××股份有限公司（盖章）

2019年1月12日

二、商务电函

（一）商务电函的概念

利用电子工具为载体，以电信网络系统为依托，进行各种商务和事务等各种往来信息传递的形式就是商务电函。商务电函目前主要有传真、电子邮件、电传、电报等。

（二）商务电函的功能

商务电函与商务信函的功能大同小异，可参见“商务信函的功能”。

（三）商务电函的特点

1. 迅捷性

商务电函的发送速度极快，在时间和空间上的速度优势无可比拟，节约了不少人力和物力，明显增加了商务活动的数量和提高了商务活动的质量，其传播、利用、反馈等更为快捷，时效性非常明显。

2. 效率性

在有效时间的保证下，商务电函的效率可以成倍增加。使用者可以在极短的时间内，交换信息、意见、看法，迅速完成商务活动。商务电函具有的独特的效率性，常常可以抢占先机，获得商务成功。

3. 准确性

商务电函特有的属性、格式、使用方法等，保证了其快速、高效。商务电函用语、表意明快简洁，精巧准确，有极高的准确性。

（四）商务电函的写作要求

1. 主题突出，目的明确

商务电函常以精、短见长，特别适用于快节奏的现代社会信息的迅速传播。商务电函的写作要特别注意直推主题，使之更为鲜明，要在主题先行的前提下，准确无误地表明电函的目的所在。

2. 语言精练，表意准确

商务电函用语必须精巧简明，措辞得体，表意清楚明白，利于对方理解和迅速做出回应，提高商务活动的成功率。

［**思考与练习**］

一、简述产品说明书的功能。

二、简述商业广告的功能和特点。

三、消费者希望“天天都是3·15”，以进一步维护自己的消费权益。这说明了什么问题？请你谈谈自己的体会。

四、商务信函的功能是什么？有哪些分类？

五、按商务信函的结构写一封信函，注意用语和称呼。

六、电函是什么？有哪些分类？

七、判断题

1. 我了解该产品，产品说明书要不要无所谓。（　　）

2. 产品说明书与广告的区别主要有五个方面。（　　）

3. 商业广告是一种艺术创造，不是经济应用文体。（　　）
4. 在媒体上做任何广告，现在都不用审批了。（　　）
5. 广告严禁弄虚作假，但是仍有发生，这是由于监管审查不严。（　　）
6. 我们单位经济效益好，从来不做广告非常正常。（　　）
7. 商业函和公文中的函有根本区别，不能等同。（　　）
8. 商业函不属于经济应用文范畴。（　　）

参考答案

第八章　常用经济类文体

第一节　招标书、投标书

一、招标书

（一）招标书的概念

招标书也称招标通告、招标广告、招标公告、招标启事等，是招标单位在进行建设、商务、合作、合营等项目时，将有关项目、标准、实施条件等进行公布，通过投标者之间优胜劣汰的竞争，最终选出合适的承包者或经营者的文书。招标书是应用性文书，带有明显的契约性、约束性、专业性和专用性。

（二）招标书的功能

1. 依据作用

招标书是投标者进行投标的依据，没有招标书就没有投标者；有了招标书，投标者才有投标的对象或目标，从而可以按招标书的要求编制内容、提出计划、制订方案，从而进行有效投标。

2. 竞争作用

投标可以打破垄断，是促进公平、公开、公正竞争机制发展的有效手段。竞争性主要表现在招标单位可以通过择优选用投标单位，节省开支，降低成本，保证项目质量，实现既定目标；投标者可以通过招标竞争，挖掘潜力，改善经营，强化管理，获取更多经济效益。

（三）招标书的特点

1. 可靠性

可靠性就是保证性，表现在招标的相关文本依据、合法依据、运作保证依据，可以按程序进行招标以提高公信度和真实性。

2. 竞争性

招标就是竞争，通过考察、评价、审核等，最终确定投标的最佳人选与方案，实现效益的双赢。这样投标者就要扬长避短，力争脱颖而出，体现了招标书固有的竞争性特点。

3. 具体性

招标书有详细的项目指标、招标要求、实施标准、完成时间等具体内容，投标者才可以依据内容进行准备，积极参与竞争。因此，招标书的内容非常具体，要求明细、可靠。

4. 契约性

契约性是招标书的一个基本特性。招标书本身就是一种书面契约，各方当事人应履约的相关条款、承担的责任和义务等都非常清楚。

5. 真实性

招标书必须以公平、公开、公正原则为基础，内容必须真实可靠，不得虚夸，不得作假。更不能在内容真实、条款充分的情况下，招标者与投标者利用某些特殊关系，进行“暗箱操作”。

6. 时限性

招标有明确的时限要求：一是及时制作招标书的时间要求，二是及时进行招标的时间要求，三是对投标者为获得项目制作投标书进行竞争的时间要求，四是有明确的项目实施的具体进度要求，五是有最终完成项目的时间要求。

7. 专用性

招标书属于带有极强专业性的专用性文书，有比较固定的格式、行文规范，目的明确，内容专一，条款非常清楚。

8. 约束性

招标书要体现相关的法规精神，有契约性的特征，并且是某种合作的合法依据，其中的内容对当事人都具有非常明显的约束性。一旦生效，任何人都不可以随意延伸或修改，约束性体现得极为充分。

9. 广告性

招标书的告知性很强，一般要通过大众传媒公开，也被称为招标广告，具有公开透明的广告性特点。

（四）招标的类型

1. 招标书按内容不同分类

招标书按内容不同分类为商业招标书、建设项目招标书、装饰（装修）工程招标书、生产招标书、商品交易招标书、科技项目招标书、劳务项目招标书等。

2. 招标书按计价方式不同分类

招标书按计价方式不同分类为固定总价项目招标书、单位不变项目招标书、成本加酬金项目招标书、特殊计价项目招标书等。

3. 招标书按发布方式不同分类

招标书按发布方式不同分类为公开招标书、内部招标书、特邀招标书、协商招标书、网上招标书等。

4. 招标书按称谓不同分类

招标书按称谓不同分类为招标通告、招标广告、招标公告、招标启事、招标文件汇总、招标函件等。

5. 招标书按发布范围不同分类

招标书按发布范围不同分类为国际招标书、国内招标书、地区（区域）性招标书、系统（行业）性招标书、单位内部招标书等。

6. 招标书按性质不同分类

招标书按性质不同分类为合资招标书、独资招标书、股份制企业招标书、国有企业招标书、个体招标书、集体招标书、全员招标书等。

7. 招标书按作用不同分类

招标书按作用不同分类为招标方案、投标履约书、招标细则等。

8. 招标书按形式不同分类

招标书按形式不同分类为表格形式招标书、文字形式招标书、表格文字兼有的招标书等。

（五）招标书的结构

现行的招标书格式比较固定，一般由标题、前言、主体和落款四部分组成。

1. 标题

标题有三种形式：一是直接由文种组成，如《招标书》；二是由招标单位加上文种组成，如《××省××公司招标书》等；三是由招标单位、招标项目加上文种组成，如《××市政建设集团招标公告》等。

招标书标题下的编号可有可无，但比较重要的招标书需要长时间存档，为便于查对，应设置编号。

2. 前言

前言又称导语、基本说明、绪言。基本内容有招标的项目名称、招标根据、招标目的和招标范围。前言简洁明了，提示性比较强。

3. 主体

主体，即招标书的内容核心具有明确的招标项目、范围、方式、程序、要求、事项等内容。主体部分内容必须详实无误、条款清楚。例如，仅招标工程一项，就要有项目名称、立项根据、投资总量、工程类型、施工总量、招标单位资格要求、具体施工地址或区域等。至于具体的合同原则、权利与义务等，要求更为明细，不得有任何的疏漏。

主体一般用横式并列结构，必要时可以列表加以逐项说明。

4. 落款

落款，即有招标单位名称（加盖公章）、制定招标书的日期、招标单位的地址、电话、网址、电话、邮编等内容。若是两个以上单位联合招标，应依次写明。落款单位不一定和标题中的招标单位一致，它可以是招标单位的上级主管部门，也可以是某一承办部门。

（六）招标书的写作要求

1. 详实周密

招标书使用广泛，内容繁多，常常涉及多专业、多技术、多学科等，存在极大的差别性。因此，撰写招标书就要做到深入调查，知己知彼；注重环节，减少失误；细拟条款，心中有数；形式得体，规范科学；用语准确，数据准确。

2. 表达清楚

招标书的表达非常重要，要做到条理清晰、字句明确、准确无误、实事求是地说明相关情况，要注意讲究一定的程序和表达形式，不能产生歧义，不能模糊相关内容，应避免失误，促进工作。

3. 真诚合作

招标及随后进行的投标工作，必须要遵循平等、诚信、公开、公平、公正的原则，目的在于促进合作，共同发展，利益共赢。招标书要合理合法，立文规范；讲究诚信，突出合作，以真事、真情促真诚，以实干、实在讲效果。

［**范文**］

广州市天河区人民法院饭堂食材配送采购项目招标公告

二、投标书

（一）投标书的概念

投标书是投标单位通过竞标，在接受招标条件后撰写的回应性文书。投标书是对招标书提出整体招标要求的回应与承诺，有具体的相关指标、要求、事项等回应性内容。

投标书也是应用性文书，同样带有明显的契约性、约束性与专业性、专用性。投标书与招标书关系密切，没有招标就没有投标，两者相互依存，互补性极强，有“无此即无彼”的明显特征。

（二）投标书的功能

1. 回应与承诺作用

投标书根据招标书提出的具体内容，按其要求、条件等来制订自己的投标方案，既响应又承诺，对招标书提出的各种事项、要求等进行具体细致的回复，回应与承诺是其必备的基本作用。

2. 竞争与比较作用

投标是竞争，并且相关投标单位对招标内容都十分清楚。在这样的条件下必然会形成竞争，表现在投标人员的组成、必要的投标调查、投标方案的制订、具体的投标程序等多个方面。

3. 合作与双赢作用

投标是对招标的回应与承诺，也是一种积极有效的合作。因此，招标是投标的先导，投标是招标的结果，招投标活动有利于双方真诚交流、诚信合作，从而实现经济携手、利益双赢。

（三）投标书的特点

1. 真实性

投标书同招标书一样，要真实地反映投标内容，即投标的具体条款、自身的相关情况等，取得招标单位的信任，从而加强沟通，密切合作，使投标工作获得成功。

2. 竞争性

投标人依靠投标书展现实力，目的在于战胜竞争对手，必然要表现出投标方案的整体优势，高度重视参标、成标等各个环节有效操作，并大量收集和利用相关信息，利用公关手段，扬长避短，强化竞争。

3. 针对性

投标、招标相互依存性和互补性极强，无招标便无投标。投标针对招标而来，投标书的内容是对招标书提出的具体条款的一一回应，因此针对性非常强。

4. 互补性

招标与投标本身就是一种互利性的经济活动。投标意在中标，投标人必然要综合双方之长，寻找利益的共同点而实现双赢。同样，在保证报价、工期、质量等前提下，为了兼顾双方利益，留有一些商洽余地，找最佳“融洽点”在投标书中并不鲜见。

（四）投标书的类型

1. 投标书按内容不同分类

投标书按内容不同分类为商业投标书、建设项目投标书、装饰（装修）工程投标书、生产投标书、商品交易投标书、科技项目投标书、劳务项目投标书等。

2. 投标书按计价方式不同分类

投标书按计价方式不同分类为固定总价项目投标书、单位不变项目投标书、成本加酬金项目投标书、特殊计价项目投标书等。

3. 投标书按方式不同分类

投标书按方式不同分类为公开投标书、内部投标书、特邀投标书等。

4. 投标书按称谓不同分类

投标书按称谓不同分类为投标通告、投标广告、投标公告、投标文件汇总、投标函件等。

5. 投标书按范围不同分类

投标书按范围不同分类为国际投标书、国内投标书、地区（区域）投标书、系统（行业）性投标书、单位内部投标书等。

6. 投标书按性质不同分类

投标书按性质不同分类为合资招标书、独资招标书、股份制企业招标书、国有企业招标书、个体招标书、集体招标书、全员招标书等。

7. 投标书按作用不同分类

投标书按作用不同分类为投标申请书、投标履约保证书、投标方案、投标细则等。

8. 投标书按形式不同分类

投标书按形式不同分类为表格形式投标书、文字形式投标书、表格和文字兼有的投标书等。

（五）投标书的结构

投标书一般由标题、抬头、前言、主体、落款和附件六部分构成。

1. 标题

标题有四种情况：一是直接写文种，如《投标申请书》《投标书》等；二是由投标项目加文种组成，如《装修工程投标书》等；三是由投标单位加文种组成，如《××公司投标书》等；四是由投标单位、投标项目加上文种组成，如《××建筑工程集团××项目投标书》等。

2. 抬头

抬头，即署名，一般为招标单位或评标机构名称，如“××省建筑工程集团有限公司”“××评审（评判）委员会（组）”等。

3. 前言

前言，即导言，主要写明投标的态度、思路和看法。其内容简要、提纲挈领、清晰明确，是主体的铺垫部分。

4. 主体

主体部分是投标书的核心，是投标能否成功的关键所在。主体部分基本内容有五个方面：一是投标的具体内容；二是相应的投标步骤或措施；三是说明自身的应标条件；四是补充或说明应标的其他事宜；五是对投标做出必要的保证。这里要注意，主体要突出自身投标的优势，还要有必要的资料说明、数据的可靠分析、投标的结果预测等内容。

5. 落款

落款，即单位名称、法定代表人姓名、投标人署名、地址、电话、网址、邮编、投标书制发日期等。落款还须加盖单位公章。

6. 附件

附件，即随投标书附上的相关担保书、表格、证明材料、单位资质证明等。附件是对投标书内容的必要补充或说明，作用非常重要。

（六）招标书和投标书的相关链接

1. 招标、投标活动应遵循公开、公平、公正的原则

公开原则，即招标、投标活动应有较高的透明度，信息、程序等应予公开；公平原则，即所有投标人应有平等的竞争机会，享有同等的权利和义务；公正原则，即要求招标、投标双方务求诚信，正确行使权利、履行义务以维护双方的利益。

2. 实现招标和投标的基本程序

（1）准备程序。一是招标单位经有关部门审批后，设立招标机构；二是确定标的（招标项目），测定标底并保密；三是进行必要的调查研究，做到心中有数；四是编制招标文件；五是围绕中心工作进行必要的其他准备。

（2）招标程序。一是招标单位（招标人）实行公开招标或邀请招标，在相关媒体刊发招标公告，同时向相关单位发出招标邀请函；二是招标单位（招标人）对参加投标的单位（投标人）的投标资格、投标状况、投标实力、投标诚信情况等进行必要的审查；三是在发文件之前，要对有投标意向的投标人的概况和过去履行类似合同的情况进行审核；四是为投标单位（投标人）提供招标文件、相关资料，解答相关问题等，进行投标接待或咨询，使招标工作进入实质运作阶段。

（3）投标程序。投标单位（投标人）在获得投标资格后，以自身投标书（包括填写的相关投标表格或投标方案等）参加投标。这里要注意：一是投标单位（投标人）在递送投标书后，可以在投标的最后截止期前进行修改或补充；二是投标单位（投标人）向招标单位递送的投标书（包括填写的相关投标表格或投标方案等）要按程序进行密封，不得泄露内容。

（4）开标程序。招标单位（招标人）开标是指招标单位（招标人）以标底为依据进行评标的过程，即在参加竞标单位（中标人）中选出若干预选中标单位（中标人）。

（5）中标和订立合同程序。招标单位（招标人）确定最后招标单位（中标人），选定最佳合作者；双方签订相关经济合同；中标单位（中标人）缴纳履约保证金；双方进入实质性的履约阶段，招标、投标工作基本结束。

3. 招标与投标关系对应，两者密不可分

招标通过投标，选择最佳合作伙伴；投标回应招标，提出最佳合作方案，签订中标合同，实现经济合作；无招标则无投标，招标与投标互补、互利、共存，双赢是最终目的。

4. 注意相关保密要求

在招标、投标工作中，招标书标底、投标书回应内容在正式开标之前要严格保密。这

是因为招标、投标活动必须坚持原则，防止暗箱操作；出于竞争的需要而采取的必要策略；有利于提高招标、投标运作质量，提高效率。

（七）投标书的写作要求

1. 真实完整

投标书是对招标书的回应，必须真实地反映投标单位或投标人的相关情况，即内容真实，条款清楚。真实完整的投标书是投标之本，这是撰写投标书时首先要注意的。

2. 突出优势

依据招标书内容而扬长避短，突出方案，展示优势，是投标书一大要素。其一，在实事求是基础上，突出自身优势以吸引对方；其二，善于利用其“热点”等问题，拿出方案，引起对方关注，使自己脱颖而出；其三，突出优势要量力而行，尤其是质量优势，要强调可行性、科学性、必要性。

3. 有的放矢

投标书依据招标书而来，是针对招标书内容进行撰写的，是投标书产生的前提。因此，投标书要突出其针对性，根据招标书内容进行逐一回应，有的放矢，突出要旨，抓住精髓，才能发挥其最大作用。

4. 注重时效

投标书的时效性非常明显，撰写时尤其要注意其时效性。投标书必须要做到撰写及时、递送及时、补充或修改及时。投标时不我待，机会可能稍纵即逝，这是出于竞争的需要、自身发展的需要以及合作双方的需要。

［**范文**］

××公司投标书

第二节 意向书、协议书

一、意向书

（一）意向书的概念

意向书是当事人就经济或其他事务经平等协商，在达成正式协议、签订合同之前达成的具有原则性、方向性意见的备忘性文书。

意向书是签订协议书或合同书的先导，但不具备法律约束力，对当事人各方有一定的约束作用。

（二）意向书的功能

1. 备忘作用

备忘作用主要体现协商等初步结果，真实反映双方当事人的意愿、要求或目的等，为后续签订协议书或合同书做必要的铺垫。意向书作为进一步协商、谈判的备忘性材料作用明显。

2. 协商作用

意向书具有明晰的协商性，并贯穿始终。这主要表现在当事人签署意向书前后，仍然可以继续协商，允许不断修改；提出多种协商、谈判、合作方案以供选择；通过协商达成共识，实现有效合作。

（三）意向书的特点

1. 一致性

意向书反映的协商、谈判结果虽然呈阶段性而不是最终成果，但其核心内容、基本框架等是经过当事人协商一致同意的，能反映各方的基本利益和共同愿望。

2. 概括性

意向书常常是一种意向性的反映，是为以后签订协议或合同做必要的铺垫。意向书反映当事人的意愿、目的以及相关合作内容等，一般都只做基本内容的记录，不对具体项目等做详细的交代。

3. 意向性

意向性要最大限度地反映当事人的意愿、目的或期待，可以把当事人的意愿、目的、合作内容等进行归纳、提炼，通过协商，确定合作方向，从而体现出单方意向性向双方意向性的聚合以达成共识。

4. 灵活性

意向书是当事人的意愿等的体现，必然存在极大的协商余地或商榷空间，在内容、形式上也不拘一格，可以不断协商，随时修改以进行必要的补充或完善。

（四）意向书的类型

1. 意向书按签署方式不同分类

意向书按签署方式不同分类为单签式意向书、联签式意向书、换文式意向书等。

2. 意向书按不同用途和不同内容分类

意向书按不同用途和不同内容分类为项目合作意向书、经济技术合作意向书、保险合作意向书、金融合作意向书等。

3. 意向书按时限不同分类

意向书按时限不同分类为长期合作意向书、中期合作意向书、短期合作意向书、定期合作意向书、不定期合作意向书等。

4. 意向书按意向合作数量的多少分类

意向书按意向合作数量的多少分类为综合项目合作意向书、单项目合作意向书等。

5. 意向书按不同对象分类

意向书按不同对象分类为官方合作意向书、部门或单位合作意向书、集体合作意向书、个人合作意向书、中外合作项目意向书等。

6. 意向书按不同表达方式分类

意向书按不同表达方式分类为书面意向书、口头意向等。

（五）意向书的结构

意向书一般由标题、正文和落款三部分组成。

1. 标题

意向书的标题有三种形式：一是直接写《意向书》；二是由事由、文种组成，如《合作开发××旅游区意向书》；三是由意向者（单位）名称、事由和文种组成，如《××华光集团与××总公司合作研发产品意向书》。

2. 正文

正文包括引言和主体两部分。

（1）引言。引言，即意向书的开头部分。引言一般要写明签订意向书的缘由、依据、目的，对当事人名称、协商内容、时间等进行必要的交代；以“现达成以下共识（意向、一致意见）”等语句承上启下，另行引出正文。有的意向书比较简单，在标题下直接行文即可。

（2）主体。主体部分一般多采用条款结构形式，分条分项地来表达当事人达成的具体意向，即合作内容。主体要清楚地交代合作的整体规划、具体项目、资金投向、机构组成、责任分担、利润分配等诸多具体内容。此外，主体部分还要注意对尚未解决的问题，需要进行怎样的协商、洽谈的大致安排等还要有清楚明白的说明。正文最后一定要写明意向书文本数量（“一式×份”以作存查、备忘之用）以及该文本的保存者（包括主送、抄送单位或其他关联人）。

主体是当事人协商一致的产物，因此用语比较平和，不宜随便使用“必须”“否则”等词语。同时，意向书不具备法律约束力，不能随意写上对违反意向（约定）者要施以处罚、赔偿等条款。

3. 落款

落款的主要内容有三项：写明当事人的法定名称或洽谈代表人姓名；签订时间，即当事人签订的共同认可的同一时间；签章。目前落款格式通常已采用左右格式，即甲方在左、乙方在右。

（六）意向书的写作要求

1. 意向清楚，交代明白

意向书要清楚地表明自己的意图、要求、目的等，并依靠相应的条款阐述得清楚明白。意向书的写作应该考虑自己的意图、目的是什么，对方的意图、目的又是什么，怎样体现意向性的协调与统一，并且在条款上有相应的交代，要表达共同的意愿或合作的诚意。

2. 用语简洁，注重平和

意向书是当事人合作的意向性文书，框架性比较强，有较大的协商空间，用语简洁尤为重要。意向书的写作不能力求条款完备。既然是诚信协商，就要注意语调平和，要包容、大度，不宜斤斤计较、寸步不让。

3. 分清主次，重在合作

分清主次就是要抓大放小，突出重点。因此，意向书的写作要突出关键，抓住中心，立足于解决重大或疑难问题，在关键地方找到突破口，求得共识，力求合作。

［**范文**］

采购意向书

二、协议书

（一）协议书的概念

协议书是当事人就有关经济问题或其他事务在充分协商的基础上取得共识、达成一致意见后订立的一种具有经济或其他关系的契约性文书。协议书确立了当事人各方的权利与义务，具有法律约束力。

协议书使用频率高，应用范围广，在目前一些合同关系尚无法规可依的情况下，协议书的替代作用明显，在一定程度上可视为经济合同。

（二）协议书的功能

1. 准则与凭证作用

协议书不同于意向书，其相关的协议内容有了相应的准则性和规范性，已具有法律的约束力。因此，协议书的准则与凭证作用强于意向书，其准则作用决定了执行的前提与质量，保证了当事人的信任和与合作。

2. 合作与纽带作用

协议书的相关条款明晰具体，当事人的权利与义务比较完备，在客观上促进往来的前提与条件更为周全，其相互的合作性比意向书更为明显，更具有广泛性与操作性，对诚信互动、利益共赢十分重要。

（三）协议书的特点

1. 广泛性

协议书上连意向书，下接合同书，承上启下，优势独特；凡是不宜签订合同的，都能以协议书的形式签订；容量可以超过一般的合同，其细化条款、补充内容等提供的协商、合作的空间更大。

2. 灵活性

协议书签无定式，实用性非常强。内容安排、条款形式等，都可以自行选择。协议书的灵活性还表现在篇幅不论长短、内容不论简繁、时效不论限制、合作不论形式之上，这也是其使用频率高的一大原因。

3. 约束性

协议书具有法律的约束力，符合相关法律、法规和政策的规定；当事人必须要自我约束，自觉履行权利与义务；协议书一旦签订便有法可依、有章可行，其约束力将成为履约的根本保证。

4. 条理性

协议书讲究条款清楚、内容明晰，条理性非常明显，特别是条款式的协议书更注重条款的具体化、清晰度，要求有条理、有层次地反映出当事人的合作内容。

（四）协议书的类型

1. 协议书按不同用途分类

协议书按不同用途分类为经济技术合作协议书、商品进出口协议书、工程（项目）协议书、社区（小区）建设协议书等。

2. 协议书按时限不同分类

协议书按时限不同分类为长期合作协议书、中期合作协议书、短期合作协议书、近期合作协议书等。

3. 协议书按协议数量不同分类

协议书按协议数量不同分类为多项目合作协议书、单项目合作协议书等。

4. 协议书按对象不同分类

协议书按对象不同分类为官方型合作协议书、非官方型合作协议书、个人合作协议书、企事业单位合作协议书、中外合作协议书等。

5. 协议书按协议完备程度不同分类

协议书按协议完备程度不同分类为意向式协议书、补充和修订式协议书、合同式协议书等。

6. 协议书按形式不同分类

协议书按形式不同分类为书面协议书、口头协议等。

（五）协议书的结构

协议书一般由标题、名称、引言、正文与落款五部分构成。

1. 标题

标题一般有四种情况：一是直接以《协议书》作为标题；二是由协议书当事人名称加上文种组成，如《××集团与××总公司协议书》等；三是由协议书当事人名称、事由加上文种组成，如《××公司与××集团关于销售的协议书》等；四是着意突出协议书性质并加上文种组成，如《承包协议书》《联营协议书》等。

2. 名称

协议书一般是在标题下左下方分上下两排，分别写明当事人各方的单位名称及法定代表人或签订代表人姓名。协议书可以在各方的单位名称或姓名后注明“（以下称甲方）”或“（以下称乙方）”字样以示区别。

3. 引言

引言，即前言，主要交代签订协议的依据、目的，并以“现达成以下协议”等语句承上启下，引出正文。

4. 正文

正文是协议书的主体。这一部分多采用条款式，主要内容有：一是展开签订协议书的具体事项；二是对协商的事项提出具体完备的协议条款；三是明确当事人应有的权利和义务；四是明确双方协商的具体事项应该承担的相应责任；五是写明未尽事宜的洽谈方式以及大致日程安排等；六是写明协议书的份数、有效期、保存人或单位等。在正文相关条款中，某些具体的协议条款里也可以同时含有当事人的权利与义务等内容。

5. 落款

落款，即写清签订协议书当事人单位名称、法定代表人姓名或其代表人的姓名、协议书签订日期、加盖公章、当事人详细地址、电话、传真、网址、邮编等。

视协议内容或其重要性，协议书还可以进行必要的公证。

（六）协议书的写作要求

1. 知法、合法、守法

协议书的写作必须要了解、熟悉国家相关的法律法规，知晓这些法律、法规和有关政策对协议书的约束力、限制范围等具体要求；要依法制定协议内容，有关条款要有根可循，出之有据；要按协议认真履行相关条款，不得随意毁约、违约或擅自更改相关协议内容；要依法协商、完善存在争议的条款或内容。

2. 具体、明确、完备

协议书的内容必须具体，协议事项必须明确，协议条款必须完备。协议书一旦签订，就是当事人履约的行动准则与指南，不可含糊不清。此外，协议书要表达清楚，条理清晰，有利于履约相关条款以实现有效合作。

3. 严谨、简洁、清楚

协议书用语严谨而无疏漏，简洁且干净利落、要旨清楚、表意完整、一看即懂。协议书的写作要多用单句、短句，选词组句力求准确；要注重语句的推敲；要多次修改、润色。

［**范文**］

购房协议书

第三节　经济合同

一、经济合同的概念

合同是平等主体的自然人、法人、其他组织之间设立、变更、终止民事权利义务关系的协议。经济合同是合同的一个类别。

经济合同就是平等主体的自然人、法人和其他组织，即双方或多方当事人为实现某种经济目的，通过平等协商，在明确相互权利和义务基础上共同签订的具有经济关系的书面协议。

二、经济合同的功能

（一）保证合法权益

保证合同签订各方（当事人）的合法权益是经济合同的基点和实现合同最终目的的根本保证。经济合同保证各方当事人的合法权益主要表现在：一是依法签订，具有法律保证的依据；二是经济合同一旦成立就具有法律效力，各方当事人都必须履行合同，行使相应的权利，明确相应的义务并承担法律责任。

（二）规范经济行为

依法签订经济合同，使当事人依据合同进行的各种经济活动有了基本保证和履行的前提。经济合同可以规范各种经济实体，实现跨行业、部门、地区等的经济活动；对各种经济主体的经济行为进行必要的监督，保证各方不得擅自变更合同内容或自行解除；可以依据法律的效力保证来提高各种经济活动的质量。

（三）有利于经济发展

经济合同明确保证和规范了各种经济活动，可以实现经济的联合、协作等，扩大经济活动的数量，提高经济活动的质量；可以培育和促进经济市场的发展，实现规模经济效益；可以促进对外开放，加快国家、地区之间的经济贸易往来，实现全球性经济的协作与发展。

三、经济合同的特点

（一）经济合同是当事人之间的协议，当事人是法人

经济合同是法人之间为实现一定经济目的，明确相互权利义务关系的协议。法人是指具有民事权利和民事行为能力，依法独立享有民事权利和承担民事义务的组织。

（二）合同一旦成立，就具有法律效力

订立和履行经济合同是一种法律行为，签订后即具有法律效力，受到法律保护，当事人要承担相应的法律责任，有非常明显的约束性与强制性，各方不得以自己的主观意愿来违反、终止经济合同。

（三）遵循公平、自愿、协商一致、平等互利、等价有偿、诚信、合法的原则

当事人地位平等、意愿一致、公平协商、互利互惠、诚信守约是签订经济合同的基本前提，只有当事人各方在此基础上，通过协商达成共识，才可以实现平等互利、等价有偿、诚信合作，经济合同才能成立。

四、经济合同的类型

（一）经济合同按涉及时间不同分类

经济合同按涉及时间不同分类为长期经济合同、中期经济合同、短期经济合同等。

（二）经济合同按表达方式不同分类

经济合同按表达方式不同分类为书面形式经济合同、电子文本合同等。其中，书面形式又可以细化为合同书、信件、电报、电传、传真、电子数据交换、电子邮件、数据电文等合同形式。

（三）经济合同按表达格式不同分类

经济合同按表达格式不同分类为条款式经济合同、表格式经济合同、条款和表格组合式经济合同等。

（四）经济合同按业务性质和内容不同分类

经济合同按业务性质和内容不同分类为购销合同、供电（水、气、热力）合同、赠与合同、借款合同、租赁合同、加工承揽合同、建设工程合同、运输合同、科研和技术合同、财产保险合同、委托合同、出版合同等。

五、常用的经济合同

（一）第一类：生产协作和承包类合同

1. 工程承包合同

工程承包合同是承包人进行工程建设、发包人支付价款的合同。工程承包合同包括工程勘察、设计、施工合同。

2. 加工承揽合同

加工承揽合同是指一方（承揽方）用自己的设备、技术和劳动力为另一方（定做方）提出的品名、项目、质量等的要求进行加工、定做、修缮或完成其他劳动服务工作，从而获得报酬的协议。加工承揽方合同主要有加工、定做、修缮、修理合同及其他加工承揽合同等。

3. 科研、技术合同

科研、技术合同是国家科学研究机构或学校、企事业科学研究机构等为企业完成科学技术协作项目并获得报酬，明确相互之间的权利义务关系的协议。

（二）第二类：提供劳务类合同

1. 运输合同

运输合同是承运人将旅客或者货物从起运地点运输到约定地点，旅客、托运人、收货人支付票款或运输费用，为明确相互之间权利义务关系的协议。运输合同包括客运合同和货运合同。其中，货运合同由托运人办理货物运输，托运人应当向承运人准确表明收货人的名称或姓名，货物的名称、性质、数量、重量、收货地点等有关货物运输的必要情况。

2. 仓储保管合同

仓储保管合同是存货方为保管货物、明确相互权利与义务关系而签订的协议。仓储保管合同的标的是能够搬运移动的特定物或特定化的种类物。不能移动的建筑物、设备等不能成为此类合同的标的物。

（三）第三类：保险和财产类合同

1. 购销合同

购销合同指供方将产品或商品出售给需方，需方应接受产品或商品并按规定支付价款的协议，是当前在生产流通领域里常用的一种经济合同形式。购销合同包括供应合同、采购合同、预购合同、物资协作合同等。

2. 借贷和融资合同

借贷和融资合同指各专业银行和其他合法的金融机构，根据国家的信贷计划和信贷政策，向企业单位、个体经营户以及个人等发放贷款的业务活动的协议。

3. 财产租赁合同

财产租赁合同指出租人在一定时间内，将财产出让给承租人使用，承租人支付租金的协议。财产租赁合同包括服务租赁合同、房屋租赁合同等。

4. 财产保险合同

财产保险合同又称财物保险合同、损害保险合同，是以补偿财产的损失为目的，确立双方权利义务的书面表达。财产保险公司有广义和狭义之分。广义的财产保险包括有形财产保险和无形财产保险两大类。有形财产保险是指将有形的物资财产作为保险标的的保险。无形财产保险是指以无形利益为保险标的的保险。

5. 健康、医疗等保险合同

健康、医疗保险是为补偿疾病带来的医疗费用的一种保险。健康、医疗保险合同是以合同的方式预先向健康或受疾病威胁的人收取医疗保险费，建立健康、医疗保险基金；当被保险人患病并去医疗机构就诊而发生医疗费用后，由医疗保险机构给予一定的经济补偿。

6. 赠与合同

赠与合同是赠与人将自己的财产无偿给予受赠人，受赠人表示接受赠与的合同。

（四）第四类：其他类合同

1. 供电（水、气、热力）合同

供电（水、气、热力）合同是在一定期限内供给用户一定种类、品质和数量的电、水、气、热力，用户支付费用的合同。

2. 联营合同

联营合同是企业、生产单位和其他单位联合投资兴办工厂或服务行业、开设商店等，明确相互之间权利义务关系签订的合同。

3. 承包责任制合同

承包责任制合同是基层经营管理部门为实现责、权、利三者结合，进一步完善经营责任制，同上级主管部门签订的合同。

4. 行纪合同

行纪合同是行纪人以自己的名义为委托人从事贸易活动，委托人向其支付报酬的合同。行纪合同又称信托合同。

5. 居间合同

居间合同是居间人向委托人报告订立合同的机会或提供订立合同的媒介服务，委托人向其支付报酬的合同。

6. 委托合同

委托合同是委托人和受托人约定，由受托人处理委托人事务的合同。委托合同要注意做到明确委托的权限、费用与报酬和损失赔偿等。

六、经济合同的结构

经济合同种类繁多，主要由标题、当事人名称、正文、附则、落款等五部分组成。

（一）标题

经济合同的标题一般有三种形式：一是直接由合同种类充当标题，如《建筑工程承包合同》等；二是由标的加文种构成标题，如《电器产品购销合同》等；三是由当事人名称、标的再加上文种构成标题，如《××公司购车合同》等。

（二）当事人名称

在标题的左下方分上下两行，或者左右平行分行写明签订合同当事人的全称，并用括号标明甲方、乙方，如"（以下简称甲方）"或"（以下简称乙方）"字样。如果合同是借款合同，则可写明"（以下为借方）"或"（以下为贷方）"字样。

（三）正文

1. 开头

开头又称缘由，一般写明签订合同的目的、依据或简单经过。

2. 主体

主体，即合同的具体内容和相关条款，为合同的核心所在。主体部分一般是按照合同法规定的主要条款以及签订合同的主次关系顺序进行表达，即逐条逐款地说明双方协商并一致确定的条款内容。经济合同的主要条款有以下内容：

（1）标的。标的指劳务、货物、工程项目等，是当事人各方权利与义务指向的对象。标的是签订经济合同的前提，没有这样的前提，合同就不能成立。

（2）数量和质量。数量和质量是标的具体化形式，关系到当事人各方的权利与义务的具体划分和认定。数量是指标的数目，即以度、量、衡为单位进行计算；质量是指产品（商品）的内在质地和外表形态的统一，即产品（商品）的作用、大小、品种、规格、等级等。标的质量可以凭借国家规定的相应标准进行参照，采纳各方经协商认可的标准。

（3）价款或酬金。价款或酬金指取得合同标的物一方向对方支付的代价。价款用于以货物或工程为标的的经济合同中，酬金用于以劳务为标的的经济合同中。货币应写明币种、标的单价、总金额、结算方式等。

（4）履行的期限、地点和方式。履行期限指提交货（款）或完成劳务的日期，即合同中规定的实现权利和义务的限定时间。期限有明确的年、月、日等时限要求。履行地点指交货或完成劳务的地方，即完成经济合同内容的所在地，如交货、地点、付款地点等。履行方式指当事人采用怎样的方法来完成交货或劳务，即用什么方式履行合同的义务。标的不同其履行方式亦有所不同。

（5）违约责任。违约责任是指合同当事人一方不履行合同，或者不适当履行合同，出现违反共同确认的权利与义务时应当承担的经济和法律责任。违约责任主要以违约赔偿金形式体现，其具体处理方式由各方当事人根据法律规定协商约定。违约责任是非常重要的条款，应予以充分重视。

（四）附则

附则，即结尾，主要说明合同的有效期、条款未尽事宜的处理、合同份数、保存方式等内容；随合同如有附件、标的样品、图表等，则要写明数量或相关情况，并与合同具有等同效用。

（五）落款

落款，即写清签订合同当事人单位全称、法定代表人姓名、代表人姓名（签字）、相关证件，并加盖公章或合同专用章，同时写明签订合同的时间、地点、电话号码、银号账号等。一些比较特殊的经济合同还可以进行公证，加盖鉴定机关公章及写明鉴定时间。

七、经济合同与意向书、协议书的区别

（一）主体不同

经济合同的当事人各方必须是平等主体的自然人、法人和其他组织；意向书、协议书则无限制，国家与国家、国家与单位、单位与单位、单位与个人、个人与个人等，都可以签订。

（二）内容不同

签订经济合同，要求内容较为全面、规范、具体、周密；意向书、协议书的内容比较单一、概括，一般只有原则性、意向性条款。

（三）范围不同

经济合同使用范围多在经济领域，经济目的比较单一、清楚；意向书、协议书则几乎可以用于任何领域，应用范围广泛。

（四）时效不同

经济合同时限明确、要求严格且比较固定，不会随意更改；意向书、协议书时效灵活，长则数年，短则几天，时效要求不严格。

（五）责任不同

经济合同一旦签订，就具有法律约束力，当事人必须依法履行自己的权利与义务；意向书、协议书不具备法律效力，只具有对当事人的信誉约束力。当事人各方经协商一致同意而签订的一些协议书（包括目前现行合同法里没有的合同文本而自行签订的特殊性合同），在各方认可并经公证后，其作用可以视为经济合同，即我们通常看到的“代合同”的文本形式。

八、经济合同的写作要求

（一）熟悉法规，内容合法

撰写经济合同必须符合合同法规定的基本原则：一是必须遵守国家的法律，符合国家政策；二是任何单位和个人不得利用经济合同进行非法活动、扰乱经济秩序、牟取非法收入、损害国家利益和社会公共利益；三是必须贯彻平等互利、协商一致、等价有偿的原则。

（二）撰写有据，形式规范

撰写经济合同，必须在国家法律法规和政策相关规定的基础上进行，出之有据，行之有效。经济合同无论采用条款式、表格式，还是条款和表格相结合式，都要依据固定形式进行撰写，注意用语严谨，规范，相关数字、数据、货币等要大写，要正确使用表述文字和标点符号以避免出现异议或歧义。

（三）结构完整，条款清楚

国家工商行政管理部门已经制定有经济合同示范文本制度，对各类合同的式样、条款形式等做了具体规定。需要注意的是，不管采用哪种合同文本形式，结构都必须完整；主要条款，如标的、数量和质量、价款和酬金、履行的期限和地点、履行方式、违约责任等不能遗漏；合同附则的相关内容、落款的相关要求等要周详完备、条款清楚。

（四）准备充分，保证效果

签订经济合同要准备充分，对合同标的可能在市场上出现的变化等有充分的预测；修改合同时，要考虑应采取何种措施、提出怎样的意见或如何修改条款；对各方履行合同的实际表现或履行能力的实际状况要有正确的认识；出现合同纠纷或违约责任时，要明确各方采取的措施及最后的结果，从而保证合同的实际效果。

［**范文**］

公寓租赁合同

第四节　涉外经济合同

一、涉外经济合同的概念

涉外经济合同是经济合同的一个类别，是我国企业、部门、其他经济组织或个人经政府批准或授权，与国外相应的企业、部门、其他经济组织或个人为实现一定的经济目的进行的经济、技术、商品贸易、合作投资、劳务输出等签订的，具有明确双方或数方权利和义务关系的协议。

涉外经济合同具有我国一般经济合同的法律属性，同时具有自身的法律特征，一经签字生效，即对当事人各方形成约束力。

二、涉外经济合同的功能

（一）促进经济合作

涉外经济合同以合同文本的形式，保证了经济合作的正常与有序进行，是各种国际经济合作的必要基础。相关条款构成这种活动的平台，扩大了经济活动的数量与经济活动的质量。

（二）保证各方权益

涉外经济活动的多样性决定了经济活动的复杂性。涉外经济合同以文本形式固定和明晰了各种经济活动的具体运作方式、各方的权利与义务，具有明显的约束力和规范性，使当事各方的权益得到保障。

（三）便于国际交流

涉外经济合同也是一种国际交流的形式，内容更为具体，目的更为明确，特别便于扩大各种国际交流，对增进了解、促进友谊、多项合作、多边发展，有非常积极的现实意义。

三、涉外经济合同的特点

（一）合法性

合法性是开展各种经济活动的前提和根本。涉外经济合同必须遵守我国相关法律，不得损害国家的社会公共利益；要尊重合作方国家的法律，体现其精神或要求；要与我国加入世界贸易组织承诺的第三国法律、多边条约、国际公约、国际惯例相吻合。

（二）完备性

涉外经济合同必须明确合同当事人的名称或姓名、国籍、住所；签订日期、地点；合同类型和合同标的的种类、范围；合同标的的技术条件、质量、标准、规格、数量；履行的期限、地点和方式；价格条件、支付金额、支付方式和各种附带的费用；等等。涉外经济合同的结构必须完整，内容必须完备。

（三）时效性

涉外经济合同对时效的要求非常明确，如对合同生效日期、履约期限、违约责任追索期限、合同的有效期限等，都有清晰具体的规定，并以此保证合同的履约与经济合作的有效性。

（四）对等性

平等互利、协商一致的原则也是涉外经济合同的合作基础，当事人各方的对等性主要体现在各方在法律地位上一律平等，各方在经济利益上利于共赢，各方当事人的权利和义务对等。

（五）多重性

涉外经济合同既要遵循国内的法律，又要尊重对方国家的法律，还要考虑是否与我国加入世界贸易组织所承诺的第三国法律和多边条约、国际条约、国际惯例等相吻合。因此，涉外经济合同的法律保障依据具有多重性。

（六）特殊性

涉外经济合同的特殊性主要有：一是标的物、合同权利与义务的实现或履行存在超越国界的情况，有相当的履约在我国境外进行；二是当事人各方常常具有不同的国籍，有语言、工作、生活等诸多差异；三是保障合同履约的法律具有多重性；四是存在多边条约、国际公约、国际惯例等参考要素。这些都与国内的经济合同有明显的区别。

四、涉外经济合同的类型

（一）涉外经济合同按商品的流通方向分类

涉外经济合同按商品的流通方向分类为出口合同、进口合同等。

（二）涉外经济合同按商品买卖方式分类

涉外经济合同按商品买卖方式分类为销售合同、购货合同、经销合同、代理合同、寄售合同、来料加工合同、来件装配合同、补偿贸易合同、包销合同等。

（三）涉外经济合同按交货地点不同而构成不同价格条件分类

涉外经济合同按交货地点不同而构成不同价格条件分类为船上交货合同（FOB 合同）、成本加运费合同（CFR 合同）、成本加运费加保险费合同（CIF 合同）、目的港交货合同等。

（四）涉外经济合同按环节、部门、条件不同分类

涉外经济合同按环节、部门、条件不同分类为商品买卖合同、租赁合同、保管合同、信用证合同、委托合同、包装合同、代理合同、保险合同、运输合同等。

（五）涉外经济合同按劳务、资金、技术、专利等的不同分类

涉外经济合同按劳务、资金、技术、专利等的不同分类为劳务输出合同、借贷合同、技术转让合同、许可证贸易合同等。

五、涉外经济合同的订立程序

（一）邀约

邀约，即要约邀请，是合同一方欲寻求合作或交易伙伴，向不特定的多个对象发出要求合作或交易的信息，是签订合同前的询问。

（二）要约

要约，即订约提议，是一方向对方表达欲订立合同的意思表示。要约核心是依法明确提出合同的主要条款，并且要约人必须是特定的。

（三）反要约

反要约指受要约人对要约的内容提出修改意见或带有局限性的条件，是对原要约的拒绝，属于一种新的要约。

（四）承诺

承诺，即接受提议，是指受要约人同意要约的内容，并向要约人明确表示愿意与要约人签订合同的意思表示。承诺由受要约人向要约人做出，承诺的内容应当与要约的内容一致。

六、涉外经济合同的结构

（一）约首

约首，即合同的首部。约首包括的项目主要有合同当事人名称、国籍、住所、合同名称、签订日期、地点、电话号码、电传号、合同编号、序言等内容。序言，即开头语，主要写明当事人各方同意进行经济合作，就有关问题达成协议的意愿，是对展开正文各项条款的过渡。

（二）约中

约中是合同的核心，一般包括交易条件条款和一般条款两部分。

1. 交易条件条款

（1）品质条款，即写明商品的名称、质量、等级、规格、型号、标准、产地等，是合同中比较重要的一项条款。

（2）数量条款，即写明商品的数量，可用重量、体积、面积、容积、长度等单位来表达。

（3）价格条款，即商品的价格，一般包括单价和总价两部分，同时还要注明计价使用的货币币种。

（4）包装条款，即写明商品包装的方式、材料、每个包装单位包含的商品的数量以及包装尺寸、费用负担和标志等内容。

（5）装运条款，即写明装运时间、装运港和目的港、装运条件等内容。

（6）保险条款，即主要规定由哪一方投保和支付保险费用，有的还要规定投保的险种与保险金额、赔偿责任等。

（7）支付条款，即写明用何种货币，在什么时间、地点，以什么样的方式支付货款。

2. 约中一般条款

（1）检验条款，通常包括检验机构、检验时间和地点、检验项目和标准、检验证书等内容。

（2）索赔条款，即明确当一方违反合同时，另一方有权索赔，应当在规定期限内，以合同中标明的检验机构签发的检验证书为依据，向对方申明赔偿要求和办法。

（3）不可抗力条款，主要包括不可抗力事故的范围、后果以及出具事故证明的机构、事故发生后通知对方的期限等的规定。当事人可根据这一条款，免予承担不履约或延期履约的责任。

（4）仲裁条款，即规定双方发生争议时，应当如何交付第三者仲裁解决，主要包括仲裁地点、仲裁机构、仲裁程序、仲裁效力和仲裁费用等内容。

（三）尾部

尾部是指合同的结尾和落款部分，主要用以表明合同以何种语言制作、合同的份数、法律效力。此外，尾部还有合同双方的签字。如有附件，要再次注明附件的份数和名称。

七、涉外经济合同与一般经济合同的区别

（一）条款繁简不同

涉外经济贸易往往周期长、规模大、涉及机构多，要有较多的“媒介”来辅助完成，涉外经济合同内容详尽、完善与严密，而一般经济合同没有这样详尽、完善与严密。

（二）相关条款不同

涉外经济合同是国际经济合作行为，涉及与多边条约、国际公约、国际惯例等的吻合与协调，而一般经济合同不会涉及这样的内容。

（三）支付、结算方式不同

涉外经济活动的支付、结算常常在不同国家的不同金融体制、机构间进行，而一般经济合同支付、结算方式不涉及这样的问题。

（四）支付、结算的币种不同

涉外经济合同签订价格、支付等条款时，必须在合同中注明双方政府同意的币种，而一般经济合同很少涉及具体的币种要求。

（五）时效宽严不同

涉外经济合同的生效期、有效期以及受损失一方向当事人一方违约责任的索赔期等，必须清楚、明确，要求更为严格，而一般经济合同没有这样严格的要求。

八、涉外经济合同的写作要求

（一）深入调查，心中有数

首先，要充分利用各种信息，做好市场调查，尽可能知晓对方更多情况；其次，对调查来的资料、信息等进行细致的分析，把握更多真实情况；最后，在分析基础上注意扬长避短，发挥优势，对所要签订的合同做到事先有底、心中有数。

（二）标的清楚，价格明确

标的是构成和履行合同的基础，没有这个根本，合同则无法履行。因此，我们尤其要注意标的清楚明白。合同的价格历来是当事人各方商洽的重点，是彼此关注的核心所在。拟定合同要注意数字准确、规范。

（三）注重争议，妥善解决

涉外经济合同涉及不同国家，而合同当事人适用的又是不同的法律体系，要注意解决合同出现的争议或纠纷，注重仲裁地点、机构、适用法律、仲裁效力等问题；要注意解决争议或纠纷的整体考虑；要弄清楚责任，明确相应的解决条款；要从大局出发，善于从长计议。

（四）准确表述，注重效力

涉外经济合同因涉及中外双方当事人，可以使用不同的文字进行表述，并且具有同等效力。因此，签订合同要注意文字翻译的含义相同、意思一致以及表达清楚明白。

（五）熟悉业务，善于写作

涉外经济合同面广量多，对业务的要求比较高。这就要求撰写者了解经济活动情况，熟悉业务，擅长交流，能恰当地表述合同条款，善于精心构思与精心写作，更好地理解和把握涉外经济合同。

［**范文**］

国际售购合同

第五节　对外业务函电

一、对外业务函电的概念

对外业务函电是指在对外经济活动中，用来联系业务、洽谈买卖、磋商问题等，并具有国际惯用形式的信件、电报、电传等通信类应用文本。

二、对外业务函电的功能

（一）联络与交流作用

在对外经济活动中，业务函电的基本作用就是联络与交流。业务函电可以提出各种经济活动的具体要求和意见，从而通过协商，使各方取得共识，达成协议，签订合同。

（二）约束与守约作用

业务函电对当事人各方都具有一定的约束力，尤其是在提出的合作条件、具体条款或要求等经各方认可后，就成为彼此合作的依据，必须共同遵守，认真履约。

（三）依据和凭证作用

依据对外业务函电，当事人各方可以订立协议或合同。如果出现纠纷，函电内容则可以作为解决问题的直接凭证。

三、对外业务函电的特点

（一）沟通性

对外业务函电可以联络感情、扩大交流，加深认识，促进信息传播与利用，从而建立良好的合作关系。因此其沟通性特点非常明显。

（二）简洁性

对外业务函电为要求用语言简意赅，表意清楚明白，易于理解，也可以避免一些语句可能产生的歧义而引起的法律纠纷。

（三）礼节性

对外业务函电的礼节性特点也十分突出。它用语平和，从容，注重礼仪礼貌，表现出相当的礼节性，这样使当事人各方更易于接受，利于进行有效合作。

四、对外业务函电的类型

（一）函件

函件，即信件，可分为出口业务函件和进口业务函件两类，是指在经济活动中当事人各方交流信息、联系业务等的信件。

（二）电报

电报是对外经济活动中一种重要的通信方式。一般来讲，国际电报有普通电报、加急电报两种。普通电报在六小时之内送达，加急电报在三小时之内送达。

（三）电传

电传是目前对外业务中普遍使用的通信手段，即把文字（电文）从此地传送至彼地的通信方式。电传有传递快捷、方便、自由、费用低廉等特点。

五、对外业务函电的结构

（一）函件的结构

1. 国际商务中文函的结构

（1）信头。信头包括发函公司的名称、地址、传真号码、发文编号。信头一般在信笺上端中间位置。

（2）称呼。函件要写上收函公司的名称或收函人的姓名和职务，顶格写，称呼后可用“台鉴”“台览”“惠鉴”等表示尊敬。

（3）标题。标题要简洁清楚，一目了然，如《关于进口电力设备的函》等。

（4）正文。正文一般包括称呼、开头语、主体、结尾四部分。

开头语，即函件开头的用语。主动去函的，一般先自我介绍，表明意图；回函的，则表明收到对方来函，或者简述各方关心的问题等。开头语应言简意赅，意图清楚明确。

主体是函件的核心，主要是把要商讨的事由具体化、明晰化，就当事人各方关注的问题进行协商、协调，提出具体意见或要求，做出某些答复。主体多以条款形式表达，注重条理层次，阐述力求清楚。

函件常以“盼复”“特此函达”等结尾，表示该函基本完成。

（5）敬颂语。敬颂语又称祝颂语，作为一种礼节性用语，在对外业务函电中经常使用，如“商安”“商祺”“台安”等。

（6）附件。附件是对函件内容的补充，附件名称、件数等应交代清楚。

（7）落款。落款又称署名，以个人名义发函的应亲自签名；以集体（组织）名义发函的应加单位名称、公章并有法定代表人亲笔签名，并且应在签名下方写明日期。

2. 对外业务英文函的结构

（1）信头（Heading）。信头位于信纸的中上方，由于代表着公司的规格，设计一般都美观、独特。信头包括公司名称、地址、电话、传真号、编号。正式函件只在第一页信纸印上或打上信头，其他续页可用空白信纸，只需写上页码、收信人名称以及日期即可。

（2）封内地址（Inside Address）。信内地址是收函人公司名称、地址，其作用是保证函的完整性，便于归档立案。信内地址写法英美格式差别较大，应予注意。

（3）日期（The Date）。日期位于函的右上方，与信内地址平行。日期有两种写法：英式为“19（th）April，2019”；美式为“April 19，2019”，即英式写法日在先、月在后，而美式写法相反。

（4）称呼（The Salutation）。称呼，即函开头的称呼语，一般使用的称呼是“Dear Sir”或“Dear Sirs”（用于称呼公司或合伙公司）或“Dear Gentlemen”。

（5）事由（Reason）。事由位于函件的中间，又称标题。

（6）正文（Body of the Letter）。正文就是信的主体内容，包括发函的缘由、商洽的事宜等内容。正文在称谓下两行开始，顶端书写（不像中文信要空两格）；段落之间空双行。

（7）结尾（Complimentary Close）。结尾，即落款，包括客套语和签名。客套语相当于中文书信信末的“××敬上”等词，通常位于信文最后一行下1~2行书写，并加逗号。较常见的有“Yours truly”“Yours very truly”“Truly yours”“Very truly yours”“Yours faithfully”“Faithfully yours”。如果收信人是个人，则可用“Yours sincerely”“Sincerely yours”。签名一般用手写，不宜用图章代替。

（二）电报的结构

电报要按电报纸、电传和传真稿纸规定的格式填写或撰写。

1. 接报者

接报者包括收报人的国名、地址、公司名称或个人姓名。地址要填写详尽周全，不使用简称、别称。相同的地名应加列国名、洲名。

2. 电文

电文与函文相似，主要包括发电缘由、商洽事宜、继续联系语等。但电文比函文更简洁，以节约费用。因字数少而不用符号，所以拟写时要认真推敲，不使收报人产生歧义和误解。

3. 发电者

发电者包括发报国名、单位名称或发报人姓名、日期。这部分内容一般不拍发，只供电信部门存查。

六、对外业务函电的写作要求

（一）内容具体完整

对外业务函电具有协议性质，对当事人各方都具有约束力，因此内容一定要具体明确，表意要清楚明确。

（二）语言简洁清楚

对外业务函电用语要简洁，避免晦涩和歧义，强调言简意赅地表述文意。

（三）结构层次严谨

对外业务函电为利于各方了解条件、促成交易、明确责任，结构严谨、层次清楚是其一大要求。同时，对外业务函电还必须符合法律、法规以及国际惯例。

（四）用语真诚有礼

对外业务函电要注意措辞恰当，态度诚恳，要多以正面、肯定的用语进行商洽。对外业务函电旨在协商中求得真诚合作，不可居高临下、盛气凌人，尤其要注意用语平和，避免使用命令语气。

第六节　股份制文书

一、股份制文书的概念

股份制文书是股份制企业在其经营活动中制作和使用的各类文书的总称，是股份制企业处理其经营事务、反映其经营状况的专用文书。

二、股份制文书的功能

（一）约束、指导和规范作用

制定股份制文书有利于相关机构、政府主管部门等进行监督；有利于股份制企业各项活动真正做到有章可循；使股份制企业的经营等各项制度更为规范，有利于促进股份制企业健康发展。

（二）强化管理、利于监督

制定股份制文书，利于优化形成自主经营、自负盈亏、自我发展、自我约束、相互监督的运行机制。股份制优化管理可以促进企业人事、生产、经营等各项事业取得更大实效。

三、股份制文书的特点

（一）规范性

按照中国证券监督管理委员会发布的相关要求，股份制文书的格式、用语、表述、内容、期限、程序等都有明确的规范性。

（二）明确性

股份制文书必须载明的事项齐全，责、权、利明确，表达准确，逻辑严密中，经得起推敲。

四、股份制文书的类型

（一）成立股份制公司申请书

成立股份制公司申请书是拟成立股份制公司的发起人向国家有关管理部门表达或提出

发起创立股份制公司的要求的文书。成立股份制公司申请书是创立和改组股份公司的法定程序，具有法定性的特征。

（二）公司章程

公司章程是用以规范公司对内、对外的全部计划及程序的总称，是关于公司的组织、经营的基本规定，是确定公司权利的文件。公司章程的订立是公司成立的必要条件之一。

（三）招股说明书

招股说明书是公司向社会公开发行股票时说明、介绍公司运行状况的最重要的一种文书。根据《股票发行与交易管理暂行条例》第十三条的规定，申请公开发行股票应当向地方政府或中央企业主管部门报送的文件中应当有招股说明书。发行人应当在承销期开始前2~5个工作日期间公布招股说明书，通常招股说明书的有效期为6个月。

（四）股票上市公告书

股票上市公告是上市公司就其股票将在证券交易所上市交易向投资公众详细说明情况的文书。

五、股份制文书的结构

（一）成立股份制公司申请书

1. 标题

标题的构成有两种：一种由（所在地）公司名称、文种构成，如《××集团股份有限公司设立申请书》等；另一种由“关于组建”、企业名称、文种构成，如《关于组建××股份有限公司的申请书》等。

2. 称呼

称呼，即接受申请书单位的名称，要另起一行，顶格书写。

3. 正文

正文说明写申请书的原因及请求事项，如拟设立股份公司的名称、住所和法定代表人；拟设立股份公司的目的和宗旨；拟设立股份公司的经营范围和经营方式；公司的股份设置；发起人的基本情况；其他需要说明的事项；提出申请的时间及发起人单位、法定代表人等。

4. 附件

附件部分应附上相关的文书资料，如公司登记卡、公司章程、股东名簿、发起人会议记录、全体发起人的身份证复印件等。

5. 落款

落款，即写明申请单位名称、公司地址、主要责任人的姓名及日期。

（二）公司章程

1. 标题

公司章程的标题由公司名称、文种构成，如《××集团有限公司章程》等。

2. 题注

在标题下通常有题注一项，用以标明章程通过或修改的日期。有的章程则将日期放在最后，即落款的位置上。

3. 正文

正文部分写明具体事项，如公司的名称和地址；公司的宗旨和经营范围；公司的设立方式；公司的股份总数、每股金额和注册资本；发起人的姓名或者名称、认购的股份数；股东的权利和义务；董事会的组成、职权、任期和议事规则；公司的法定代表人；监事会的组成、职权、任期和议事规则；公司利润分配方法；公司的解散事由与清算办法；公司的通知和通告办法；股东大会认为需要规定的其他事项。

（三）招股说明书

招股说明书按如下体例编排：

1. 封面

（1）发行人的名称及公司住所。

（2）“招股说明书”字样。送交证监会审核的稿件，必须标有“送审稿”显著字样。

（3）说明发行股票的类型，如普通股、优先股或者境内上市外资股等，如同时发行认股证，还必须列明认股证与股票的比例。

（4）重要提示必须写明“发行人保证本招股说明书的内容真实、完整、准确”之类的内容。

（5）发行量、每股面值、每股发行价、发行费用、募集资金，采用上网竞价方式发行股票的，应注明发行底价。

（6）发行方式及发行期。

（7）拟上市证券交易场所。

（8）主承销商。

（9）推荐人。

（10）签署日期等。

2. 目录

目录标明各章、节的标题及相应的页码，内容编排符合通行的惯例。

3. 正文

（1）主要资料。主要资料包括如下内容：发行人简介，写明设立情况、主营业务、资产规模、经营业绩、股权结构（以图表示意）、职工人数等内容；本次发行要写明发行的一般情况（主要包括股票种类、每股发行价、每股面值及本次公开发行数量、发行总值、盈利预测、每股盈利、预计市盈利、发行前每股净资产、发行后每股净资产等）、本次发行前已发行的股票及本次发行后的股票结构变化、募股资金的运用、股利分配、风险因素、发行地区和发行对象及承销日期的起止日期、拟上市证券交易所等内容；主要会计数据，写明资产负债表数据和利润数据；预计时间表，写明发行上市过程中各个相应的重要日期。

（2）释义。释义就是对可能使投资者理解有障碍及有特定含义的术语做出解释或说明。

（3）序言。序言部分主要介绍公司缘起、发布招股说明书的目的、公司对招股说明书中所有内容应承担的责任。

（4）发售新股的有关当事人。这部分应列出当事人的机构名称、所在地、电话以及这些当事人中负责与本次发行销售有关事项的联系人姓名。

（5）风险因素与对策。风险因素与对策主要介绍投资风险和股市风险，即说明可能对发行人业绩和持续产生不利影响的因素或困难，有针对性地做出定性描述。

（6）募集资金的运用。募集资金的运用部分具体说明对所募资金的运用计划。

（7）股利分配政策。股利分配政策说明发行人关于股利分配的各项政策，包括发行人股利分配的一般政策；发行人在发行股票后第一个盈利年度是否准备派发股利，如果准备发放，将发放几次，约在何时发放；不同类别股票在股利分配方面的权益；如果暂时不发放，要简单说明理由；新股东是否享有公司本次股票发行完成前的滚存利润；其他应说明的股利分配政策。

（8）验资报告。验资报告说明主要由注册会计师对发起人按法律规定所投入的股本以及其他净资产项目进行出资验证，并出具验资报告。

（9）承销。承销说明本次承销的方式、承销商、发行等有关的事项。

（10）发行人情况。发行人情况说明发行人的详细情况，如法定代表人、设立日期、联系方式、发行人设立方式、发行人拥有的主要资产和实际从事的主要业务等。

（11）公司章程与章程草案摘要，即公司章程或章程草案的部分主要内容的摘要。

（12）董事、监事、高级管理人员及重要职员。这部分主要说明董事、监事和高级管理人员的基本情况、年度报酬情况以及在报告期内离任的董事、监事、高级管理人员姓名和离任原因等。

（13）经营情况。这部分通常说明近三年的经营状况、资产负债情况，多用列表式来说明。

（14）股本与注册资本。这部分说明公司如果募集股份达到预期目的，公司股本构成情况，一般用数字说明。

（15）债项。这部分说明发行人本身在特定日期（不得早于本招股说明书所载最新一期财务报表截止日）的主要借款情况，包括银行贷款、公司债务、对内部人员和关联企业负债等以及或有负债、主要合同承诺。

（16）主要固定资产。这部分说明发行人拥有或占有的主要固定资产的种类、原值、用途、折旧情况和所在地等。

（17）财务会计资料。这部分引用有资格从事证券相关业务的会计师事务所出具的审计报告和发行人编制的财务报表及附注。

（18）盈利预测。这部分说明盈利预测的有关数据（年度净利润总额、每股盈利、市盈率、预测实现后每股净资产等）和可能出现的情况，以表的形式表示出来。同时，提供盈利预测的发行人应提醒投资者，鉴于盈利预测依据的种种假设的不确定性，进行投资判断时不应过于依赖该资料。

（19）备案文件。备案文件至少应当包括以下内容：审计报告、财务报表及附件；发行人成立的注册登记文件；国家资产管理部门关于资产评估的确认报告；发行人改组的其他有关资料；重要合同；证监会要求的其他文件。

4. 落款

落款包括署名、日期、地址和电话等内容。

（四）年度报告

根据《证券公司年度报告内容与格式准则》的要求，证券交易所上市的股份公司须编制和披露年度报告。年度报告一般包括如下几部分：

1. 封面

封面应载明公司的正式名称、“年度报告”字样和报告期年份，并可以载有本公司的外文名称以及公司徽章或其他标记的图案。

2. 目录

年度报表的目录标明各章、节的标题及其对应的号码，应编排在显著的位置上。

3. 正文

（1）公司简介。这部分用简洁的文字介绍公司的历史与发展情况，各项主营业务、突出的特点以及规模等。

（2）会计数据和业务数据摘要。这部分提供至报告年度末为止的公司前三年的主要会计数据和财务指标。具体内容包括以下各项：主营业务收入、净利润、总资产、股东权益（不含少数股东权益）、每股受益、每股净资产、调整后的每股净资产、每股经营活动产生的现金流量净额、净资产收益率等。这部分采用数据列表方式，可以附有图表。公司主要会计数据和财务指标应披露调整前后的会计数据、确定和计算非经常性损益、公司股本在报告期末至报告披露日发生变化应披露按新股本计算的每股受益等。

（3）董事长和总经理业务报告。这部分主要包括公司经营情况回顾、对实际经营结果与盈利预测的重大差异的说明、对前次募集资金的运用情况的说明、新年度的业务发展规划等。

（4）董事会报告。这部分主要介绍董事会工作报告摘要，股票与股东情况，董事、监事、高级管理人员情况，重大诉讼事项，年度股东大会情况等。

（5）财务报告。这部分主要介绍三项内容：一是财务报表，包括公司报告年度末及其前一年的比较式资产负债表，两年的比较利润和利润分配表、财务状况变动表。二是财务报表注释，包括公司的主要会计政策、报表内项目的分解与详细说明、报表上的非常规项目的分解及非正常情况等。三是审计报告。审计报告必须由具有从事证券业务资格的注册会计师出具。

（6）年度内重大事件及其披露情况简介。这部分对公司在报告年度发生过符合《中华人民共和国证券法》规定所列举的重大事件以及董事会认定的重大事件进行简单说明。

（7）关联企业。这部分主要介绍关联企业的材料，包括关联企业的名称、所在地、主营业务范围以及本公司持有关联企业所有者权益的份额。

（8）有关本公司的参考信息。这部分内容包括公司正式的中文名称；公司总部所在地、通信地址、邮政编码以及各种通信工具的号码；公司首次注册登记日期、地点；报告期内变更注册日期、地点；工商登记号；税务登记号；股票上市交易场所名称；公司在上市交易场所的编号；公司股票主承销机构名称；公司未上市股票的托管机构名称；会计师事务所名称、办公地；法律顾问名称、办公地；公司负责信息披露事务人员的姓名、联系电话、地址等。

4. 备查文件

公司应当在办公场所备置会计报表原件、审计报表原件、在证监会指定报纸上公开披露过的公司文件的正本及公告的原稿和其他证券市场公布的年度报告原本。当证监会、证券交易所要求提供时，或者股东依据法规或公司章程要求查阅时，公司能及时提供。

（五）中期报告

股份公司中期报告是发行股票的股份有限公司按照规定定期向持股股东提供公司有关经营状况以及经济收益等内容的书面报告。中期报告限于上市公司每半年结束后60日内编制完成，除向证监会报送备案外，还应将报告摘要公开刊登在证券会指定的报刊上，并将报告置于公司所在地、挂牌交易的证券交易场所、有关证券经营机构及其网点，以供投资公众查阅。中期报告也是公开发行股票的公司必须按期披露的信息之一。中期报告一般包括如下几部分：

1. 标题

标题由公司名称、年度、文种构成，如《××股份有限公司2019年中期报告》。

2. 题注

题注注明报告反映的经营情况的时限。

3. 说明

上市公司就中期报告发布的依据做出说明，并做出真实性、合法性的承诺。

4. 正文

（1）财务报告。这一部分包括财务报表和财务报表附注两项内容，财务报表至少应包括资产负债表和损益表，财务报表的编制应符合财政部、证监会出台的有关准则、制度和规定。财务报表附注主要应对一些情况的变化做出说明，如会计政策和方法、报告主体、生产经营环境与宏观政策或法规的重大变化及报表中某些异常变化等。

（2）经营情况的回顾与展望。这一部分总结半年经营情况和规划下半年发展。

（3）重大事件的说明。这一部分列出依据《中华人民共和国证券法》及各种规定，公司在报告期内发生的重大事件予以披露。

（4）发行在外股票的变动和股权结构的变化。这一部分说明公司在本报告期末股票与股东的情况及其在报告期内的变动情况。

（5）股东大会简介。这一部分主要介绍本年度股东大会情况，召开股东大会的地址、时间，到会股东情况，董事会提交股东大会讨论和做出表决的事项以及会议通过的决议等内容。

5. 备查文件

备查文件一般包括载由董事长签名的中期报告原本；载有单位负责人、主管会计工作的负责人和会计机构负责人签名盖章的财务报告文本；审计报告文本（如有）；报告期内在证监会指定报刊披露过的所有文件文本；公司章程文本；在其他证券市场公布的中期报告文本等。

（六）企业兼并公告

兼并企业和被兼并企业初步确定后，兼并方和被兼并方应在当地主要报刊等媒体上发布的有关兼并事项的文书，称为企业兼并公告。企业兼并公告一般包括以下几个部分：

1. 标题

标题由发文机关加上文种组成。其中发文机关必须写明兼并方和被兼并方，兼并方居上，被兼并方居下。

2. 发文日期和公文编号

标题下面应写明发布公告的日期和文号。

3. 正文

正文由开头、主体和结束语三部分组成。开头写明依据、目的和原因；主体部分写明公布的具体事项；结束语常用“特此公告”“现予公告”等。

4. 落款

落款写明发布公告机关的名称及地址、发布日期，且有各方的法定代表人签字。

（七）企业资产评估报告

企业资产评估报告是资产评估人员深入被评估的企业现场，按照法定的标准程序，运用科学的方法对其特定时日的资产价值进行评定和估算，并将资产评估的结果和意见用文字表述而形成的书面文件。企业资产评估报告有如下几部分：

1. 首部

首部一般由标题和文号组成。

（1）标题。企业资产评估报告的标题可采用一般文件标题的写法，如《××资产评估报告》。

（2）文号。文号包括评估机构代号、年号和顺序号，如“××市资产评估事务所〔2019〕8号”。

2. 主体

主体一般由主送机关、前言和正文组成。

（1）主送机关。这一部分顶格书写收件人的名称。

（2）前言。这一部分主要介绍进行资产评估的目的、评估时日、评估依据的法律法规名称以及会计核算的原则、评估标的物的名称等。

（3）正文。这是企业资产评估报告的主体部分，主要陈述资产评估的意见和结果。正文一般采用分条列项的格式来撰写评估结果。

3. 落款

落款主要包括评估机构名称、评估日期和评估人三项内容。

4. 附件

为使报告的正文更明了，对需要说明的一些问题可采用附件、附表、附图、清单等作为正文的补充。

六、股份制文书的写作要求

（一）依法撰写，合法成立

股份制文书规范、严谨，撰写要求高。在撰写股份制文书时，写作者要认真阅读国家有关的法律、法规以及相关的规定，严格按照有关的法律、法规要求进行撰写，使文书规范有致，合法有效。

（二）真实详尽，客观反映

股份制文书所用的材料必须真实可靠，内容必须详尽完整，要有客观真实的反映，不能有任何遗漏。

（三）及时申请，注重时效

股份制文书对时间的要求很严格，必须按时报送和公布，使其作用得以发挥。

（四）联系机构，友好合作

为适应股份制企业的发展，出现了一些证券中介机构，这些中介机构起着很重要的作用，如股东大会年度报告必须经会计师事务所审核；出资证明书必须经会计师事务所、资产评估机构审核；股票的发行、股权证的托管等需要有证券承销机构办理。股份制文书的写作一定要注意友好合作、加强沟通的作用，从而保证股份制文书的有效性和高质量。

［**范文**］

关于组建××股份制有限公司的申请

××有限责任公司章程

［**思考与练习**］

一、招标书和投标书的概念分别是什么？

二、招标书和投标书的基本原则是公开、公平、公正。如果任意去掉一个原则，其结果会怎样？谈谈你的看法。

三、意向书和协议书各自的概念是什么？

四、意向书可以视为正式合同的备忘录吗？协议书能否等同于经济合同呢？

五、经济合同应遵循公平、自愿、协商一致、平等互利、等价有偿、诚信和合法的原则，强调经济利益的互动和共赢。简述你的看法。

六、涉外经济合同如何保证双方的合法权益？

七、FOB 和 CIF 这两种合同的条件是什么？

八、股份制文书的概念是什么？它的主要作用有哪些？

九、填空题

1. 招标书带有明显的（　　）、约束性、专业性和专用性。

2. 投标书的特点是真实性、竞争性、（　　）和（　　）。

3. 招标和投标活动应遵循（　　）、公平、（　　）的原则。

4. 经济合同的主要条款有（　　）、数量和质量、（　　）、履行的期限、地点和方式、（　　）。

5. 涉外经济合同的功能有（　　）、保证双方权益、（　　）。

6. 对外业务函电的特点有沟通性、（　　）和礼节性。

十、判断题

1. 没有招标就没有投标，两者是相互依存的关系。（　　）

2. 投标书的内容在正式开标之前是保密的。（　　）

3. 协议书不具备法律约束力。（　　）

4. 意向书可以等同一般的经济合同。（　　）

5. 只有法人签订的经济合同才能受到法律的保护。（　　）

6. 合同一旦成立，就具有法律效力。 （ ）
7. 经济合同和协议书主体基本相同。 （ ）
8. 涉外经济合支付条款要写明使用何种货币支付。 （ ）
9. 股份制文书中的备查文件都可以是副本。 （ ）
10. 一般招股说明书的有效期为两年。 （ ）

参考答案

第九章　经济法规类文体

第一节　经济诉讼文书

一、经济诉讼文书的概念

诉讼文书是司法机关、公民和法定组织依据法律进行诉讼时制作的文书。

经济诉讼文书是指刑事诉讼和民事诉讼中与经济活动有关的各种法律文本，是当事人在各种经济纠纷中，为维护自己合法权益向人民法院提交的具有法律效力和法律意义的，可以引发或继续法律程序的各种文书的总称。

二、经济诉讼文书的功能

（一）诉求的功能

诉求就是诉讼之求，是经济诉讼文书的基本属性和基本功能的一种体现，是当事人引起或继续法律程序的基本依据。经济诉讼文书要体现当事人必须具有的诉讼标的、诉讼请求、诉讼根据、诉讼事实、诉讼理由等，从而构成了诉讼的基本要素，使诉讼成立并被受理。没有诉求的功能，诉讼文书难以成立，诉讼无法进行。

（二）答辩的功能

答辩是经济诉讼的必要过程和重要手段。诉讼必须经过答辩，体现法律的公正所在。当事人依据诉讼文书提出自己的观点、事实、理由等，同时要反驳对方的观点、事实、理由，通过答辩进一步澄清事实，利于法院做出正确的裁定或宣判，才能真正地维护当事人的合法权益。

（三）求证的功能

经济诉讼文书必须要以事实为根据，以法律为准绳，必须证明诉讼事实的真实性、可靠性，其求证的功能必不可少。因此，整个诉讼的过程是不断求证事实真相、了解事实前因后果关系及发展的过程，也是依据求证结果最后进行准确无误的裁定或判决，体现法律的公平和公正的过程。

（四）执行的功能

执行就是对已产生法律效力的判决或裁定等法律文书，按其内容及相关要求进行的实施行为，是法律严肃性、公正性的一种体现。对生效的经济诉讼文书，义务方必须要履行义务，执行判决或裁定的结果。否则，司法机关将依据法律，按相关的判决和裁定，以实施强制性的行为来维护当事人的合法权益和法律的尊严。

三、经济诉讼文书的特点

（一）准确性

经济诉讼文书必须事实准确、依据准确、求证准确、判定准确，这是经济诉讼文书的根本要求和判断其质量的根本点。体现准确性，要有极强的针对性。诉讼材料必须准确，要去伪存真，突出重点，能直接说明案情。诉讼依据或援引的法律要准确。

（二）约束性

经济诉讼文书具有规范化、法定化、程式化的特征，必须在合法、合理的前提下进行撰写。当事人知法懂法，提出的诉讼请求、理由、要求等，必须符合相关法律条款的要求，不能超越法律、法规的制约。当事人还要对自己的整个诉讼过程承担法律责任。

（三）严肃性

依法办事、体现法律的内涵和精神，是法律严肃性的重要体现。经济诉讼文书必须维护法律的权威；诉讼必须有法律依据，必须合法；诉讼的请求、理由、目的等必须清楚明白，必须承担法律责任。

（四）规范性

经济诉讼文书格式比较固定，文本较为完善，法定的规范化特征非常明显。

四、诉讼的一般程序

经济诉讼属于民事诉讼范畴，应根据《中华人民共和国民事诉讼法》（以下简称《民事诉讼法》）规定的程序来进行，一般有以下几个阶段：

（一）起诉

起诉是公民、法人和其他组织为维护民事权益而向人民法院提起诉讼，请求人民法院通过审判予以司法保护的行为。依照《民事诉讼法》一百一十九条的规定，起诉的条件如下：

（1）原告是与本案有直接利害关系的公民、法人或其他组织。

（2）有明确的被告。

（3）有具体的诉讼请求和事实、理由。

（4）属于人民法院受理民事诉讼的范围和受诉人民法院管辖范畴。

（二）受理

受理是指人民法院通过对当事人的起诉进行审查，对符合法律规定的，决定立案审理的行为。受理与否法院应在 7 日内通知当事人。

（三）第一审

这是指人民法院对案件进行实体审理，并做出裁定、判决的全部过程。一般情况公开审理，但涉及国家机密或当事人申请不公开审理的可以不公开审理。法院应在立案之日起5日内将起诉副本送达被告，法院在收到答辩状之日起5日内将答辩状副本送达原告，如果被告不提供答辩状，并不影响法院的审理。法院应在开庭前3日通知当事人和其他诉讼参与人并告知合议庭组成人员。开庭审理包括开庭前的准备、法庭调查、法庭辩论、评议和宣判、法庭笔录、审理期限。

（四）第二审

这是指由于民事诉讼当事人不服人民法院的第一审裁判，而在法定时间内向上一级人民法院提起上诉而引起的诉讼程序。我国实行两审终审制，第二审做出的裁判立即发生法律效力。当事人不服第一审裁判的，有权在15日内向上一级法院提起上诉。

（五）执行

执行是人民法院的执行组织依照法定的程序运用国家强制力，强制义务方履行生效的法律文书确定的内容。当事人双方均为法人或其他经济组织的，申请执行的期限是6个月；当事人有一方或都是公民的，申请执行期限为1年。

五、经济诉讼文书的类型

按诉讼文书的作用不同分类，诉讼文书有经济纠纷起诉状、经济纠纷上诉状、经济纠纷答辩状、经济纠纷申诉状。

（一）经济纠纷起诉状

1. 经济纠纷起诉状的概念

经济纠纷起诉状是指经济纠纷案件的当事人为维护自身合法权益，依据法律和事实，向人民法院提起诉讼而递交的诉讼文书。

2. 经济纠纷起诉状的功能

经济纠纷起诉状是原告用以陈述产生纠纷的事实，表明诉讼请求和理由的，一经法院受理，即标志着诉讼程序的开始。被告也针对起诉状而制作答辩状，因此经济纠纷起诉状的两种依据作用十分明显：一种是立案审判的依据；另一种是被告应诉、答辩等的依据。

3. 经济纠纷起诉状的特点

（1）真实性。真实是经济诉讼文书的生命，事关当事人的切身利益。对事实材料既不能夸大，也不能缩小；不能道听途说，更不能歪曲事实。按照“谁主张，谁举证”的法律原则，起诉状应具备确凿的、充分的证据，因而选用客观真实的材料反映案情事实，是保证案件得到公正处理的前提。

（2）法律性。起诉状必须符合国家有关的法律规定，有充分的法律依据，提起诉状，必须符合法定的程序。《民事诉讼法》第一百二十一条的规定，起诉状应当记明包括双方当事人的基本情况、诉讼的事实、理由、请求和证据及其来源等事项。这些内容都是法庭审理案件时所必须掌握的，缺一不可。否则，会导致法庭无法立案，不予受理，或者会影响法庭的判断，妨碍审判的效率。

（3）准确性。准确性是经济纠纷起诉状的基本属性。经济纠纷起诉状必须反映经济纠纷案件的客观事实，真实准确地反映案件的发展过程、前因后果以及各方面的关系，要实事求是、具体清楚、证据确凿。否则，会增添审理的困难，拖延审结的时间，而且往往事与愿违，导致败诉。

（4）规范性。起诉状的撰写应该按照规范统一的体例格式，不得前后颠倒、相互混淆、随意更改。

4. 经济纠纷起诉的类型

（1）经济纠纷起诉按不同的起诉内容分类，有财产纠纷起诉状、商业纠纷起诉状、劳务酬金纠纷起诉状、房产纠纷起诉状等。

（2）经济纠纷起诉按起诉的不同对象分类，有部门（单位）与部门（单位）的经济纠纷起诉状、部门（单位）与个人的经济纠纷起诉状、个人与个人的经济纠纷起诉状等。

5. 经济纠纷起诉状的结构和内容

（1）标题。标题要反映案件类别和文种，可以直接写《经济纠纷起诉状》或《起诉状》。

（2）首部。首部又称状头，要交代和说明当事人的各项基本情况，包括原告、被告及其委托代理人的基本情况。当事人的基本情况应按照先原告后被告的顺序，依次写明当事人的姓名、性别、出生年月日、民族、籍贯、职业或工作单位、职务、住址等内容。当事人系法人或其他组织的，则要依次写明原告和被告的名称、地址、法定代表人的姓名、职务、电话、企业性质、工商登记核准号、经营范围和方式、开户银行和账号等内容。若有数个原告和被告，应该以其在案件中的地位和作用，分别依次排列，逐一说明基本情况。原告、被告有委托代理人的，如受委托者是公民，则写清其姓名、性别、职业、工作单位和职务、住址；如受委托者是律师，须写明其姓名、工作单位和职务。

（3）主体。主体，即正文，主要包括请求事项、事实和事由。

①请求事项。请求事项，即诉讼请求，是原告在诉讼中请求法院维护自己合法利益的具体事项，是原告诉讼意图和目的的体现。通常诉讼请求为要求法院维护原告的某些经济利益，如请求归还财产、赔偿损失、清偿债务等。请求事项内容要具体、明确、合理合法，要言简意赅，不能把事实和理由写在里面。

② 事实和理由。这是起诉状的核心部分，是内容的重点，也是提出自己诉讼请求的主要根据，包括事实、证据和理由三方面内容。

事实是指叙述被告侵犯原告合法权益的具体事实，要写清当事人之间纠纷的起因、时间、地点、经过、结果等，明确双方当事人争执的焦点和分歧的实质所在。事实要求条理清晰，按纠纷发生、发展的时间先后顺序写；或者先写纠纷当事人的关系、争执的情况，再写争执的原因与焦点。事实要详略得当，突出重要问题。

证据是指提出诉讼的事实根据及证明事实的证据。在提出了事实和理由以后，就要尽可能地向法院提供与此相关的证据，包括人证、物证、书证等一切可资证实上述事实和理由的材料，并且要告知法院证据的来源及查证的方法。

理由是指根据所叙事实和所列证据，并依照有关法律条文、法规、政策阐明提出请求的理由，主要在于论证请求的合理性、合法性。

（4）尾部。尾部一般包括如下两方面的内容：

①呈文对象（起诉状所交的人民法院名称）。

②具状人签名盖章、具状日期。

（5）附项。附项又称为附件，应写清随起诉状向人民法院提交的起诉状副本几份，书证、物证多少份、多少件等。

6. 经济纠纷起诉状的写作要求

（1）事实客观真实。经济纠纷起诉状写作所叙述的事实要真实可靠，反映案件的本来面目，不能弄虚作假、歪曲和捏造。起诉能否被受理和获得胜诉主要取决于事实的可靠性。这是写作的最根本要求，是写作的前提。

（2）证据充分。经济纠纷起诉状需要充分的证据。证据是法院审理案件时认定事实的基础。拟写经济纠纷起诉状，原告对自己提出的诉讼事实，一定要证据确凿，才能起到证明事实的作用。这包括提供书证、物证和其他证明材料的原件或复印件，并对这些证据做必要的说明。

（3）起诉合法。经济纠纷起诉状的拟写应该以法律为准绳。写作要依法进行，无论是写作体例、适用对象，还是请求事项、请求事由都应该符合相关的法律法规。在援引法律条文作为依据时，必须合理准确。

（4）表达严密，请求可行。经济纠纷起诉状表达要严密，请求要合理。一是写作要按照固定的格式来进行。二是要讲究行文的条理性和逻辑性，表达必须周密，确保意思准确无误。三是语言的表达要求准确、庄重、简洁、平实，言辞确切、术语使用得当。四是请求的事项要符合国家的法律法规，还要考虑被告人的实际经济能力，以便提出的诉讼请求能顺利执行。

［**范文**］

经济纠纷民事起诉状

（二）经济纠纷上诉状

1. 经济纠纷上诉状的概念

经济纠纷上诉状是指经济纠纷当事人不服人民法院第一审的判决或裁定（以下简称裁判），依照法定程序，向第一审法院的上一级法院提起上诉，请求重审改判而递交的诉讼文书。第一审中的原告或被告都可以提起上诉。上诉范围仅限于对尚未发生法律效力的第一审判决或裁定，第二审裁判为终审裁定，一经审判就发生法律效力。《民事诉讼法》规定：对判决的上诉期限为15日，对裁定的上诉期限为10日，上诉期限自第一审判决书送达当事人之日算起，超过期限，法院不予受理。

2. 经济纠纷上诉状的功能

（1）上诉辩护功能。经济纠纷上诉状的上诉辩护功能体现为原判认定事实错误，提出纠正或者否定的事实和证据；原判适用法律不当，理由不充分，可以提出自己的理由和应当适用的法律根据；原判在诉讼程序上有错误，可以提出纠正的法律依据。

（2）澄清功能。经济纠纷上诉状能澄清第一审中被忽略或误解的事实真相。原判中认定的事实不清、事实有出入或者遗漏的地方；原判理由不充分，证据不充足或不真实；原判适用法律不当；原判诉讼程序不合法等，都可以在上诉过程中得以澄清纠正。

（3）引发第二审。如在法院受理范围内，经济纠纷上诉状就能引发第二审程序。上诉状的提交，可以引起审判的第二审程序的发生，给诉讼当事人再次提供了保护自己合法权益的机会。

3. 经济纠纷上诉状的特点

（1）上诉性。上诉性是经济纠纷上诉状的基本特性。上诉性是上诉人不服一审判决或裁定，而向上一级法院提起上诉，其目的是引起第二审程序的开始，以致改变第一审的判决或裁定。

（2）针对性。上诉状有强烈的针对性，是针对法院第一审判决或裁定而写的，因此要针对原判认定事实的错误、原判理由不充足或适用法律错误等进行上诉，其目的是对第一审判决或裁定而发表意见、看法，提出自己合理正确的请求。

（3）说理性。说理性是上诉状的一个重要特性。其核心是说明对第一审不服的原因和根据，在讲清事实的基础上依据有关法律进行充分的说理，以证明上诉请求的正确，赢得第二审的机会。

4. 经济纠纷上诉状的类型

（1）经济纠纷上诉状按起诉内容不同分类，有财产纠纷上诉状、商业纠纷上诉状、劳务酬金纠纷上诉状、房产纠纷上诉状等。

（2）经济纠纷上诉状按起诉对象不同分类，有部门（单位）与部门（单位）的经济纠纷上诉状、部门（单位）与个人的经济纠纷上诉状、个人与个人的经济纠纷上诉状等。

5. 经济纠纷上诉状的结构

（1）标题。标题由标明文书的性质和文种构成，也可以直接写《经济纠纷上诉状》或《上诉状》。

（2）首部。首部又称为状头或开头，交代和说明当事人双方的基本情况，如上诉人与被上诉人的姓名、性别、年龄、民族、职业、地址等，同时用括号注明在第一审程序中的身份，如上诉人（原审被告）。

（3）主体。主体包括案由、上诉请求、上诉理由三部分内容。

①案由。案由部分写明原审人民法院的名称、判决书的编号和不服原判的理由。通常的写法是："上诉人因×××一案，不服×××人民法院××××年×月×日所做出的×字第×号判决（裁定），特向你院提起上诉。现将上诉请求和理由陈述如下……"

②上诉请求。上诉请求应包括对案情和原审结果的简要叙述，对原审判决说明是全部或部分的不服，提出部分变更、撤销或改判的请求。上诉请求应论述原审判决在认定事实上部分、全部之错误，或者定性不当，或者适用程序法的不当等。

③上诉理由。上诉理由是上诉状的关键部分，是对事实和法律，对第一审判决或裁定的不当给予辩驳。辩驳应针对原判中认定事实的证据不清、不准，认定诉讼程序不合法或有不当之处，法律运用不当，理由不充足，提出自己的理由和应当适用的法律根据等，紧扣上诉请求进行说理论证。

（4）尾部。尾部包括呈文对象、签署姓名、标明日期。

（5）附项。附项，即附件，写明上诉状提交的副本份数，书证和物证名称、数量。

6. 经济纠纷上诉状的写作要求

（1）抓住关键，有的放矢。经济纠纷上诉状是为了改变第一审人民法院的判决或裁定而写的。第二审是在第一审之后的又一程序，要清楚第一审判决或裁定的问题所在，针对原判决或裁定的不当之处，就要抓住关键，提出纠正或否定的依据和证据，陈述正确事实，摆明道理，提出上诉理由。

（2）实事求是，表述恰当。经济纠纷上诉状的目的在于要求上一级法院撤销、变更或重新审理，因而摆出的事实和证据必须真实可靠。当事人向人民法院提出的请求，也一定要实事求是，恰如其分。同时，写上诉状时，语言要简洁，措辞要有分寸，力求表达的意思准确无误。

［**范文**］

经济纠纷上诉状

（三）经济纠纷答辩状

1. 经济纠纷答辩状的概念

经济纠纷答辩状是经济诉讼中被告或被上诉人针对原告的起诉状或上诉状而制作的用以应诉时答复和辩护的诉讼文书。拟写答辩状实际上是一种应诉的法律行为，是法律赋予被诉方的一种诉讼权利。答辩状不仅是被告人和被上诉人维护合法权益的文书，也是人民法院公正审理案件的依据。

2. 经济纠纷答辩状的功能

（1）答复功能。在经济纠纷诉讼过程中，被告收到法院的起诉状或上诉状副本之后，主要针对原告起诉状或上诉状的内容，提出答复。有答复才有答辩，答复是答辩状的第一作用，是不可缺少的内容。

（2）辩驳功能。经济纠纷答辩状以确凿的事实、充分的论据和有关法律条款，通过论证和反驳，去驳倒对方的观点和论据，说明自己的观点合理合法。

3. 经济纠纷答辩状的特点

（1）针对性。针对性是经济纠纷答辩状的首要特点。它是针对原告提出的诉状或上诉人提出的上诉状而写的，是对诉状或上诉状事实和理由而阐发自己意见的文书。

（2）合理性。合理性指答辩人应在客观的事实和充分的法律知识的基础上答辩，自然地树立自己的观点。同时，答辩人带着解决问题的目的，提出的请求要切实可行，所叙述的事实和引用的法律条文要合理合法。

（3）完整性。经济纠纷答辩状要把自己的所有请求全部确切地提出来，而不能含糊其词、模棱两可，应该通篇连贯、逻辑严密。

4. 经济纠纷答辩状的类型

（1）经济纠纷答辩状按不同的起诉内容分类，有财产纠纷答辩状、商业纠纷答辩状、劳务酬金纠纷答辩状、房产纠纷答辩状等。

（2）经济纠纷答辩状按起诉的不同对象分类，有部门（单位）与部门（单位）的经济纠纷答辩状、部门（单位）与个人的经济纠纷答辩状、个人与个人的经济纠纷答辩状等。

5. 经济纠纷答辩状的结构

（1）标题。标题反映案件类型和文种名称，可直写为《经济纠纷答辩状》或《答辩状》。如果是第二审程序的答辩状，则写为《经济纠纷上诉答辩状》。

（2）首部。首部主要是写明答辩人的基本情况。答辩状与其他诉状在这一部分中的不同之处是它只有答辩人一方的基本情况，无须再写原诉人的基本情况。如果答辩人是公民应该列出与其他诉状一样的内容；如果答辩人是法人和其他组织则也应该列出相应的内容；如有委托代理人，则应写明其姓名、单位、地址等内容。

（3）主体。主体包括答辩案由、事实和理由、答辩意见三部分内容。

①答辩案由。答辩案由通常的写法是：“因对原告人（自诉人、上诉人）诉×案，提

出答辩如下……”或：“贵院于×年×月×日寄来的诉状副本及应诉通知书本答辩人已于×年×月×日收到，现提出答辩意见如下……”

②事实和理由。这是答辩状的核心和关键部分。它的基本要求就是要针对原诉提出的事实、理由和诉讼请求进行答复和辩驳。要使答辩有力，就要有针对性地提出相反的事实、证据和理由来驳斥原诉的请求，阐明自己的观点和意见。答辩状具有很强的辩驳性，往往与原诉针锋相对。

③答辩意见。这部分要在充分阐述答辩理由的基础上，申明自己的看法、意见和主张；列出起诉状中不合理、不合法之处，依据法律证明自己的合理、合法，请求人民法院依法公正裁判。

（4）尾部。答辩状的尾部和其他诉状尾部的内容没有差异，一般包括呈文对象、签署盖章、标明日期。

（5）附项。附项又称为附件，说明向人民法院递交的副本份数、书证及物证的名称和数量。

6. 经济纠纷答辩状的写作要求

（1）有的放矢，答辩合法合理。在写作答辩状时，必须抓住关键，分析己方与对方的分歧所在，找到对方的破绽，然后做到有的放矢，使答辩更具有说服力。答辩状的辩驳必须以事实为依据，以法律为准绳，答辩理由才合情合理。

（2）答辩及时，据理力争。答辩状的写作应及时，要在被告或被上诉人收到诉状或诉状副本以后，必须在法定的时间内，及时提交。答辩状应抓住原诉状中的关键性问题，摆事实，讲道理，用事实、论据和法律条文等澄清事实，击中要害，达到驳倒对方不实的指控及不合理的诉讼请求的目的。

（3）注重技巧，说理充分。写作答辩状时要注重技巧，在叙述客观事实时，要特别注意抓住对方诉讼状中不合理、不合法和不合逻辑之处，援引法律条文进行辩驳，从而产生制胜的效果。答辩状不能靠巧言善辩，不顾事实地狡辩，而应从客观事实出发，用真实可靠的事实依据和适当的法律依据来充实自己的答辩理由，并通过严密的论证来反驳对方，阐明自己的观点。

［**范文**］

经济纠纷答辩状

（四）经济纠纷申诉状

1. 经济纠纷申诉状的概念

经济纠纷申诉状是经济纠纷当事人对已发生法律效力的裁判，认为确有错误，向人民法院或人民检察院提出申请复查纠正或重新审判的诉讼文书。

2. 经济纠纷申诉状的功能

经济纠纷申诉状是司法机关决定是否提起审判监督程序的重要参考资料，是纠正冤案、假案、错案，维护当事人的合法权益的重要依据，也是人民法院和检察院发现冤假错案的重要途径。经济纠纷申诉状的递交不受时间限制，但法院是否受理取决于复查结果，只有在法院或检察院认定原裁判确有错误时才引出审判监督程序。因此，经济纠纷申诉状具有申请复查纠正和复查纠正的实施两个主要作用。

3. 经济纠纷申诉状的特点

（1）申诉性。申诉性是经济纠纷申诉状的基本特性。当事人对于已经发生法律效力的判决或裁定表示不服，认为存在错误，可以依法向人民法院或检察院提出申请复查纠正。

（2）无时限性。申诉不受时间的限制，只要是判决或裁定已经发生法律效力之后，当事人认为判决或裁定有错误，都可以提出申诉，不受时间限制。

（3）针对性。与上诉状一样，申诉状也有很强的针对性。申诉状是针对已发生法律效力的判决或裁定而写出的，目的明确，有很强的针对性。

4. 经济纠纷申诉状的类型

（1）经济纠纷申诉状按不同的起诉内容分类，有财产纠纷申诉状、商业纠纷申诉状、劳务酬金纠纷申诉状、房产纠纷申诉状等。

（2）经济纠纷申诉状按起诉的不同对象分类，有部门（单位）与部门（单位）的经济纠纷申诉状、部门（单位）与个人的经济纠纷申诉状、个人与个人的经济纠纷申诉状等。

5. 经济纠纷申诉状的结构

（1）标题。标题反映案件类型和文种名称，一般写为《经济纠纷申诉状》或《申诉状》。

（2）首部。首部应写明当事人双方基本情况。

（3）主体。主体包括案由、申诉请求、事实和理由三部分内容。

①案由。案由主要写明对何案不服，对何处人民法院就何事、在何时做出的裁定或判决而提出申诉。案由通常写为：“申诉人××对××人民法院××××年×月×日×字第×号判决不服，提出申诉。”

②申诉请求。申诉请求明确申诉的目的，写明撤销、变更原裁判或者重新审判的请求。

③事实和理由。事实和理由是在原判决或裁定发生法律效力后，对认为有错误的原判

逐一提出事实、证据和法律依据，充分阐明申诉的理由。

（4）尾部。尾部另起一行，写呈文对象，即申诉状提交的人民法院名称、申诉人签名盖章、申诉日期。

（5）附项。附项包括申诉状副本的份数，证据的种类、名称、数量以及证人的身份情况等。

6. 经济纠纷申诉状的写作要求

（1）依法申诉。写申诉状要符合法律规定，依法申诉，申诉能否成功要看法律适用情况。如原裁判适用法律不当则应当在申诉中明确阐述正确适用的法律条款，如原裁判违反程序则在申诉中说明违反法律规定程序。

（2）突出重点。经济纠纷申诉状主要是针对已经生效的判决或裁定而提出的，因此必须用绝对真实可靠的事实和证据，援用准确的法律来重点辩驳原判决或裁定的不正确或不恰当。

（3）用好新证据。申诉要推翻已生效的判决或裁定，新证据要更有说服力。人民法院的判决重在证据，新证据一定要在撰写申诉状时明确列出，以便法院重审时查明并证实案件的真实情况，及时得出正确结论。

（4）阐述得当。申诉状写作时要注意理性分析。在申诉过程中，当事人可采用反驳和证明的写法。证明法，即以正确的事实证明申诉有据，以正确的逻辑推理证明申诉有理；反驳法，即抓住原裁判中关键性错误，建立反驳的论点，用确凿的事实和证据充分地加以辩驳。

［**范文**］

经济纠纷申诉状

第二节　经济纠纷授权委托书

一、经济纠纷授权委托书的概念

经济纠纷授权委托书是指在经济活动中，当事人把代理权授予受托人，让其代为处理经济纠纷的一种证明性文书。

二、经济纠纷授权委托书的功能

（一）授权诉求作用

授权诉求作用是经济纠纷授权委托书的重要作用。委托代理人以委托人的名义，在委托人授权的范围内进行诉讼活动。

（二）委托代理作用

经济纠纷授权委托书一般是以书面形式明确而具体地确定委托代理人的代理权限，委托代理人可以在授权范围内进行一定的诉讼活动。通过授权委托书，当事人把经济纠纷诉求的权利义务授予委托人。

三、经济纠纷授权委托书的特点

（一）代理性

代理性是经济纠纷授权委托书的根本属性。代理人受人之托，在授权范围内把受托的事情办好，向委托人负责。

（二）及时性

及时性是经济纠纷授权委托书必不可少的要素，反映出很强的实效性。变更或者解除诉讼代理权限时，委托人要及时告知人民法院。

（三）真实性

经济纠纷授权委托书在双方自愿情况下签字盖章才真实合法。

四、经济纠纷授权委托书的类型

经济纠纷授权委托书通常有两种类型：一种是诉讼代理授权委托书；另一种是民事代理授权委托书。两者的区别在于前者为诉讼代理，后者为一般事务代理。

五、经济纠纷授权委托书的结构

经济纠纷授权委托书一般包括标题、首部、主体、尾部四部分。

（一）标题

标题一般写明授权委托书的性质，可以直接写为《委托书》或《诉讼委托书》。

（二）首部

首部要写明委托人和受委托人的基本情况。首部一般先写委托人的基本情况，后写受委托人的基本情况，包括姓名、性别、单位、住址、联系方式等。

（三）主体

主体是授权委托书的核心，包括委托事项和代理权限、时限。

（四）尾部

尾部包括双方签名盖章、标明日期。署名在上，时间在下，分行书写。

六、经济纠纷授权委托书的写作要求

（一）写作与递交及时

经济纠纷授权委托书的写作时限特别重要，委托人授权他人代为诉讼时，必须向人民法院及时提交有委托人签名盖章的授权委托书。

（二）委托事实清楚、合法

经济纠纷授权委托书是委托人授权受委托人代理解决经济纠纷的证明性文书。既然是代理，就有代理权限问题，赋予多大权限就要承担多大责任。因此，委托事实要清楚、具体事项要明确。

（三）及时告知变更情况

经济纠纷授权委托书如有变更或解除诉讼代理权限，委托人必须及时以书面形式告知人民法院，以免发生超越权限行为或无效行为。

[**范文**]

授权委托书

委托人：××公司

受委托人姓名：×××

工作单位：×××律师事务所

职务：律师

现委托上列委托人在我与××厂买卖合同货款纠纷一案中，作为我的诉讼代理人。

上述代理人代理权限为：

代为承认、放弃、变更诉讼请求，进行和解，提起上诉和反诉，此为特别授权。

委托人：×××

2018 年 3 月 5 日

第三节　经济仲裁书

一、经济仲裁书的概念

经济仲裁书指在经济活动中，当事人各方为维护自身合法权益，通过协议向仲裁机构提交的引起或继续仲裁程序的各种文书的总称。

二、经济仲裁书的功能

（一）仲裁功能

经济仲裁书是对经济纠纷的一种分析、处理，对各方责、权、利都有仲裁作用。

（二）执行功能

我国的仲裁机构是行政执法机关，仲裁结果对当事人各方都具有约束力，必须遵照执行。

三、经济仲裁书的特点

（一）真实性

真实性是经济仲裁书的首要特性，主要是指经济仲裁书所依据的事实是真实的、所参照的法律是明确的。没有真实性，所提交的仲裁请求将无效，不能解决双方争议，更不能维护自己的经济权益。

（二）规范性

经济仲裁书一般有仲裁申请书、仲裁答辩书、调解书、申请执行书四种类型。这四种经济仲裁书都有固定的程式，必须按照程式进行规范化写作，不能随心所欲，随意更改。

（三）可操作性

可操作性是经济仲裁书的一个重要特性，应写明请求仲裁的事实纠纷、请求仲裁的具体事项或仲裁结果，且真实可行，具有可操作性，以保护当事人的合法权益，提高审判工作的质量和处理效率。

四、经济仲裁书的类型

经济仲裁书包括仲裁申请书、仲裁答辩书、仲裁调解书、申请执行书四种类型。

（一）仲裁申请书

1. 仲裁申请书的概念

仲裁申请书是指在经济纠纷中，当事人一方的合法权益受到侵犯时或当事人双方因为经济上的权利和义务发生争执时，为维护自己的经济权益，向仲裁机构提出请求的书面文书。

2. 仲裁申请书的功能

仲裁委员会在收到申请书之日起 5 日内，认为符合受理条件的应当进行仲裁，认为不符合条件的应当书面通知当事人并说明理由。仲裁申请书主要有提出诉求的愿望和实现仲裁的依据两个作用。

3. 仲裁申请书的特点

（1）请求性。仲裁申请书向仲裁机构提出仲裁请求，明确请求仲裁何案、请求仲裁的具体事项等，请求的目的性明确，有利于解决问题。

（2）真实性。所申请仲裁的经济争议或纠纷要真实可靠地说明，不能歪曲事实，不能伪造或夸大事实。

（3）简明性。仲裁申请书对事实纠纷的叙述要简明扼要，请求事项应简明清楚地列出。

4. 仲裁申请书的类型

（1）仲裁申请书按不同的仲裁内容分类，有房产争议仲裁申请书、劳务酬金纠纷仲裁申请书等。

（2）仲裁申请书按不同的仲裁对象分类，有个人与单位的仲裁申请书、单位之间的仲裁申请书、当地与外地的仲裁申请书等。

5. 仲裁申请书的结构

（1）标题。标题一般写为《申请书》或《经济仲裁申请书》。

（2）首部。首部应写明当事人的基本情况，分别称为申请人和被申请人。

（3）主体。主体通常包括申请事由和请求事项。

①申请事由。申请事由简明扼要地写明当事人之间产生经济争议或纠纷的原因、经过、结果等；提出申请理由、看法；说明自己的目的或要求等。

②请求事项。请求事项写明申请仲裁所要达到的目的，申请解决的具体事项。

（4）尾部。尾部包括呈文对象、签署名称、标明日期。

（5）附项。附项又称为附件，包括申请书的副本、书证及物证的名称、数量。

6. 仲裁申请书的写作要求

（1）事实清楚真实。仲裁申请书必须实事求是，不能夸大或隐瞒事实，更不能歪曲事实，写作所依据的事实、争议、纠纷要清楚真实，不能对争议焦点中有利于己方的加以夸大，对不利于己方的加以掩盖。

（2）请求具体明白。仲裁申请书请求仲裁的事项要明确具体、清清楚楚，切忌模棱两可、含糊不清。在写作时，提出的要求应合情合理，有执行的条件和可操作性；要求应符合实际，有利于解决问题。

（3）语言简明规范。仲裁申请书是因当事人不履行所确定的义务，权利方或胜诉方当事人向人民法院提出要求执行而制作的请求性文书，提出的要求要具体明确，才便于操作执行。

［**范文**］

仲裁申请书

（二）仲裁答辩书

1. 仲裁答辩书的概念

仲裁答辩书是被申请人为维护自身合法权益，针对仲裁申请书向仲裁委员会做出的答复和辩驳的一种文书。

2. 仲裁答辩书的功能

（1）答辩功能。仲裁答辩书是针对仲裁申请书而答复和辩驳的文书。其对申请书提到的问题进行答复，对申请书中的分歧进行辩驳。

（2）求证功能。仲裁答辩书通过答辩以求证事实真相，利于进一步解决问题。

3. 仲裁答辩书的特点

（1）论证性。仲裁答辩书是仲裁委员会公正处理案件的依据。仲裁答辩书以确凿的事实、充分的论据和有关法律条文，通过论证和反驳，去驳倒对方的观点和论据，证明自己的观点正确以维护自身的合法权益。

（2）合理性。仲裁答辩书是针对申诉人在仲裁申请中提出的事实和理由等，根据客观事实和法律依据，进行有理有据、合情合理的反驳和答辩。

4. 仲裁答辩书的类型

（1）仲裁答辩书按不同的仲裁内容分类，有商务争议仲裁答辩书、房产争议仲裁答辩书、劳务酬金纠纷仲裁答辩书等。

（2）仲裁答辩书按不同的对象分类，有个人与单位的仲裁答辩书、单位与单位的仲裁答辩书等。

5. 仲裁答辩书的结构

（1）标题。仲裁答辩书的标题一般写为《仲裁答辩书》或《经济仲裁答辩书》。

（2）首部。仲裁答辩书的首部写明答辩人的基本情况，包括答辩人的名称、所在地址、职务等内容。

（3）主体。主体一般由案由、事实和理由、请求事项三部分组成。

①案由。案由主要是写明对申诉人为何案提出申诉而答复辩驳。一般写法为“答辩人××××年×月×日，收到××仲裁委员会交来申诉人××因××一案的仲裁申请书副本一份，现答

辩如下”。

②事实和理由。事实和理由是仲裁答辩书的核心内容，一般叙述申请人提出仲裁事实的基本情况，特别是应该详细说明争议的焦点；针对申请人提出的理由进行有理有据、合理合法的答复和辩驳以保护自身权益。

③请求事项。仲裁答辩书要在充分阐述答辩理由的基础上，申明自己的看法、意见和主张，请求公正仲裁，如有反诉，应写明各项要求，并说明事实、理由。

（4）尾部。尾部包括呈文对象、签署名称、标明日期、附件等。

6. 仲裁答辩书的写作要求

（1）实事求是。实事求是是仲裁答辩书的基本要求。仲裁答辩书在反驳仲裁申请书的请求事项时，一定要尊重客观事实和充分的证据，不得强词夺理。

（2）抓住要害。仲裁答辩书在写作时，必须抓住对方要害，找到对方破绽，抓住事实中有利于己方的因素据理力争；要抓住对方不合理、不合法之处进行详细分析。

（3）答辩有方。仲裁申请书的写作要特别注意方法，必须采用各种论证方法，使答辩更具有说服力，不要把己方陷入逻辑陷阱之中。

［**范文**］

仲裁答辩书

（三）仲裁调解书

1. 仲裁调解书的概念

仲裁调解书是仲裁机构在处理纠纷案件时，通过合法和双方自愿的原则，调解双方当事人的纠纷争议，在双方当事人达成一致协议时，对达成的协议写成的书面文书。

2. 仲裁调解书的功能

（1）分析得失，解决矛盾。仲裁调解书是仲裁庭为调解争议各方当事人的矛盾，就要把争议双方的得失分析清楚，合法合理地解决矛盾，达到各方心服口服的效果。

（2）达成共识，促成调解。在仲裁委员会的主持下，各方把矛盾说明，相互协商，达成共识，促成调解，维护当事人的合法权益。

3. 仲裁调解书的特点

（1）调解性。调解性是仲裁调解书的本质属性。仲裁委员会对双方当事人的纠纷争议进行调停解决，化解矛盾分歧，调解性非常突出。

（2）共识性。仲裁调解达成的协议，是建立在合法和双方自愿的基础上，是双方共同意愿的表现和达成共识的结果。

4. 仲裁调解书的类型

（1）仲裁调解书按不同的仲裁内容分类，有房产争议仲裁调解书、劳务酬金纠纷仲裁调解书等。

（2）仲裁调解书按不同的仲裁对象分类，有个人与单位的经济纠纷仲裁调解书、单位之间的经济纠纷仲裁调解书等。

5. 仲裁调解书的结构

（1）标题。标题一般写明文书的性质和种类，可写为《××仲裁委员会仲裁调解书》。

（2）首部。首部主要包括文书编号、当事人双方基本情况、案由、仲裁庭的组成、双方答辩等情况。

（3）主体。主体是仲裁调解书的核心部分，也是关键部分，主要写明申请人的仲裁请求、达成协议的经过与具体内容、仲裁庭对调解协议的态度以及调解书的法律效力。

（4）尾部。尾部包括仲裁成员署名、标明日期、仲裁委员会印章、书记员署名。

6. 仲裁调解书的写作要求

（1）合法。仲裁调解书的制作要符合《中华人民共和国仲裁法》的相关规定。仲裁调解书是仲裁委员会通过调解双方当事人达成协议时，出具的具有法律效力的书面凭证。因此，仲裁调解书必须依法而写以维护法律尊严。

（2）自愿。仲裁调解书必须是在双方当事人自愿调解的前提下，是当事人双方的真实意思表示，在一致意见的条件下达成的协议。不得强迫其中任何一方当事人的意愿，否则仲裁调解书无法律效力。

（3）简洁。仲裁调解书要条理清楚，内容简洁，表达清楚，切忌冗长繁杂。

［**范文**］

劳动仲裁调解书

（四）申请执行书

1. 申请执行书的概念

申请执行书是对发生法律效力的民事判决书、裁决书、调解书及其他应该由法院执行的文书，因义务方在规定期限内未按规定履行确定的义务时，权利方向人民法院递交的请求强制执行的文书。

2. 申请执行书的功能

（1）实现执行。在当事人双方中有一方未履行义务，在法院强制下，能让义务方履行自己的义务，体现了申请书的执行功能。

（2）守法维权。权利方通过递交申请执行书，求得法院的强制执行，既是法院维法的体现，又是权利方知法、守法的体现，从而能维护自身合法权益。

3. 申请执行书的特点

（1）合法性。合法性是申请执行书的基本属性。这主要表现在权利方的申请合法、权利方的要求合法、法院执行合法。合法性是执行的根本前提。

（2）执法性。执法性，即可操作性，是申请并实现执行的合法过程。法院通过强制手段能保证执行的完成，也反映出申请和执法的合法性。

4. 申请执行书的类型

（1）申请执行书按不同的仲裁内容分类，有房产争议执行书、劳务酬金纠纷执行书等。

（2）申请执行书按不同的仲裁对象分类，有个人与单位的经济纠纷执行书、单位之间的经济纠纷执行书等。

5. 申请执行书的结构

（1）标题。标题一般写为《申请执行书》或《关于××申请执行书》。

（2）首部。首部写明当事人的基本情况，包括申请人和被申请人的姓名、性别、年龄、民族、籍贯、职业、单位、地址等内容。

（3）主体。主体主要包括事实和理由、请求事项两部分。

①事实和理由。事实和理由部分应简要地叙述原案情和处理结果，并说明现在的执行状况，同时阐明强制执行的必要性；列出被申请人拒不履行调解书或裁决书规定内容的事实情况、被申请人的经济状况、偿还能力和财产所在地等。

②请求事项。请求事项是申请人提出申请执行所要达到的目的所在，因此必须针对被申请人不履行法律确定的义务的实际情况，提出具体而明确的请求事项。

（4）尾部。尾部包括呈文对象、申请人签名盖章、标明时间等内容。

（5）附项。附项又称为附件，包括申请书副本数量、书证及物证的名称和数量等。

6. 申请执行书的写作要求

（1）合法。申请执行书必须合法才能生效。申请执行书的执行是申请人提出申请的目的所在，因而在执行时，必须选择合法的执行措施。

（2）具体。申请执行书是因当事人不履行确定的义务，权利方或胜诉方当事人向人民法院提出要求执行而制作的请求性文书，提出的要求具体明确，才便于操作执行。

［范文］

申请执行书

第四节　审计报告

一、审计报告的概念

审计报告又称审计报告书、查账报告或查账报告书，是审计人员对被审计单位的财务收支、经济效益进行审查后，根据审计结果向审计授权单位或委托单位写出的书面报告。

二、审计报告的功能

（一）审计监督的作用

通过审计进行监督是审计机关执法、护法的重要标志，是审计工作的根本要求，也是对被审计单位进行监督的直接依据和审计的实质意义所在。没有切实的监督，就难以体现其公正性、真实性、正确性和合法性。

（二）督促落实的作用

审计机关以审计报告所列的问题及违纪事实、违纪金额为依据，可以对被审计单位的过错做出审计结论和决定；被审计单位根据审计报告所列各种问题、违纪事实及审计机关提出的建议事项，可以及时采取措施，改进和完善本单位各项财务管理制度，搞好本单位工作。

（三）引导决策的作用

审计报告以事实为根据，以法规为准绳，有事实、证据和结论，是政府部门决策的重要参考材料和决策的直接依据，具有重要的参考价值。

（四）提高审计水平的作用

审计报告是审计人员按照审计工作程序，依法进行审计的过程和结果，要表现出审计人员的工作水平和政策水平、自身素质、职业道德、能力和经验等，体现审计队伍的工作作风，反映出执法和审计的具体实绩。

（五）考核依据的作用

审计报告编写人员不仅要对委托者负责，尤其要对上级机关和被审计单位负责。审计报告可以反映出审计人员的工作态度、水平和实际工作能力，反映出审计队伍的建设情况，反映出上级机关对审计的综合评价等，在客观上会成为考核审计人员的重要依据。

三、审计报告的特点

（一）总结性

审计报告是审计人员对审计过程和审计结果的一次全面总结。审计人员以所有的详细记录为原始资料，经过去粗取精、分析研究、归纳整理、选择典型材料而写成。审计报告是对被审计单位的财务状况、工作作风等情况的全面总结，也是对自身审计工作质量的总结。

（二）公正性

审计报告是具有公正价值的证明文件，依法审计、客观公正是其重要原则。审计人员必须站在第三者的公正立场上依法审查。

（三）答复性

审计报告也是递交给上级部门或委办企业的关于审计结果的书面答复。这些明确的审计要求和目标、完成指定的任务情况、审计结论和处理意见、审计监督的决定和要求等，将成为被审计单位提供执行和改进的重要范本或依据。

（四）监督性

审计报告针对被审计单位财务收支及其经济效益的状况，具有法律的强制性，被审计单位必须执行；上级机关、主管部门也要根据审计报告做出决策，负起监督被审计单位执行审计决定的责任等。

四、审计报告的类型

（一）按报告者的所属范围分类

1. 内部审计报告

内部审计报告是内审部门审计人员（如机关和单位内部的审计处等审计人员）对本单位财务收支进行审计后写出的审计报告。

2. 外部审计报告

外部审计报告是由审计部门审计人员对被审计单位财务收支进行审计后写出的审计报告。这种报告的格式比较固定。

（二）按审计报告内容分类

1. 长文式审计报告

长文式审计报告篇幅较长，内容丰富，资料详细，概括面广，有一定的深度，反映的问题较为深刻。这种审计报告有叙述、分析、说明、评价，内容完整，多用于较大的审计课题。

2. 短文式审计报告

短文式审计报告报告内容简洁，重点突出，篇幅不大，带有一定的专题性。一般来说，这种审计报告只对重点问题加以说明和解释，对问题性质和违纪事实只明确提出，不做分析。

（三）按审计的不同对象分类

审计报告按审计的不同对象分类，有财务审计报告、项目审计报告、税务审计报告、经济工作审计报告等。这类审计报告专题性强，有一定深度。

五、审计报告的结构

（一）标题

审计报告的标题通常由审计机关的名称、被审计单位名称、审计内容和文种构成，通常以“关于”两字领起，如《关于××审计局对××的审计报告》等。

（二）正文

1. 前言

前言部分简要说明审计的缘起、依据、被审计单位的业务性质、审计的内容、范围、审计人员组成和简要的审计过程。

2. 主体

主体部分是审计报告的关键，应写明以下几部分内容：

（1）审计的依据。例如，“依据××文件得上级部门通知对××依法进行审计”。

（2）被审计单位的基本情况及评价。这部分主要说明被审计单位的基本情况，包括业务性质、生产规模、经营状况、内部管理组织、账户设置、结构设置以及说明审计事项的背景等情况。被审计单位基本情况的说明，在全面审计报告中一般比较详尽，在专项审计报告中则可以省略。

（3）审计出的问题。如果被审计单位存在问题，这一部分则应该说明通过审计查实的问题，问题的性质、原因及其责任人。

（4）建议事项。建议事项主要说明对被审计单位存在问题或不足之处提出的建设性意见和改进措施，为上级机关和被审计单位提供参考。建议事项一般有加强内部控制制度的建议；改进核算工作的建议；如何解决和处理出现的违反财经纪律、贪污舞弊问题以及防止以后再发生类似问题的建议；在审计过程中新发现的其他问题，需要进一步做专题审计的建议；等等。

3. 结尾

结尾部分包括落款和附件。落款在正文结尾的右下方，签署审计机构的名称、审计人员的姓名、标明日期；附件应注明共几件几页，随后附上有关凭证。

六、审计报告的写作要求

（一）注重记录，把握材料

审计人员通过对具体凭证、账簿、报表等的检查以及通过核对、验算、询问、外调取证等方法获得的记录、证明材料，是审计档案的原始材料，也是审计报告写作的基础材料。对这些材料要尽量加以整理、分析，深入研究本质，才能写出高质量的审计报告。

（二）公正客观，求真务实

写作的过程中，务必公正客观，对所发现的问题，不能掩盖也不能夸大，要真实反映出来，并中肯地提出合理的建议与处理意见。

（三）先写提纲，后写内容

审计记录中涉及的材料繁多，在写作之前，应该把这些材料分类归纳，并在此基础上编制提纲。只有编制好提纲，才能写出条理清晰的审计报告。写作者应在明确审计报告总体构想的基础上，再写具体内容。

（四）深入分析，着眼取证

审计报告涉及的材料较为繁杂，要深入分析，通过现象看到问题的本质所在，对典型材料反映的问题更要认真分析。

（五）用语严谨，表达准确

审计报告一经公布对被审计单位有重大影响，因此写作时要特别注意用语严谨、表达准确，对发现的问题恰如其分地说明，尽量不用感情色彩倾向较重的词语。

［**范文**］

关于对××有限公司的审计报告

第五节　财经纪律检查报告

一、财经纪律检查报告的概念

财经纪律检查是依据国家有关的财经纪律和规定，在一定时期、一定范围内对党政机关、企事业单位财经纪律执行情况进行的全面检查。

财经纪律检查报告是指财政、审计机关等财务检查执行部门对某部门或某单位在一定时期内财经纪律执行情况进行全面检查以后，根据检查结果向政府、上级机关或有关主管部门写出的书面报告。

二、财经纪律检查报告的功能

（一）保证法规、制度贯彻执行

财经纪律检查报告通过对财经纪律的检查，保证国家经济政策和各项财经法规、财经制度的贯彻和执行，其执行和保证作用十分明显，也是贯彻法律、法规的一种具体体现以及保证和执行的根本要求。

（二）调查、处理违法违规事件

财经纪律检查报告是处理违法违规事件的依据，必须依靠深入的调查，以查出的违法违规的事实为证据，客观评价、真实反映，并提出相关意见和处理原则，显示出了检查报告的调查和处理功能。

（三）有利于被检查单位完善制度，强化管理

财经纪律检查报告要贯彻法律、法规，体现执行监督和处理的职能，还要督促被检查单位改进工作，完善其财务管理制度，提升其管理水平，督促被检查单位遵纪守法和依法办事，进一步强化管理。

三、财经纪律检查报告的特点

（一）严肃性

财经纪律检查报告有很高的权威性、指令性和贯彻性，要体现党和国家的财经政策，检察机关要传达检查的决定和要求，被检查单位要据此贯彻执行。财经纪律检查报告一旦成文发出便不得随意更改，严肃性非常明显。

（二）规范性

财经纪律检查报告有固定的写作程式，用语、结构、内容等安排规范，要求内容严谨、表述准确、行文庄重，规范性的特征处处可见，有行文的规范、检查的规范、调查的规范、提出意见的规范、处理的规范和执行的规范等。

（三）约束性

财经纪律检查通过检查、处理的过程，严肃性、权威性和规范性会以约束性来具体体现。这种约束性必然要在意见、要求、处理原则、执行、监督等方面表达出来，并且会转变为一种强制性的约束。

（四）监督性

财经纪律检查报告通过对违法违规事件的调查和处理，本身就是一种监督。财经纪律

检查报告提出的整改意见、应采取的措施、细化的规范要求、对被检查单位应提供的相应的帮助等，都是监督性的具体表现形式。

四、财经纪律检查报告的类型

财经纪律检查报告形式单一、内容集中，常用的有以下类型：

（一）重点检查报告

重点检查报告是财经纪律检查报告的一个类型，是主要用于对重点部门、重点行业、重点企业和需要定点检查的单位进行检查，依据查出的违规违法事实，做出检查结论而写出的书面报告，如《关于××市金融系统的财经检查报告》。这种报告调查详尽，步骤严密，检查全面，真实客观地反映问题，以事实说话，严谨准确，针对性极强，有明显的监督性、约束性、规范性和强制性。

（二）专题检查报告

专题检查报告是对财经工作中某一项或几项内容进行检查，依据查出的违规违法事实，写出有检查结论和处理意见的书面报告，如《关于××区建设办挪用资金的检查报告》。专题检查报告检查的内容比较单一，涉及的检查专题性强，强调一个“点”的深入，要求事实清楚，处理客观、公正。

（三）专案检查报告

专案检查报告是对有严重经济犯罪活动的单位或个人，经上级机关批准立案后，组成专案小组对犯罪活动彻底清查，查证落实所有问题后写成的书面报告。这种报告强调检查的深度和事实的全面，其典型性、针对性、强制性十分明显。专案检查报告因其重要性、特殊性，经常应用于查处经济大案和反腐败工作中，发挥着极其重要的作用。

五、财经纪律检查报告的结构

（一）标题

标题一般有两种情况：一种是被检查单位或被检查个人加上文种组成的标题，标题前常有“关于”二字，如《关于××省的财经纪律检查报告》；另一种是不出现被检查单位名称的标题，即直接写为《财经纪律检查报告》。

（二）正文

1. 开头

开头主要从四个方面说明检查目的、任务和要求，即交代检查的背景，说明检查的启动缘由；说明检查的目的、要求，是重点检查还是专案检查；提示检查人员，说明人员的组成情况和所承担的工作；写出检查简要内容，表明检查的起止时间、检查的主要方法和步骤等。

2. 主体

主体是财经纪律检查报告的核心，重在陈述事实，详细记录检查情况及检查结果，对违法违规事实进行分析定性，提出检查评价的意见和处理的原则。这部分反映的事实可以用三种结构形式：一是小标题式，把违纪事实分门别类，每一类加上小标题分别叙述；二是条文式，把违纪事实按顺序排列成条，再一条条地写出来；三是按时间顺序和事物发展过程写出违纪事实。无论用哪种形式，都必须写清事实，说明原因及相关责任人应承担的责任，不夸大、不缩小，以利于进行分析定性。同时，主体部分应明确所检查问题的属性，是有意违纪还是无意违纪，是失职还是营私舞弊等，要有明确的表述。对于尚未查清、证据不够充分的一些问题，主体部分应实事求是地说明情况，提出相关意见。

（三）结尾

结尾提出检查结论和处理意见，态度要明朗，不能模棱两可。这部分定性要中肯、准确、实事求是；检查结论和处理意见要客观、公正；提出建设性意见，如健全规章制度等，所提建议要具体清楚。

（四）署名和日期

这部分要写明检查执行单位的名称，签署检查人员姓名，写明成文日期，并加盖执行单位公章。署名和日期写在报告结尾之后的右下角，署名之下写出日期。

六、财经纪律检查报告的写作要求

（一）调查深入，事实清楚

财经纪律检查报告必须详细调查，弄清事实，真实地反映财政经济与财务管理的实际情况。调查财经违规违法的事实困难较大，没有深入细致的调查和严谨的工作作风将难以完成。行文交代的事实必须清楚，不能有疏漏，更不能失实和随意加入个人的主观意见、看法，以避免事实不清，出现严重错误。

（二）分析准确，定性严谨

财经纪律检查报告是反映检查问题的专门性文书，因此报告要具有高度的准确性，观点要正确，材料要真实，推理要合乎逻辑，引用的法规条文和论述等都应该准确无误；对定性的分析、提出的意见和处理的原则，必须依法办事，规范严谨，有根有据，客观公正。

（三）结论公正，处理客观

财经纪律检查报告的结论要体现法律的尊严、检查的公正、工作的规范，体现公平、真实、有效，达到以人为本、以理服人、以法治人、以法救人、以法助人的目的。公正要以真实为原则，处理要以事实为标准，结论要反复加以思考和推敲。

［范文］

关于××集团公司严重违反财经纪律的检查报告

第六节　纳税检查报告

一、纳税检查报告的概念

纳税检查报告是税务机关检查部门或税务专管员依照国家税法规定，对纳税单位或纳税人履行纳税义务情况进行监督检查后所做的总结报告，又称纳税检查书面报告。

有的纳税检查报告还附有“纳税检查报告表”作为附件，采用报告、图表合一的方式全面反映纳税检查情况。

二、纳税检查报告的功能

（一）规范税收，强化制度

纳税检查报告对纳税对象进行税务监督，指导纳税单位或纳税人依法纳税，是保证国家财政收入的一项重要措施。依法纳税就要从制度上做到有法可依，执法必严，有税必收，漏税必查，偷税必罚。没有规范的税收制度，纳税检查难以发挥应有的作用。

（二）处理纳税违法行为的重要依据

纳税检查报告也是税务检查部门对违反纳税规定的一切纳税人进行的处理的重要依据。这种依据提供的偷税、漏税甚至抗税的情况或典型事实，使检查部门的处理有据可查、有法可依，对发现的问题能及时进行纠正和处理，保证国家税收工作的顺利进行。

（三）有利于纳税者发现问题，纠正错误

纳税检查报告及时发现问题、纠正错误，对提高纳税人依法纳税的自觉性极其重要。通过报告，纳税人可以吸取教训，防微杜渐，提高纳税意识，做到足额纳税、主动完税，完善自己的财务和纳税制度。

三、纳税检查报告的特点

（一）监督性

纳税检查报告的监督性贯穿于整个报告之中，是报告的行文依据和检查要素。没有监督性，检查、分析、定性，并提出意见等内容就难以正常发挥作用，报告则失去了价值。

（二）规范性

纳税检查报告对税务工作具有规范性，要求依法开展工作。纳税人要依法纳税，违法者要依法接受相关处理，整个工作都有规范化的管理。报告写作者要依法规范写作。

（三）指导性

纳税检查报告是检查部门代表国家行使权力，是国家意志及权威指导性的真实体现。报告反映处理的全过程，是税务部门对纳税人指导性工作的具体体现。报告帮助被检查者纠正错误，健全制度，改进管理，是一种更为具体的指导性体现。

四、纳税检查报告的类型

根据检查的内容范围不同，常用的纳税检查报告有纳税全面检查报告和纳税专题检查报告。

（一）纳税全面检查报告

纳税全面检查报告是对纳税单位和纳税人进行全面税务检查后写出的详细报告。这种报告涉及面比较广，汇报和反映的问题比较多，反映全面，突出重点。报告集叙述、评价、定性为一体，点面结合，实用性非常强。

（二）纳税专题检查报告

纳税专题检查报告是对某个检查项目或几个问题做的专题检查报告。其涉及面和反映的问题比较单一，只就专题检查项目或问题做比较详细的分析和说明。报告专题性强，分析、说明有深度，是一个“点”的集中反映。

五、纳税检查报告的结构

（一）标题

标题一般由被检查单位名称、检查时间、检查内容和文种构成，如《关于成都市2019年增值税缴纳情况的检查报告》。也有的标题没有检查时间，如《关于成都市××公司纳税情况的检查报告》。

（二）正文

1. 开头

开头部分写明检查时间、时限、范围、检查方法等，做概述性说明。

2. 主体

主体是报告的重点所在，详述检查出的违纪事实并分析定性。主体部分要对检查对象的经营状况、收益情况、各种税务缴纳情况进行说明，做必要的交代；根据有关税务法律法规，对发现的问题如实反映，并写明错误的性质、涉及的金额、产生的原因等；从问题查出纳税单位或纳税人偷税、漏税等情况，核实各项违纪金额和偷税、漏税数据。主体部分要以事实为依据，以税收法规和各项财务制度为标准，结论要客观、公正，对重大问题要反复核实，慎重定案。主体部分的结构可采用条文式或小标题式。

（三）结尾

结尾部分主要写明处理意见和建议，依据各种问题的不同性质，依据税法及财务规定，提出补税、罚款、调整账务等处理意见；对重大的偷税、漏税问题，提出给予责任人行政处分或移交司法机关处理的处理意见。

（四）署名和日期

纳税检查报告在正文的右下方签署检查人员的姓名、所在税务机关的名称，并盖章和标明日期。

六、纳税检查报告的写作要求

（一）抓住事实，核实准确

纳税检查报告依据事实，检查和处理各种违法问题，一要抓住事实，找出其核心和关键所在，使处理有根据；二要突出核心，证据确凿，违法者无可辩解；三要以事实为处理的根据，依法处理而无疏漏。

（二）分析定性，针对性强

纳税检查报告要对违法事实的成因、发展过程、影响情况、性质特征等进行综合，展开评判，提出意见，表明定性的态度、标准、范围以及具体的量化指标，完成对违法事实的定性。分析定性，要看定性是否准确、客观、公正，是否真正体现了法律的意志和权威。由于违法的事实不同，违法者的情况不同，在定性时要有针对性，这样处理才更准确、及时、有效。

（三）处理公正，客观合法

纳税检查报告正确的定性是处理公正的必要前提。定性要反复推敲、分析，进行公正处理。检查部门要规范行为，有依法办事的职业道德，精通业务，进行公正、合法处理。检查部门要做到维护法律的尊严，挽回国家税收的损失，对违法者进行公正处理，并对其进行教育，提高其纳税意识和纳税的自觉性。

［范文］

××市税务局稽查局税务稽查报告

［思考与练习］

一、简述经济诉讼文书的概念和类型。

二、A 先生和 B 先生打官司，一审判决 A 先生胜诉。A 先生请求法庭立即执行，但法庭不受理。这是为什么？

三、经济纠纷案件判决以后，胜诉方没有得到应有的经济赔偿。败诉方成了所谓的“老赖”。请谈出至少三条造成“老赖”的主要原因。

四、小李买了一套高档服装却发现是伪劣商品。他应该去找工商管理部门，还是找消费者协会，或者去找技术监督局求得解决？请帮他确定要找的部门后，为他写一份仲裁申请书。

五、请谈谈在财经纪律检查工作中，应该如何提高检查的能力。

六、纳税检查十分重要，是保证国家财政收入的重要途径。你对此有什么看法？

七、经济工作离不开审计，审计工作的重要性表现在哪些地方？请举例说明。

八、判断题

1. 打官司太麻烦，一切事情我都愿意和别人私了。（　　）
2. 诉讼的一般程序有起诉、受理、第一审和第二审。（　　）
3. 经济诉讼文书的类型一般有经济纠纷起诉状等四种类型。（　　）
4. 经济仲裁书包括仲裁申请书、仲裁调解书等四种。（　　）
5. 审计报告和财经纪律检查报告大同小异。（　　）
6. 纳税检查报告就是一般的税务检查。（　　）
7. 受理与否，法院应在 7 日内通知当事人。（　　）
8. 买一般的商品用不着开发票，商家要偷税、漏税与我无关。（　　）
9. 有工作就好，要不要社保医保无所谓。（　　）
10. 我们单位没有问题，用不着审计。（　　）

参考答案

第十章　经济管理类文体

第一节　企业经济管理报告

一、企业经济管理报告的概念

企业经济管理报告指企业行政系统、管理系统、生产系统、销售系统等在经济管理工作中反映各种经济管理内容的书面报告。

企业经济管理报告是企业实现更多效益的重要考查手段，也是企业经济发展质量的重要参考文本。

二、企业经济管理报告的功能

（一）反映经济管理现状，提高管理水平

企业经济管理报告是在现实经济管理基础上写出的报告，必然要真实地反映其实际情况，根本目的在于利于吸收先进的管理理念，提高现实的管理水平，更新和强化自身的管理系统，促进现代管理。

（二）提供经济决策依据

企业经济管理报告常常以新模式、新体系等来为经济发展提供多元性立体决策。这样的管理报告已成为经济决策不可缺少的重要的参考和依据，提供的决策依据等对促进企业现代管理意义重大。

（三）传播管理信息，促进经济发展

企业经济管理的发展同样需要强大的信息平台，需要信息的不断传播、更新、吸收、反馈等来扩大内涵，提供管理创新的途径。这种管理促效益、促发展的要求越高，经济发展成效也就越为明显。

（四）积极利用信息，创新管理模式

充分利用信息，积极探索、不断创新管理模式也是企业经济管理报告的重要功能。企业要充分利用各种不同的信息资源或信息要素，构建自身的管理体系；要依据管理的多样性、丰富性，不断创新管理模式，形成具有自身特色的管理模式。

三、企业经济管理报告的特点

（一）指导性

不同的地区、不同的企业有不同的管理要素和管理重点，企业经济管理报告的指导性尤为明显，如《关于强化二级经营单位财务管理的报告》。

（二）规范性

企业经济管理报告提出相关科学数据与事例等，规范性无处不在。各系统、部门等的相互规范保证管理的可靠与高效运行；强调各系统、部门的协调、整合与统一；确保管理工作有条不紊地实现自身的目标；等等，这些都离不开规范性的要求。

（三）广泛性

现代管理使经济管理更为细化，分支更为繁复，网络化、数据化、立体化管理发展势态越发明显。企业经济管理报告从现行的企业经济管理涉及的企业环境、能源、规划、建设等方面看，已经渗透到经济管理中的任何角落，深入和完备的形态构成了广泛性。

（四）多样性

现代企业的经济管理结构复杂，功能多样，新技术、新观念、新运作、新绩效不断涌现，使管理始终运行于创新之中。企业经济管理报告以多手段、多途径等，多样性提供管理的内容。

（五）自主性

企业的经济管理因区域、系统、行业等的不同，具有相对的独立性。就一个系统看，其内部也存在差别性，有不同的表现状态。经济管理报告可以在相当程度上对自主管理的形式、内容、方式等有比较明确的提示，显示了报告特有的自主性。

（六）服务性

经济管理是综合性工程，具有多种特性，在基本属性一致的情况下，它的延伸性明显，服务性就是其中的一大表现。

四、企业经济管理报告的类型

（一）企业经济管理报告按管理范围分类

企业经济管理报告按管理范围分类为财务管理报告、企业经济管理报告、企业经济发展管理报告、企业部门经济管理报告等。

（二）企业经济管理报告按管理发展阶段分类

企业经济管理报告按管理发展阶段分类为近期经济管理报告、中期经济管理报告、中长期经济管理报告、长期经济管理报告等。

（三）企业经济管理报告按管理目标分类

企业经济管理报告按管理目标分类为目标经济管理报告、综合经济管理报告等。

（四）企业经济管理报告按管理内容分类

企业经济管理报告按管理内容分类为科研经济管理报告、专项经济管理报告、销售经济管理报告、企业经济发展管理报告等。

（五）企业经济管理报告按管理性质分类

企业经济管理报告按管理性质分类为确定型经济管理报告、不确定型经济管理报告、风险型经济管理报告、竞争型经济管理报告等。

企业经济管理报告有多种分类，怎样选择适用的种类，要依据自身需要从实际出发，做到有的放矢、为我所用。

五、企业经济管理报告的结构

（一）标题

标题有三种形式：一是目标加文种，如《汽车销售效益管理报告》；二是名称加目标再加文种，如《中石油集团成油品销售管理报告》；三是公文式标题，由单位、时间、事由和文种构成，如《××集团公司 2018—2020 年度经济效益管理报告》。

（二）正文

正文是企业经济管理报告的主体，主要有经济管理现状、经济管理目标、经济管理实施方案、经济管理结果分析与预测四部分内容。

1. 经济管理现状

经济管理现状是报告的开头，主要是对报告成文的背景进行必要的交代或说明。这部分主要是真实反映经济管理现状，指明实绩或不足；结合现状提出管理目标作为过渡，引出下文。

2. 经济管理目标

目标要明确、可行、具体以及有量化标准和具体指标。目标从科学性、先进性的要求出发，反映的要素有尊重规律，符合实际，有可操作性和持续发展性；有明确的实行步骤和相关措施；有明确的责任人与实施者。

3. 经济管理实施方案

经济管理实施方案是报告的核心。方案形式可以是条文式、章条式或其他形式。制订方案必须反映的内容有分析和把握目标，围绕目标中心制订方案，提出要求、标准、执行时间等；充分运用信息、相关资料和具体数据完善方案；运用系统分析等方法，形成多套预案以做必要的准备；落实目标的执行者（责任人），迅速形成班子、机构、体系并尽快展开工作。

4. 经济管理结果分析与预测

经济管理结果分析与预测是在基本实现经济管理的实施方案后，对方案的运行情况、出现的问题等进行必要的总结和分析，指出经验教训，总结得失，为下一个经济管理方案的制订与执行提供借鉴和参考。分析与预测的方法比较多，如对比法、演绎法等。对结果的分析在于看方案的实施是否符合科学原理和经济规律，要看是否正确，是否具有可比性、启发性、前瞻性。这种对结果进行超前性的科学分析，也为下一个方案的制订、组合等提供了重要依据。

（三）结尾

结尾包括报告单位名称、执笔者姓名（如单位或执笔者姓名已在标题下写出，则此处不再具名）、成文的具体时间等。常用语一般有“以上请阅”“以上方案请指示”“以上报告请传阅”等。

六、企业经济管理报告的写作要求

（一）充分运用数据资料

研究经济管理方式、探索经济管理问题、预测经济管理运行、进行经济管理总结等，都离不开对数字的使用。这就要注意：一是数字必须真实；二是统计准确，数字使用规范；三是切忌数字的堆砌，避免产生歧义；四是注意数字的使用，变枯燥数字为形象数字。

（二）充分做好经济分析

对经济的分析要做到方法得当、中肯真实，特别对正在运行中的各种经济指标的分析要力求准确；要对经济未来发展有比较清醒的认识；要对分析的方法有较好的把握；要对经济管理方案的各项具体指标的成因、发展趋势、最后结果要做到心中有数，能清晰地予以表达。

（三）充分写好实施方案

实施方案是报告的核心，对方案应该有清楚的交代，先写什么、后写什么、如何布局等，要明晰无误。方案要逐一展开，交代清楚。

（四）充分运用写作技巧

在具体的写作中，应该注意：一是进行文字推敲，斟酌选词用句，表意要准确，尤其是对专业用语的使用要谨慎；二是注意整个报告的布局，段落、层次有明确清晰的构架；三是语言要朴实简练；四是要注意不受公文写作的影响，勿将报告写得呆板而没有活力。

［**范文**］

××投资有限公司经济管理报告

第二节　经济文书管理方案

一、经济文书管理方案的概念

经济文书管理方案是对政府机关、社会团体、企事业单位等从事经济往来活动的文件或其他文字记录，以及反映相关经济职能、政策、技术、活动等的文字或声像材料进行管理和利用的专门性文书。

文书是人们在日常生活、机关公务活动中广泛使用的，具有一定规则和体式的书面材料，有公务文书和私人文书两大类。

二、经济文书管理方案的功能

（一）促进信息传播，建立交流平台

一是经济文书管理方案拥有大量的信息，传播、利用、复制、反馈等非常迅捷；二是经济文书管理方案传播技术多样，具有速度、容量、发布等独特优势；三是经济文书管理方案拥有强大的信息和网络资源，利于建立综合性的信息平台。

（二）有利于系统管理，反映经济趋势

经济文书管理方案对发展信息化管理、提升系统质量、反映一些经济发展的趋势或走向的作用极为明显。经济文书管理方案空间大、信息多，可以从不同角度和层次反映出一个时期的经济发展趋势及相关的经济规律。

（三）有效储备文档，提高综合效率

经济文书管理方案涉及的各种经济方案、经济活动纪录、经济文本、经济性文件比较多，可以系统性地综合反映各个经济时期的经济举措、经济规划、经济事件等的概貌或整体内容，有极大的使用和参考价值，可以成为非常有效的系列文库。

三、经济文书管理方案的特点

（一）指导性

指导性是经济文书管理方案的突出特点。经济文书管理方案的信息量大质优，管理内涵十分丰富。方案的整理、立卷、编排与制定常常来自相关经济决策机构、科研权威部门等，有极高的可信度和有较大的使用价值。经济文书管理方案系统性发布的源头特征鲜明，可靠性强。

（二）综合性

我们可以从方案的编排和内容的有关栏目上看到经济工作的诸多方面，如经济事件、经济政策、经济热点等，从中了解到经济领域的现行运行状态与当前经济工作重心所在，综合性非常明显。

（三）实效性

经济文书管理方案的实效性，从方案从制订到使用，有明显的时间要求和明确的信息价值导向。此外，经济文书本身就特别注重实际的运用效果，必然要突出和注重实效性，强调实效作用。

（四）真实性

真实是经济文书管理方案的立文之本和根本要求。任何方案一旦失去真实性，后果会很严重。因此，经济文书管理方案必须内容真实，包括发布、传播、利用、复制等环节的真实，经得起时间和实践的检验。

四、经济文书管理方案的类型

经济文书管理方案是新文种，还有逐步完善的过程。因此，这种方案目前的类型划分并不固定。

（一）经济文书管理方案按方案的性质分类

经济文书管理方案按方案的性质分类为经济文书管理方案概况、经济文书管理草案、经济文书管理举要、经济文书管理分类方案、经济文书管理系统等。

（二）经济文书管理方案按使用范围或内容分类

经济文书管理方案按使用范围或内容分类为财经经济文书管理方案、经济项目文书管理方案、经济活动文书管理方案、经济效益分析文书方案、经济档案管理方案等。

（三）经济文书管理方案按行文方向分类

经济文书管理方案按行文方向分类为政府经济文书管理方案、单位经济文书管理方案、机关经济文书管理方案、基层经济文书管理方案、科研经济文书管理方案等。

（四）经济文书管理方案按传播途径分类

经济文书管理方案按传播途径分类为文字经济文书管理方案、录音经济文书管理方案、录像经济文书管理方案、数字（电子）经济文书管理方案等。

五、经济文书管理方案的结构

（一）标题

标题有三种形式：一是目标加文种，如《经济文书管理方案》；二是名称加目标再加文种，如《××集团经济文书管理方案》；三是公文式标题，由单位、时间和文种构成，如《××市××局 2019 年度经济文书管理方案》。

（二）正文

经济文书管理方案的正文由前言、目录、主体三部分构成。

1. 前言

前言又叫总述、引言、序言，是方案全文的总纲或概括，主要是对方案的主要内容、制订的目的、原因、背景、制订方法等进行简要说明或概括，类似内容提要。有的管理方案也可以不要前言部分。

2. 目录

目录是方案的篇章名目，主要是对方案的内容及所在页码进行编排性的介绍，便于使用者查阅。

3. 主体

主体部分是方案的核心所在，是展开经济文书管理内容的关键。主体表现形式灵活，不拘一格，一般由以下四部分构成：

（1）分类提示。方案分类提示（分章或分篇）是主体的必要提示形式，主要以内容提示为主，如指出该章文书内容的重点、文书管理的关键所在等。

（2）具体内容。具体内容是方案展开经济文书的相关内容的地方，主要有文书名称、原文或自编文号、文书形式、内容、相关链接、管理方式、归类归档情况等说明或介绍。这部分内容清楚详尽，介绍或说明完备周全。不管是章条式、条文式（如公文、章程）或其他形式，内容要尊重原文依次展开，在保证其真实的前提下，进行内容的说明或介绍。

（3）结尾。结尾交代成文时间、成文单位落款、编排时间等。如果文书基本情况是清楚的，结尾部分也可以不要。

（4）参考资料（文献）。参考资料（文献）是根据文书性质、作用范围等，指出该文书与其他相关文书的关联所在，它们在系统上的联系或分类，印证该文书目前的地位、作用、影响等；或者对该文书进行必要的说明，指出文书可能存在的问题、文书使用是否有效以及是否已有新的文书替代等情况。

（三）编后说明

编后说明又称编后记、后记，也是附在方案的全部内容后面的一种必要的形式，主要是对整个方案进行必要的补充、说明。例如，参与者、编排者、相关资料出处等，对前言进行必要的补充交代，或者独立行文对方案进行总结性说明。

六、经济文书管理方案的写作要求

（一）知晓文书，熟悉管理

经济文书管理是一项重要工作，知悉文书内容、类别、编排等，是进行文书管理的必要前提。文书的适用范围、对象、归档查阅的处置等，要做到清楚明白。编排要做到有利于文书的使用，有利于保存和查阅，有利于写作，有利于突出实际效果。

（二）精编细排，精心写作

经济文书管理方案的写作一要根据文书的类别、作用等，具体确定编排的方式、放置的位置；二要加以比较，进行写作布局；三要根据要旨，做到精写精改。涉及编排、立卷等技术性的工作，特别是专业性要求高的，要多请教或对比，防止出现技术性差错。

（三）注重效果，讲究适用

经济文书管理方案的写作要注意对实际效果的跟踪和观察，抓住反馈环节，进行信息对比，有利于经济文书管理的质量提升。此外，经济文书管理方案的写作必须注重其实践效果，做到适用、管用、好用，与工作实际和工作的具体要求紧密结合；以实录的方式等，对其进行资料性汇总，从而有利于成文。

［**范文**］

××大学经济文书管理方案（草案）

第三节　企业物流管理报告

一、企业物流管理报告的概念

企业物流管理报告是反映企业有计划、有组织、协调及控制管理过程，包括有形产品（商品）、无形产品（服务）、相关信息和客户向供货商进行的反向流动等内容在内的管理性文书。企业通常使用的企业物流管理文书、企业物流管理方案、企业物流管理评价等都属于企业物流管理报告的范畴。

应当注意，这里的企业物流管理报告指具有广泛意义的企业物流管理报告，不是企业内部自行管理的物流管理报告。

二、企业物流管理报告的功能

（一）计划与组织性明显

物流的计划与组织性极强，功效明显。在目标定量可测的前提下，物流体系的采购、仓储、配送、运输四个物流核心必然要真实地反映整个物流的实际过程。因此，计划与组织的特征一致贯穿于整个物流过程。

（二）协调与控制性突出

协调与控制指在物流过程中对各个物流环节、部门、机构进行的统一调度。其包括物流的具体不同管理层次或阶段等，对进行的各项物流活动进行管理，对存在的相关问题进行处置等。有了运作协调，强调控制，物流绩效才能反映准确，促进效益增长。

三、企业物流管理报告的特点

（一）计划性

从物流计划到物流组织，再到物流的协调与管理，以及随后进行的物流评价等，必然有目标清晰、起点明确、组织恰当、运作规范等系列化的操控环节或过程，按部就班的计划性表现得极为充分。

（二）规范性

物流管理必须规范是根本性要求。按照物流管理的采购、仓储、配送、运输四大核心，物流管理必须要在可行性和科学性基础上，紧紧依靠管理的规范性来保证物流健康发展，进一步提高企业的竞争力。

（三）服务性

为客户服务是物流管理的最大动力和价值取向。物流管理的根本目的也在于通过完备的服务促进物流，进而提升自我管理水平，得到更多用户信任，实现服务的优化，提升企业形象。

（四）多样性

物流管理因地域、系统、行业、企业等的不同，存在着物流管理的不同优势、不同特征、多样性物流管理和运作形态。从物流内容、对象、用户、系统、输送、服务、反馈等各个环节或局部看，物流管理的多样性一直贯穿于整个服务之中。

（五）时效性

物流管理有非常明显的实效要求。企业要在非常复杂的经济变化中把握稍纵即逝的机会，必然要注重物流市场的多变性和复杂性，看重时效，满足用户需要，力求超前计划、超前运作，用运作的实效来优化自我。

四、企业物流管理报告的类型

（一）企业物流管理报告按内容范围分类

企业物流管理报告按内容范围分类为企业物流管理综合报告、企业物流管理专题报告、企业物流管理项目报告、企业物流管理预测分析、企业物流管理现状评价等。

（二）企业物流管理报告按使用分类

企业物流管理报告按使用分类为企业物流管理执行报告、企业物流管理过程简述、企业物流管理计划报告、企业物流管理活动报告、企业物流管理效益分析报告等。

（三）企业物流管理报告按行文方向分类

企业物流管理报告按行文方向分类为企业物流管理部门执行方案、企业行政物流管理文书、物流市场趋向分析报告、企业内部物流管理计划、企业外部物流运作报告等。

五、企业物流管理报告的结构

企业物流管理报告的结构主要由标题、正文、结尾三部分构成。

（一）标题

标题有三种形式：一是目标加文种，如《企业物流管理报告》等；二是名称加目标再加文种，如《××集团物流管理方案》等；三是单位加时间和文种构成，如《××公司2018年度物流管理报告》等。

（二）正文

1. 前言

前言又叫引言、序言，是全文的总纲或概括，主要是对报告的主要内容、制定的目的、原因、背景、制定方法等进行简要说明或概括，类似内容提要。有的企业物流管理报告也可以不要前言部分。

2. 主体

主体是报告的核心所在，由采购、仓储、配送、运输四个物流核心构成。

（1）采购。采购是物流运输、储存、流通、搬运、包装、销售、劳务、资源等环节具体实施的第一步。采购包括采购组织、采购制度、采购计划、需求分析、决策与管理、采购预算、业务编制和具体的方法与流程等内容。这部分重点要提出采购对象、采购决策，编制采购计划和实施方案，突出其可执行性和可信赖性，有良好的执行基础。

（2）仓储。仓储包括仓储概述、仓储设备、入库、在库、出库作业管理、仓库安全与质量管理、库存技术与成本管理、仓储包装、仓储经营与商务管理和仓储系统管理等。仓储要求按照运作的业务规则和管理法则，对物品、存货和分销等进行更完美的管理，使其最大化满足物流管理的要求。

（3）配送。配送就是按照客户的要求，经过分货、拣选等货物配备工作，把最终产品从生产线的末端到消费者手中的移动和存储过程。配送包括备货、储存、分拣及配货、配装等较多的管理和流程。配送主要有配送中心配送、生产企业配送、仓库配送和商店配送等形式。要确保物品从生产区域到消费区域的空间转移过程中的移动（运输）和静止（换装、分拣、库存、包装等）等环节的有条不紊、高效有序，就必须要提出配送的组织方式、配送策略、配送网络的构建等。突出配送的选址、配送主要方式和相关配送的要素组合等是这部分的重要内容。

（4）运输。物流运输是实现网络管理的终端环节，也是体现物流管理水平的关键所在。运输的方式、路线、具体方案、优化管理程度要在报告中明确无误地加以提示，还要具体化铁路、公路、航空和水路运输的不同实施方案。在此基础上，报告重在提出运输的主要决策，指出运输的方式、货物运输相关合同、保险方式等具体预案等，是物流运输成为企业物流管理最终成功的保证。

（三）结尾

结尾要交代报告成文时间、作者落款、编排时间等。如果报告标题下已有作者姓名和成文时间，则可以不用结尾。

六、企业物流管理报告的写作要求

（一）注重培养技能

企业物流管理报告要在熟悉物流工作的基础上注意对报告的内容、目标等有明确的提示。报告的适用范围、对象、具体运作等不少环节都要细细斟酌，写作者对报告涉及的管理规则、基本要素、具体方法等，要有比较全面的了解，能提出有见地或有新意的管理技能或管理的方法。

（二）力求突出实效

报告要重实效，做到切实可行，行之有效，必须联系实际，注意对实际效果的跟踪和观察，抓住反馈环节，进行物流的信息对比，力求做到报告适用、管用、好用。

（三）精心把握写作

报告的编写，一要根据报告的类别、作用等，确定行文的方式；二要进行不同报告的比较，根据报告要旨，进行认真、有层次性和差别性的写作；三要做到精写精改，表意准确，主题鲜明。

［**范文**］

××总公司××分公司物流管理报告

第四节　财产保险管理报告

一、财产保险管理报告的概念

财产保险管理报告是财产保险企业依据国家财产保险的相关法律法规，结合自身实际工作对财产保险进行有效管理的事务性文书。

本书涉及的财产保险管理报告指相关保险企业的管理报告，属于狭义的管理文本。

二、财产保险管理报告的功能

（一）分析财产保险管理现状，创新管理举措

财产保险管理报告历来是检查财产保险工作绩效的重要考察手段。财产保险管理报告必然要表达几个基本点：反映财产保险管理的现状和已有成效；针对存在的新问题提出新思路、新对策等，进一步促进管理的科学化、定向化、规范化；结合管理实际，积极创新管理的新理念和新模式，切实提高管理水平。

（二）依据报告为创新管理提供决策

财产保险管理报告依据现状提出管理的决策性意见或方案，主要体现在四个方面：其一，具有管理决策的创新空间和运行的主体优势；其二，进行相关决策的思考与设计；其三，提出不同决策的意见、方案或文本，进行必要的择优选择，进行有效决策；其四，构建出管理的新实践，有效地提高管理水平。

三、财产保险管理报告的特点

（一）专项性

财产保险管理报告定向专一、管理专一、项目专一和责任专一的特征非常明确，构成的管理内容、条款等专项性突出，如财产保险管理、商业财产保险管理、家庭财保管理等不同的类型体系、对象、内涵等都大有区别。

（二）广泛性

财产保险涉及社会的方方面面，具有相当的广泛性，报告包含的管理内容、分门别类的管理方法或采用的管理模型，无不与自身的发展息息相关，工作环节不仅广泛且有相当深度。这些广泛性还体现在保险地域、公共关系、经济发展影响、片区划分等的普遍性形态上，广泛性已具有了全面化、普及化的新特征。

（三）规范性

保险管理报告的规范主要表现在四个方面：一是科学化促进报告内容具有充分的科学管理要素；二是制度化保证了管理的持续性；三是法规化明确了报告的执行性和指向性以及行之有效的延续性；四是报告的先进性提供的参照、指导和借鉴作用非常突出。

（四）多样性

财产保险种类多，系统性强，大类分小类，小类分险种，加之保险对象、种类、地域、行业等情况千差万别，结构复杂，因而报告表达的管理的多样性会贯穿于报告的始终。

（五）服务性

财产保险管理报告体现的多维化、立体性起点高、指向明，服务性相当突出。第一，突出服务主旨，深化服务内容；第二，针对不同保险对象或险种，以多种服务举措不断完

善服务体系；第三，在服务多元化之下，特别关注持续性和创新性服务的延伸，如服务预测、手段、程序等的创新与具体落实。

四、财产保险管理报告的类型

财产保险管理报告按管理发展阶段分类，有近期财产保险管理报告、中期财产保险管理报告、财产保险管理报告等。

财产保险管理报告按范围分类，有专项性的财产保险管理报告、指定性的财产保险管理报告、呈报性的财产保险管理报告、企业部门的呈上性财产保险管理报告等。

财产保险管理报告按目标分类，有单目标财产保险管理报告、多目标财产保险管理报告等。

财产保险管理报告按内容分类，有预测性财产保险管理报告、专项性财产保险管理报告、销售性财产保险管理报告等。

财产保险管理报告按性质分类，有确定型财产保险管理报告、不确定型财产保险管理报告、风险型财产保险管理报告、竞争型财产保险管理报告等。

五、财产保险管理报告的结构

（一）标题

标题主要有三种形式：一是目标加文种，如《车险管理报告》；二是名称加目标再加文种，如《人保财险成都市分公司相关财产保险的管理报告》；三是公文式标题，由单位、时间、事由和文种构成，如《关于××保险公司2007—2008年度财产保险管理的报告》。

（二）正文

正文是财产保险管理报告的主体，主要有以下四部分内容：

1. 反映财产保险管理现状

财产保险管理报告提示的管理现状主要内容有管理现状的形态与运行状况、管理取得的成效或实绩、存在的相关问题与不足。此部分主要进行铺垫，为提出新目标进行必要的交代和过渡，并引出下文。

2. 提出新的管理目标

报告反映的目标要在有数据、有依据、有分析、有方案的基础上突出目标的科学性、可行性和先进性。同时，新目标具体化，即相关数据、具体要求、如何实施等，都要做到符合实际，举措明晰，利于操作，要经得起实践的检验，并且有明确的时限要求。

3. 推出实施方案

推出具体方案的步骤主要有：一是目标清楚，相关的要求、步骤、标准、数据、方法等要一目了然；二是有明确的实施者和责任者；三是方案的执行时间、过程监督、具体数据运用等，都要定性化、制度化，行之有据；四是运用科学分析和系统选择，无论采用章条式、条文式或其他形式，都要施之两套以上的预案进行选择；五是尽快完成资源配备，形成执行体系，利于展开工作。

4. 进行结果与预测分析

从管理结果分析看，最主要是依据方案推导结果、解读结果，说明报告的成效所在。此部分主要依靠相关数据、事例、客观和主观条件、预测的可靠性等强化报告，突出报告的必须和重要；同时，借此鼓舞人心，昂扬斗志，同心同德地实现既定目标。结果分析的方法比较实际，实用性强，具有广泛性。

从管理的预测看，报告主要反映在对方案进行的多样性预测，由此提供更多的选择，有相当的选择自由度。预测不同于结果分析，是对结果未来的预见性分析，通常对结果运用对比法、演绎法、选择法、因果法等进行推论和比较，看结果是否符合科学原理和经济规律，是否具有比较明晰的前瞻性和可比性等。

（三）结尾

结尾包括具名、日期等，即报告单位名称或执笔者姓名及成文的时间。常用语一般有“以上报告请阅”“报告当否？请指示”等。

六、财产保险管理报告的写作要求

（一）善于分析数据和联系实际

财产保险管理报告反映的各种财报数据非常重要，是决定报告是否成功的决定性要素之一。没有数据则难以体现报告的运用价值和成文的根本。这样的报告尤其要注意数据必须真实可信，准确规范，运用恰当，统计精准。有数据还要注意结合管理实际，做到理论数据和实践数据的有机统一，管理的实际状况和对应指标的统一，管理运行实际和数据预测的互动统一，实际工作与综合数据的比较统一。

（二）善于做好管理分析

写作时，写作者要注意分清主次，突出重心所在，然后运用相关指标或相关模式对提出的新型管理进行深入分析，做好管理上的互动与对接；要对全局管理有清醒的认知，层层推进，形成新的管理体系。分析的方法主要有定性分析、对比分析、预测分析和运作分析。

（三）看重实施方案的写作

实施方案犹如画龙点睛，是财产保险管理报告的重点所在。方案写作核心体现在三个方面：第一，内容全面，表达深刻，主旨清楚，文脉清晰，切实可行；第二，方案创意性强，蕴含有新理念、新规律、新认知、新模式等创新性，具有相当的先进性；第三，方案先写什么、后写什么，要事先拟定提纲，然后逐一展开，最后修订成文。

（四）注意提高写作能力

财产保险管理报告写作上比较自由，不必大量堆砌数据、频繁使用相关原理或定律、过多引用旁证材料，使得报告凝固呆板，公文味十足。要注意理论与实践相结合，善于组织好语言，表意准确，没有歧义；谋篇布局要注意构架，分好段落层次；注意平时多动笔，勤动脑，善于搜集资料，从而写出好报告，练出好文笔。

［**范文**］

再探财产保险管理的执行力

［**思考与练习**］

一、简述企业经济管理报告的概念。

二、简述企业经济管理报告的特点。

三、简述企业经济管理报告的基本写作要求。

四、经济文书管理方案的概念是什么？

五、简述经济文书管理方案的功能。

六、经济文书管理方案正文的主要内容是什么？

七、请简述采购、仓储、配送、运输四个物流核心的重要性。

八、浅谈你对财产保险管理报告的概念和主要的两大功能的理解。

九、选择题

1. 企业经济管理报告具体实施方案形式可以（　　）。

A. 采用章条式　　B. 采用条文式　　C. 多种多样

2. 企业经济管理报告类型比较多，要根据自身需要（　　）

A. 选用类型　　B. 突出时间要求　　C. 随意表达

3. 经济文书管理方案的范畴（　　）的管理内容。

A. 不包含私人文书　　B. 包含任何内容　　C. 包含私人文书

4. （　　）是经济文书管理方案主体的立文之本。

A. 分类提示和具体内容　　B. 分类提示　　C. 说明

5. 企业物流管理报告主体写完后（　　）

A. 还有结尾部分　　B. 不要结尾　　C. 只要落款时间

十、判断题

1. 企业经济管理报告和一般的经济管理报告是一回事。（　　）

2. 反映现状才是企业经济管理报告的主要功能。（　）
3. 企业管理的多样性决定了经济管理报告的多样性。（　）
4. 企业经济管理报告自己写自己，没有什么指导性。（　）
5. 充分运用数据资料是写好企业经济管理报告的前提。（　）
6. 小张认为，经济文书管理方案属于生产类管理文本。（　）
7. 经济文书管理方案种类和内容较多，因此综合性比较强。（　）
8. 赵秘书说，经济文书管理方案可以不要编后说明。（　）
9. 事务性文书是财产保险管理报告的根本属性。（　）
10. 财产保险管理报告主要有专项性、规范性和特殊性特点。（　）

参考答案

参考文献

［1］周小其. 经济应用文写作［M］. 6版. 成都：西南财经大学出版社，2012.
［2］郭英立，罗翠梅，等. 经济应用文写作［M］. 北京：清华大学出版社，2009.
［3］张立华. 经济应用文写作［M］. 北京：人民邮电出版社，2014.
［4］郝立新，尹强，杜建华. 经济应用文写作［M］. 北京：清华大学出版社，2014.
［5］徐艳兰，罗昌宏. 经济应用文写作［M］. 北京：经济科学出版社，2009.
［6］刘会芹，黄高才. 实用应用文写作大全［M］. 西安：西安交通大学出版社，2011.
［7］甄珍. 新型实用应用文写作［M］. 北京：北京理工大学出版社，2011.